U0691546

幼儿园教育与教学研究

朱晓艳　孙林伟　陈秀玲◎著

中国出版集团　现代出版社

图书在版编目（CIP）数据

幼儿园教育与教学研究 / 朱晓艳，孙林伟，陈秀玲

著. -- 北京 ：现代出版社，2023.7

ISBN 978-7-5231-0409-5

Ⅰ．①幼… Ⅱ．①朱… ②孙… ③陈… Ⅲ．①学前教

育－教学研究 Ⅳ．①G612

中国国家版本馆CIP数据核字(2023)第118097号

幼儿园教育与教学研究

作　　者	朱晓艳　孙林伟　陈秀玲	
责任编辑	田静华	
出版发行	现代出版社	
地　　址	北京市朝阳区安外安华里504 号	
邮　　编	100011	
电　　话	010-64267325　64245264(传真)	
网　　址	www.1980xd.com	
电子邮箱	xiandai@ cnpitc.com.cn	
印　　刷	北京四海锦诚印刷技术有限公司	
版　　次	2024 年 4 月第 1 版　2024 年 4 月第 1 次印刷	
开　　本	185 mm×260 mm　1/16	
印　　张	11.75	
字　　数	274千字	
书　　号	ISBN 978-7-5231-0409-5	
定　　价	58.00 元	

前　言

21世纪是一个充满竞争与发展的世纪，时代发展对教育提出了新的要求，基础教育再不能仅限于教孩子们读书、写字和算术，它还应当教导孩子们学会做人、学会做事、学会学习、学会与他人相处。因此，基础教育的新"基础"不仅要包括基本的读、写、算能力，基本的操作技能，它还要为每个受教育者奠定生存的基础、做人的基础、做事的基础和终身学习的基础，换言之，就是为他们奠定一生可持续发展的基础。

幼儿教育是基础教育的重要组成部分，是我国学校教育和终身教育的奠基阶段，担负着人才培养奠基的艰巨任务，是全面提高我国人口素质的关键环节之一。融入现代终身教育理念的幼儿教育追求幼儿健康的、真实的、全面的、可持续的发展，要求幼儿园从小学的预备阶段真正地转变为人生学习的初始阶段，做好幼儿园教育与教学的研究已成为当下学前教育研究的重要方向之一。

本书是一本关于幼儿园教育与教学方面研究的著作。全书首先对幼儿园教育与教学环境创设的内容进行简要概述，介绍了幼儿园环境的价值、作用以及幼儿园教育与教学环境的创设策略等；其次对幼儿园课程的组织和实施进行了探讨；最后还针对幼儿园教育活动设计与实施的相关问题进行了梳理和分析，包括健康、语言、社会、科学、艺术等几个方面。本书论述严谨、结构合理、条理清晰、内容丰富，其不仅能够为学前教育提供翔实的理论知识，同时能为当前幼儿园教育与教学相关理论的深入研究提供借鉴。

本书参考了大量的相关文献资料，借鉴、引用了诸多专家、学者和教师的研究成果，得到了很多专家学者的支持和帮助，在此深表谢意。由于能力有限，时间仓促，虽经多次修改极力丰富本书内容，力求著作的系统全面；仍难免有不妥与遗漏之处，恳请专家和读者指正。

目　录

第一章 幼儿园教育与教学环境的创设

第一节　幼儿园环境概述

人的生存与发展离不开环境，幼儿的健康成长更是如此。作为促进幼儿身心发展的重要场所——幼儿园，环境具有特殊的意义与价值，加之3~6岁的幼儿不具备成人对环境的选择、适应、改造等能力，所以创设一个科学而适宜的幼儿园教育环境显得尤为重要。

那么，什么是幼儿园环境？幼儿园环境具体包括什么？相对于其他环境，幼儿园环境的特点是什么？幼儿园环境对幼儿发展的价值在哪里？如何把握幼儿园环境创设的价值取向，以及如何创设幼儿园教育环境？等等。带着这些问题，让我们通过以下内容，对幼儿园环境形成一个较为系统而完整的认识。

一、幼儿园环境漫步

现在让我们一同进入幼儿园。首先映入眼帘的是保教楼，门厅是我们接触到的第一个室内环境，门厅里往往会有幼儿园简介、一周食谱、宣传栏、张贴栏等。除角落处有装点环境的盆花外，门厅一般不摆放其他物件，以保障安全通道的畅通（幼儿园内的通道、楼梯也是如此）。穿过门厅有通向各活动室的走廊，这里可根据不同年龄段幼儿发展目标、教育目标或幼儿探究需求等布置和进行装饰。通过走廊可以进入各年龄班级的活动室。

在幼儿园里，活动室是按大中小年龄班设置的，活动室的教育环境创设是重中之重。每个年龄班的门口都会有家园联系栏、周计划或班级通知栏等。活动室环境创设不仅要尊重幼儿身心发展规律、学习与认知特点、年龄特点，贴近幼儿生活、便于开展教育和游戏活动，而且，还要呈现当前的课程目标和教育主题，折射幼儿的健康成长，反映儿童特点，体现课程观，展示教师的专业水准，等等。所以，活动室既要创设整洁优美、温馨怡人、体现目标、便于活动的物质环境，又要体现现代科学教育思想的儿童观、游戏观和教育观，同时还要关注幼儿群体交往与人际关系等心理健康的氛围的营造。

与活动室相连的是幼儿寝室和卫生间、盥洗室，在考虑安全性、适宜性、舒适性的基础上，创设一个整洁的、令人愉悦的、井井有条的生活环境，能够有效帮助幼儿养成良好的生活习惯、卫生习惯和行为习惯，所以这里的教育环境创设也是幼儿园环境创设的重点。

走出活动室，沿楼梯而上，我们会看到楼梯间墙壁、楼梯台阶、护栏等处有一些环境布置。这里的环境布置以幼儿作品、幼儿视知觉和触觉发展、行为习惯养成等装饰内容为主。

一些有条件的幼儿园，还设有功能室或专用活动室，例如，图书室、游戏室、绘画室、手工室、科学观察室、音乐厅、小礼堂等。这里的环境创设或温馨安静、或激发创造力和探究欲。此外，幼儿园配备有医务室、保健观察室、网络监控室、活动器械储藏室、门卫室，以及厨房、消毒间、洗衣房和其他生活、教学设备用房等。

走出保教楼就是幼儿户外活动的场所，这里有小花园、运动场、游乐区、玩沙区、戏水池、种植区和养殖区等，是幼儿游戏的乐园、欢笑的海洋、探究的天地、交流的平台……

下面，从专业的层面来具体讨论幼儿园环境的概念与构成。

二、幼儿园环境的概念

环境是人类社会赖以生存和发展的各种条件的总和。幼儿园环境就是幼儿园必须具备的对幼儿身心发展产生影响的一切物质条件和精神条件的总和。幼儿的成长离不开环境，也会从环境中吸取到他所看到或感受到的东西（包括正面的和负面的），并将其融入自己的生命体验之中。环境对幼儿健康发展的影响是极其重要和深远的。

具体而言，幼儿园环境是集保育与教育，幼儿、家长、教师和工作人员等教育文化要素，设施设备等物质条件，在特定教育观指导下，为实现幼儿园教育与幼儿发展目标而创设的一种系统的、有目的的、动态性与稳定性并存的空间氛围营造。这个营造过程既具有长期性，也具有当前性；既要有教育性，也要有保育性；既有物质性，又有精神性。其结果既是开放性的，又是相对封闭的。当然，作为社会环境体系的组成部分，幼儿园环境会受到所处区域特定的地理、空间环境的制约，也会受经济文化、社会发展等因素的影响。但是，无论区域环境、经济发展、文化民俗差异有多大，幼儿园环境与以幼儿为本，并能够使幼儿参与其中，产生环境互动效应，发挥潜移默化的作用，从而使幼儿获得健康、快乐发展的宗旨是一致的。

三、幼儿园环境的构成

依不同的维度，幼儿园环境的分类也有所不同。从空间形态上，可分为室内环境和户外环境；从构成性质上，可分为物质环境和精神（心理）环境；从环境的构成上，可分为人的环境和物的环境；从感受方式上，有显性环境和隐性环境；从呈现形态上，还有软环境和硬环境。无论是物质环境还是精神环境、软环境还是硬环境，都是由人与物构成的。为便于系统表述和教学，我们主要从幼儿园环境的空间形态和构成性质两个维度进行讨论。

室内环境包括年龄班活动室、寝室、各种功能室、廊厅等；室外环境包括活动操场、游乐区、种植区、养殖区、沙水区等。幼儿园物质环境是幼儿生活、游戏、学习以及教师和其他人员工作所需的一切物质性条件，主要包括园舍、图书、家具、游戏材料、游戏空间与设施、教育教学设备、辅助设施、室内外装饰和布置等；幼儿园精神环境是由人际关系、教育文化要素等交织在一起的气氛或氛围，其中教育观、儿童观、办园理念、人文态度、集体氛围、园本文化、园风园貌、管理机制等是幼儿园文化氛围的构成要素。教师、幼儿、同事、同伴等人际关系与沟通，教师的职业关注、保教态度、教育公平、行为举止及其人格特征等是幼儿园心理环境的组成部分。

幼儿园室内外环境、物质环境与精神环境既有区别，又相互联系，相互渗透、相互作用、相互转化。室内外环境等物质条件是幼儿园教育教学、游戏活动开展的基本保障，良好的环境会促进幼儿的积极互动，并产生愉快的情绪体验，以及经验的积累；而富有安全感和美感的宽松自由、民主平等、团结合作、情景交融的精神环境，会有效改善环境结构，使之更加科学合理，使环境各要素之间的关系更加协调与融洽，形成互促的良性循环，共同构成幼儿园环境的整体性与目标的一致性。尤其是精神环境，尽管精神环境看不见、摸不着，但它无时无刻不在，对身处其中的幼儿心理活动与社会行为，乃至幼儿的未来，都有着不可忽视的、巨大的影响力。

四、幼儿园环境的特点

幼儿园教育要满足幼儿健康成长的需要，符合国家对幼儿园的基本要求，就必须将幼儿园的任务和教育目标落在实处。

幼儿园的任务是实行保育与教育相结合的原则，对幼儿实施德、智、体、美诸方面全面发展的教育，促进其身心和谐发展。保育和教育的目标是：促进幼儿身体正常发育和机能的协调发展，增强体质；培养良好的生活习惯、卫生习惯和参加体育活动的兴趣；发展幼儿智力，培养正确运用感官和运用语言交流的基本能力，增进对环境的认识，培养有益的兴趣和求知欲望，培养初步的动手能力；萌发爱家乡、爱祖国、爱集体、爱劳动、爱科学的情感，培养诚实、自信、好问、友爱、勇敢、爱护公物、克服困难、讲礼貌、守纪律等良好的品德行为和习惯，以及活泼开朗的性格；培养幼儿初步的感受美和表现美的情趣和能力。

研究表明，环境对于幼儿有移情、移志、移性的作用。因此，良好的环境对幼儿身心健康发展、良好个性的形成具有积极的促进作用。著名教育家陈鹤琴先生曾经说过："怎样的环境就得到怎样的刺激，得到怎样的印象。"作为专门的幼儿教育机构，幼儿园环境有别于家庭环境，也不同于学校环境，幼儿教育的特殊性决定了幼儿园环境必须以幼儿身心健康发展为出发点和归宿。结合幼儿园的任务、保育和教育的目标，以及幼儿发展与环境的关系，可以归纳出以下幼儿园环境的特点。

（一）安全性与儿童性

美国著名心理学家马斯洛认为，人的需求是由低级向高级发展的。在一切需求之中，生理需求最为优先，当生理需求获得满足之后，就会产生安全需求。在幼儿园，从教育对象到教育规律都有其自身的特殊性，正是由于这一特殊性，幼儿安全需求的满足更多地依靠成人来提供。换言之，安全不仅是幼儿成长的需求，更是幼儿园及教师责无旁贷的责任，所以确保幼儿生命安全和身心健康必然成为幼儿园的重中之重。这里的安全除了生命安全以外，还包括心理安全，即安全的物质环境和精神环境。

幼儿园是幼儿生活、游戏和学习的场所，安全性是幼儿园环境的核心特征，只有符合幼儿年龄特点的安全环境，才有利于幼儿身体正常发育、机能的协调发展和全面发展的教育。

在安全性基础上，幼儿园环境是否适宜，还要看环境中的诸元素及其蕴含的要素是否具有儿童性。儿童性就是以幼儿为本，从幼儿的需求出发，为幼儿的发展服务，被幼儿所熟悉和喜欢，并以此促进幼儿的全面健康发展。

首先，符合幼儿身心特点，学习与认知特点。它要求幼儿园生活设施、教育教学和游戏设备等必须符合幼儿身体发育条件，环境的创设和材料的提供被幼儿所喜欢和接受，能够吸引幼儿的注意并动手操作，从而激发其探究和学习的欲望。

幼儿园环境中的各种设施和设备要满足幼儿的生理需求，反映幼儿的心理需求和真实感受，让身处其中的幼儿对周围的环境既熟悉又倍感亲切有趣，能产生喜欢并愿意在这里生活的情感。例如，幼儿园创设的"今天你喝了几杯水？""喝水更健康！"等饮水小环境就包括水杯放置的高度、幼儿名字、漂亮的装饰等，既方便幼儿识别与取拿，又易于引发幼儿对水以及生命的探究。

其次，符合幼儿的审美心理特征。爱美之心人皆有之，爱美是幼儿的天性，而且幼儿对美的兴趣和爱好总是毫不掩饰的。从这个意义上讲，幼儿欣赏美的能力比创造美的能力更为重要。

研究表明，幼儿审美心理具有具体形象性、游戏性、物我同一性、鲜明性、好奇性和主观性等特征，这就要求幼儿园的物质环境、操作材料必须是安全无毒、基于经验、色彩亮丽、直观形象、造型美观、操作方便、变化多样、适宜取放的。同时，还要便于幼儿对生活和学习经验的梳理，对身边事物的观察与习得。当幼儿置身于一个符合自身审美要求的、他们喜欢的环境时，周围的一切将会给他们一种强烈的美的刺激和艺术的熏陶。通过与美的环境的互动，幼儿会获得正确的审美情感和审美观，具有初步的识别真善美和假恶丑的能力。

最后，有利于促进全体幼儿发展。幼儿园环境应源于幼儿生活，反映幼儿生活。一方面，选择那些由幼儿原创、充满稚嫩和童真的绘画、手工作品装点环境；另一方面，以环境促进幼儿的成长与发展。例如，创设互动主题"今天你高兴吗？"可以让幼儿在这个空间以各种形式进行自我表达。幼儿既可以在贴有图画纸的墙面上自由涂鸦，也可以在小舞台上载歌载舞。

针对个体差异，创设多样的区域环境与情景，使胆小的幼儿增强主动参与活动的勇气、给不善交往的幼儿搭建交流的平台、让以自我为中心的幼儿体验合作的快乐、给表达不畅的幼儿提供多种表现机会等，以此促进全体幼儿全面发展。

（二）游戏性与生活性

游戏是幼儿的天性。游戏不仅是幼儿认知的源泉，也是发展的基础。这种自发性和原发性活动，实质上是幼儿对自身的探讨和认识，对全身各部分、各系统的生理性探索和锻炼，是认识和发展自身心理机能的过程，反映着幼儿的成长，表现出游戏的本质。进一步而言，除睡眠以外，幼儿无时无刻不在游戏，游戏成为身体和心理各种机能尚未发展成熟的幼儿的主要活动，是幼儿生命进程中不可或缺的部分。

游戏就是生活，生活就是游戏。幼儿园环境最突出的特点就是游戏性，从室内到室外、由物质到精神，游戏性表现在幼儿园的方方面面。丰富的游戏内容为幼儿提供了感受生活、体验快乐的各种机会，让幼儿更好地去生活，更好地适应生活。幼儿在感受生活、适应生活的同时，又进一步发展了游戏、增长了智慧、丰富了经验。良好的幼儿园环境能够使幼儿的天性得到释放，从而引发幼儿对真善美的发现和表达、对生活的热爱。正如瑞吉欧教育所倡导的：让幼儿园环境为幼儿生活中各式各样的"语言"服务，认真倾听并揭示幼儿内心的声音，充分利用幼儿自己已有的生活作为实施教育和环境创设的基础。

陶行知先生指出，生活教育是生活所原有、生活所自营、生活所必需的教育。教育的根本意义是生活之变化，生活无时不变，即生活无时无刻不含有教育的意义。"生活所必需的教育""生活无时不含有教育的意义"，正是生活性特征的内在含义。

生活性主要表现在，充分挖掘幼儿生活中的所感所想和所见所闻，解决生活中最迫切、最需要的问题，投放幼儿喜闻乐见的操作材料，激发他们热爱生活的情感、提高生活能力。当然，还要创造幼儿接触自然、亲近自然的机会与条件，并将大自然中的有益元素有机地融入教育环境，让幼儿在自然中学会学习、学会生存、学会生活。

（三）教育性与潜移默化性

环境是重要的教育资源，只有充分体现幼儿年龄特点、教育目的和要求的环境，才是科学适宜的环境。换言之，只有在《幼儿园教育指导纲要》的指导下，从幼儿的需要出发，根据教育目标，有目的、有计划、有组织地创设促进幼儿和谐发展的环境才具有教育性。

幼儿园教育环境应该是不断发展变化的，即环境中的材料、内容要随着幼儿的成长进步而变化，依幼儿的学习与发展需要而调整。幼儿的学习内容包括不同的领域，幼儿的生活环境历经四季交替，幼儿的学习方式具有多样性和强烈的个性色彩，幼儿的生活经验在不断积累增长。因此，幼儿成长与发展需求每天都会有新的变化，幼儿再现周围生活的经验每天都有所不同，幼儿对世界的认识每天都是新的，幼儿园环境随之变化就成为必然。

教育环境的变化不是跳跃、摇摆、无序的，而是遵循着幼儿的学习特点、成长规律和教育规律发展变化的，是有章可循的。教师应依据观察和了解，对教育环境中所涉及的资源、材料、工具、物品等元素进行调整和完善，使幼儿对变化了的环境资源有效利用从而达到发展的目的。所以，幼儿园环境的教育性就是通过幼儿园内部正面的、优良的物质环境，榜样的、和谐的精神环境，来影响幼儿认知及其行为习惯而体现出来的。它表现在两个层面：一是显性的；二是隐性的。人们通常说"近朱者赤，近墨者黑"，这里的"朱"和"墨"就是指所处的环境。《颜氏家训·慕贤》中有："是以与善人居，如入芝兰之室，久而自芳也；与恶人居，如入鲍鱼之肆，久而自臭也。"说的就是人处在怎样的环境中，就会不知不觉地被环境所"熏渍陶染"，即"潜移默化，自然似之"。从人的成长与发展来看，隐性的环境影响比显性的环境影响更为根深蒂固。正是如此，幼儿园往往会十分重视潜在的环境创设与精神氛围营造。

在幼儿园教育实践中，教师要做到行为示范、举止端正、语言文明、态度和蔼、动作轻柔、着装大方，并以亲切自然、真诚相待、文明尊重的态度与幼儿建立良好的师幼关系；幼儿间互相关心、互相帮助、文明礼貌、友好谦让，在生活、学习中建立了互助、友爱、和谐的伙伴关系，这一切都营造了良好的环境氛围，为幼儿树立了学习与效仿的榜样，使幼儿在潜移默化中接受了环境的熏陶与浸染，他们会积极主动地向着幼儿园教育目标所指引的方向发展。

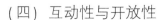

（四）互动性与开放性

环境成为教育资源的过程应该是师幼互动的过程。教育环境中教师、幼儿、环境、材料等因素相互结合、相互作用、相辅相成，即是互动性。良好的互动既不能完全依赖幼儿的自然随性，也不能依赖教师的控制。一方的独自活动或掌控只能使环境（材料）变成暂时的"兴趣对象"或"工具"，而不是持续的、启智的、操作的资源架构。

在幼儿园，教育环境的感知或呈现有时是显性的、直接的、有声的，有时则是隐性的、间接的、无声的，但无论怎样的形式，它反映的都是教师的课程观，呈现当前的课程目标和教育主题，折射出幼儿的发展水平，展示着教师的专业水准。一般来说，教师的主要活动是结合教育目标与幼儿的需求选择内容，收集、整理并提供教育资源，引导幼儿探讨和交流，对幼儿的活动过程、结果进行分析、评估和指导；幼儿参与活动主要体现在协助教师收集相关资料，愿意操作、摆弄、运用环境中的各种资源，能够及时关注环境的变化并维护新环境，能够按照教师要求完成互动任务，遵守并维持活动规则，用自己喜欢的方式展示与表现等，例如，选择区域或小组、确定合作伙伴、收集资料、记录结果或他人意见等。

通常，在一段时间内，随着幼儿与环境持续地互动，幼儿对环境的探索也越充分、越全面，同时也意味着活动兴趣将逐步减退，需要教师为已有环境注入新的内容、投放新材料，再次唤起幼儿的兴趣，用以深化探究活动。教师在这一过程中，要给予幼儿参与的权利，倾听他们的声音和需求，并让他们充分表达自己的想法与意愿，提出自己的建议。因此，师幼之间应保持民主平等、协商共创、多向互动的关系。

幼儿经验的积累和发展若仅仅依赖幼儿园的环境和教育是有限的，因此，幼儿园往往会建立开放的环境观，这也是《幼儿园指导纲要》和《3~6岁儿童学习与发展指南》所提倡的。幼儿园在充分开发和利用内部环境资源的同时，会突破自身的局限，不断向外拓展，整合并利用社区和家庭的教育资源，丰富和深化环境中的教育信息，开展丰富多彩、扎实有效的社会实践活动和家园合作活动，从而拓宽、延伸幼儿的生活视野，树立积极的学习态度。比如，通过主题活动的创设，带领幼儿深入社区、社会、自然，丰富幼儿的各种生活体验，让幼儿初步理解生活中人与人的关系、人与自然的关系，感受大自然、大社会的美好和变化；回到幼儿园之后，在教师的指导下用多种多样的形式记录、表现自己在大自然中的收获。当然，幼儿园也会将家庭、社区中蕴含的教育资源引入幼儿园教育活动，邀请从事不同职业的家长介绍自己的工作、职业特点，拓宽幼儿社会生活认知区域；幼儿园还会与社区、家庭联合起来开展科学育儿活动，共同组织参观、演出、观摩、郊游等活动，以增强幼儿园与社区、家长的合作，提高社区和家庭对幼儿园工作的支持力度，共同提升幼儿教育质量。比如，在幼儿园门厅设置"寻宝箱"，让家长将家里废旧的、闲置的、清洁干净的材料带到幼儿园，以丰富幼儿探索和操作内容。

第二节　幼儿园环境的价值与作用

个体行为（behavior）取决于其特有的心理场所或生活环境，它是个体（personality）与环境或心理环境（environment）的函数，即 $B = f(P \cdot E)$。这就意味着人的行为是个体与环境相互作用的结果。作为人最初的集体生活环境和场所——幼儿园，对于幼儿各种良好行为习惯的养成和全面发展，有着不可忽视的重要价值与作用。幼儿园环境是直观形象的、鲜活而生动的、丰富多彩的，是幼儿喜闻乐见的，它能够使幼儿处于积极的探索状态，引导幼儿发现并解决问题，实现主动认知和经验积累，从而使幼儿获得对世界的认识；幼儿园环境是幼儿与幼儿之间、幼儿与教师之间、幼儿与物质之间互动的主要因素之一，能够有效促进幼儿社会性发展，并起到加速作用；幼儿园环境是保教人员精心创设的让幼儿释放天性的园地，能够促进幼儿身心健康发展和机能协调发展，增强体质，健全心智；幼儿园环境是美的，能够使幼儿获得美感，培养初步的表现美的情趣和能力；幼儿园环境所呈现的是正面的、榜样的，能够引导和规范幼儿的行为，促进其和谐发展……

一、幼儿园环境与幼儿园课程互生互存

幼儿园课程及其组织实施是在教师有目的、有计划的指导下，幼儿与教育环境或情境相互作用而获得有益经验和身心健康发展的全部教育活动。无论是预成性课程还是生成性课程，均源于幼儿与环境的互动，只是生发源不同而已，或选择于《幼儿园指导纲要》《3~6岁儿童学习与发展指南》等教育内容与要求，或生发于幼儿成长过程中的需求。幼儿园课程实施过程强调学习者、教育环境和教育结果三个教育要素。对于幼儿的学习而言，教育效果的好坏往往取决于教育环境的优劣。可见，环境是幼儿园重要的教育资源，也是幼儿发展的重要条件，幼儿园环境与幼儿园课程及其组织实施相互依存、相辅相成。

（一）由环境资源生成课程

幼儿园的课程主题来自幼儿与环境的互动，生成于日常生活。当生活环境中的某种事物或现象上升为幼儿的关注点或话题时，作为观察者、引导者和支持者的教师，就会与幼儿协商是否将这一热点或关注点发展为活动主题或活动方案。通过主题活动的实施，不仅解答了幼儿的困惑与疑问，满足了好奇心，还使他们由以往口头上的爱妈妈、爱老师落实

在了实际行动上。

（二）以课程内容为依据创设环境

幼儿园教育活动需要在一定的环境或情境中开展，而且环境创设是否科学合理将直接影响活动的开展及其效果。因此，幼儿园教育环境会根据需要而创设。将环境视为课程内容，把环境创设的过程作为教育的过程，以课程目标和内容为导向，把每一个环境的细节与课程目标结合起来，在投放什么样的材料、选择增加或减少材料时，思考其中的教育价值与作用，预测对幼儿的学习可能产生的影响，并让幼儿参与到环境创设的整个活动过程之中，使其由旁观者转换为环境创设的主人。

二、幼儿园环境直观形象、鲜活而灵动

环境对幼儿的行为和发展之所以具有不可替代的价值，不仅因为它是影响幼儿发展的因素，而且因为幼儿在环境中通过自身的活动，获得了应对环境变化的方式和能力，并对所处环境产生影响甚至起到改造作用。可见，形象直观、丰富多样、鲜活、灵动、富有生机的幼儿园环境，将会使幼儿的生命充满活力。

（一）幼儿园环境直观形象

当我们走进一所优质幼儿园时，不用言谈，只要留意幼儿园的环境，就能"看"出其中蕴含的各种信息与价值。在幼儿园室内外的地面和楼梯所画的各种迷宫、图形，并涂上颜色或写上数字等，既供幼儿游戏、规范行为使用，又增加了幼儿接受信息刺激的机会；通过中国地图拼图，使幼儿了解中国陆地板块样式，以及各省区市的分布和形状，在操作中培养幼儿的爱国情感；直观形象、富有情趣的墙面装饰不仅美化了幼儿园环境，也是幼儿认知的"直观教材"、行为示范的"榜样"，更是潜移默化地美化了幼儿的心灵。

在教育活动中，根据幼儿思维特点，提供有趣的、直观形象的、激发幼儿探索欲望的材料。在科学活动"沉浮"的小实验中，教师提供了纸片、木块、铁片、塑料玩具等直观材料。通过操作观察引导幼儿发问："为什么铁片沉得最快？""为什么纸片先是浮在水面上，然后再沉入水底？""为什么木块和塑料玩具不会沉下去？"有了疑问，幼儿就会继续实验、观察、探索，并将结果以绘画形式形象地记录下来。通过直观的操作实践，幼儿科学探究的兴趣就会更浓。在进行"马路上的汽车"主题活动时，与幼儿一起收集有关汽车的图片、模型，以及各种制作汽车的废旧纸盒、瓶盖等材料。在活动进行的互动过程中，幼儿不仅认识了不同车辆的功能作用，而且所制作的汽车样式更加丰富，功能也多样化了，有的幼儿还开始自己设计汽车，并自主完成"建造汽车城"的活动。

在幼儿园环境创设中，尽可能为幼儿提供直观形象的信息刺激机会和条件，让幼儿在一日生活中不知不觉地受到熏陶，积累经验，长此以往，会使幼儿的学习品质得到内化、能力得到提升。

（二）幼儿园环境会说话

幼儿园随处都可以看到"会说话的环境"。在幼儿园门厅、走廊等入口处，有幼儿的各种作品展示、提示或警示牌；有一周食谱；有教师、保健医生、工作人员的照片，而且他们每天都会面带笑容、和蔼可亲地迎送幼儿。在每个班级的门口设有家长园地，提示家长近期班级或幼儿园的活动及其内容，提醒家长需要注意或配合的事项；有亲子趣事的图画、照片或文字记录；有家长对幼儿园或者班级的看法、要求等。在班级的墙面上有活动主题墙饰，有展示着幼儿活动的照片或自画像，班级的活动区域形式、内容多样，供幼儿自主选择、参与，窗台、展示架摆放着老师和幼儿制作的各种玩具……教师和幼儿用精心的布置向来到幼儿园的每一位客人、家长，传达着幼儿园的概况和活动，一目了然，形象生动。

让幼儿与环境"对话"，反映了幼儿园教师的智慧和勤奋，老师们最大限度地发挥了教育环境的价值与作用，环境所传达的信息对教师、幼儿和家长都有很大的益处。首先，"会说话的环境"记录了教师的专业发展过程，它如同一面镜子，再现教师的想法，促使教师自我反省；它增强了教师之间的经验分享，取长补短。其次，"会说话的环境"记录了幼儿的成长过程和痕迹，展示了幼儿的所思、所想，以及幼儿的诉求和表现，为幼儿提供了重新检视、反省和解释的机会，有助于知识的自我整合和集体构建；它让幼儿知道成人重视他们的工作和劳动，并激励着幼儿以十分的热情投入学习和游戏中去，学会珍惜自己的劳动成果。最后，"会说话的环境"是家长了解幼儿园和幼儿自身的重要途径，它让家长知道孩子在幼儿园的所作所为，包括幼儿参与活动的过程与结果，而这些往往是家长平时看不到的；它为家长提供探讨家园共育的基本素材，进而协助家长进行角色定位，引导家长科学育儿。

（三）幼儿园环境鲜活灵动

生命的本质在于"动"，只有变化的环境才是生生不息的、鲜活而富有灵性的。幼儿园的环境就像一个"会运动的生命体"，它不仅具有"生命体征"，还包括"成长"的过程以及成长的"预期"。它和幼儿的成长相生相伴，幼儿走到哪里，哪里就有激发他们潜能的环境资源。因此，幼儿园环境是根据课程内容、季节变化、幼儿兴趣和心智发展不断发展变化的，并且尽可能利用一切可用空间、多种手段，创设适宜的环境。例如，将盥洗室的镜子设计成不同的形状，以吸引幼儿观察自己，不断获得新的发现；在卫生间粘贴直观形象的如厕、整理衣裤的过程图，时刻提醒幼儿保持良好的如厕习惯。

根据活动需要灵活布置、安排活动室空间，相对组合出大小不一、动静有别的，方便参与人数、内容不同的小组合作学习；工作坊的各种工具、材料和设备等，摆放在幼儿伸手可及的地方，以便创造性使用工具材料和活动的深入；通向所有活动室的通道、走廊是不同年龄幼儿经常碰面交谈的地方，是他们逗留、游戏的地方，也是各种想法和点子诞生的地方，将这些小空间拓展为特色活动区域，作为活动室的延伸，而且根据幼儿的需要与建议不断更新、变换，会使环境更为鲜活灵动。

三、幼儿园环境能够促进幼儿的认知发展

瑞士著名心理学家皮亚杰认为，儿童认知发展需要在其与环境的交互作用中获得，儿童必须通过自身的活动去发现、认识客观世界，不断构建、完善自己的认知模式。成人习以为常的环境在幼儿看来却是五光十色、多姿多彩的，有着不可抗拒的吸引力。对此，他们会通过眼睛、鼻子、耳朵、嘴巴、手等器官去认识、体验、感触所处的客观世界，学习并积累相关经验。

作为幼儿发展有效刺激条件的幼儿园环境，是教师根据幼儿年龄特点、教育目标与要求而精心创设的，而且在不同时期和条件下，幼儿园环境具有不同的指向性。这些精心准备的教育环境在幼儿学习和生活的过程中，会以集腋成裘的方式逐步地发挥作用，潜移默化地促进幼儿认知发展。一方面，环境资源自身的多样性，为幼儿发展提供了基本条件和氛围；另一方面，幼儿园教育的特点和规律决定了幼儿园环境的目标性和引导性，对置身于其中的幼儿起着潜移默化的教育作用。在"和动物交朋友"的教育活动中，幼儿和家长一起收集有关动物的图片、模型，并在教师指导下分门别类地展示出来，幼儿仿佛置身于动物世界，从而激发了认知和探究欲望。在新建的小花园里，幼儿和教师共同设计小路和甬道的铺设，根据设计收集材料。在教师指导下，幼儿用砖块、卵石、贝壳等铺设形态各异的园中小路。铺设活动过程中，幼儿对材料的大小、方圆、细腻粗糙、宽窄、长短等物理性质有了比较全面的认识。一些幼儿还用大小、形状、颜色不一的卵石拼镶出美丽的图案，这既能体现幼儿的认知能力得到进一步的发展，也是经验、能力迁移的表现；更多的幼儿园则是在活动室角落、走廊拐角、窗下等小空间创设植物角或种植角，从选种、种植、浇水、养护、观察、记录等方面扩大和延伸幼儿的认知发展。可见，幼儿认知是在与周围环境的相互作用中不断发展完善的，同时幼儿也体验到了合作的乐趣、成功的喜悦。

当环境具有"教师"职能价值与意义时，环境已不再是无生命的物质存在，它如同教师一般，对幼儿的认知能力具有启迪和引导作用，使幼儿处于积极的探究状态，并时刻激

发、引领、支持着幼儿的认知活动，环境已然成为鲜活的、具有人格影响力和魅力的"导师"。

四、幼儿园环境能够促进幼儿的社会性发展

幼儿在一定的环境作用下逐渐习得其身处社会的规范，正确处理人际关系，妥善自治，从而客观地适应社会生活，即儿童社会性发展过程。儿童心理学研究表明，2-5岁的幼儿处于自我中心阶段，也是社会性发展的初始阶段，需要在与同伴、成人、社会的交往互动中认识自我，学习与人相处，把握自己在群体中的地位。

幼儿园构建了良好的物质基础条件和交往环境，在充分保证每一位幼儿生理、安全需要，拥有爱和集体归属感的同时，也满足了尊重和社会性发展的需要。在这个专门的集体场所，幼儿的互动少不了同伴、教师、环境材料的支持与介入，环境材料的内容、形式与氛围营造，活动空间布置与活动材料投放等，这些不仅影响幼儿在互动过程中的参与性、情绪状态、交往对象及其数量，也会直接影响幼儿的社会性发展。对此，功能各异、大小不一的活动区，有效提高了幼儿交往的机会与频率，同时也会使幼儿的交往更加深入，质量更高。

一般来说，稍大的区域适合小组交往互动，幼儿群体可以在活动中通过冲突协商、平等竞争、合作关爱等互动，学会分享、礼貌谦让、自我保护、公平公正等社会行为。幼儿喜欢的"医院"游戏，在进区之前，幼儿需要完成玩伴选择、角色分配、规则协商、材料整理等准备工作。游戏进行中他们不仅要遵守角色职责和游戏规则，更要体验角色间的相互关系："医生"负责给"病人"诊断检查，而且态度要好、要关心"病人"；"护士"应该协助"医生"工作，并听从"医生"的安排，不能擅自给"病人"打针、吃药；"病人"也要听"医生"的话，要按时打针、吃药，还不能大吵大闹；没有"医生"的通知或纸条，"药房"工作人员不能给"病人"取药等。这里有游戏角色和社会角色职责，也有游戏反映的社会行为规则。通过游戏使幼儿明确了社会角色关系，自身的社会角色意识和社会角色责任、行为规范得到了进一步强化，促进了幼儿社会性的发展。

相对较小而又安静、私密的空间可以满足幼儿独处或小范围交流的需要，是幼儿疲劳时、遇到挫折时、与同伴发生冲突时，可以安静休息、释放情感或倾诉的温馨港湾，它为幼儿提供了独处的空间，也便于教师的观察与倾听。幼儿的社会交往是以玩具材料为媒介加以联结的，而且玩具或操作材料强化了幼儿之间的交往关系。所以，科学而适宜的材料投放对于引导幼儿之间的交往，积累交往经验，提高交往技能具有不可忽视的作用。材料投放应根据幼儿年龄特点、已有经验、轻重缓急、分量轻重、投放数量、种类比例、可操作性、问题解决等指标，做具体分析与实施。比如，小班适宜投放符合3岁幼儿年龄特点

的、同类或类似的玩具材料，而且数量要足够多。这是因为往往一个幼儿选择了某种玩具材料，其他幼儿也会选择或索要同样的玩具材料。对新入园幼儿玩游戏时的观察发现，他们开始玩玩具的方式各不相同，但一段时间后，玩的方式却逐渐趋同。因为在玩的过程中，幼儿看见他人的玩法新奇或与自己的玩法不一样，便模仿他人，通过相互模仿，大家的玩法也就如出一辙。小班幼儿平行游戏中的相互模仿是常见的社会行为，从中他们还学会了分享、谦让、轮流、等待、交换等交往技能；中班多开展以社会性发展为主的区角活动，所以多提供半成品和多样化的材料，并与自由游戏、教学游戏相结合，以开阔幼儿眼界，提高认知能力、操作能力，积累交往经验；大班幼儿已积累了一定的交往经验，并且伴随空间知觉和数、形等逻辑思维的萌芽，多数提供基础材料或较为复杂的材料，以及需要分解、组合才能完成的结构材料，增加棋类、手眼协调材料等操作要求较高的或以思维训练为主的材料，以此深化幼儿的交往和社会性发展。可见，幼儿就是在以玩具材料为媒介的交往中，通过比较、验证、反省，不断从与他人的关系中逐步认识自我，进而适应社会生活，实现个体的社会性发展。

五、幼儿园环境能够促进幼儿的审美发展

"爱美之心人皆有之"，幼儿对艳丽的色彩、动听的音乐、优美的律动、美好事物的欢喜的反应，即爱美的表现。爱美彰显了幼儿作为人的本质属性和感知力。在幼儿园，通过美好事物、艺术形式所创设的教育环境，以一定的形态、色彩、结构、形状、声音等方式，为幼儿提供足够的、有效的刺激，在发展幼儿观察力、注意力、想象力和表现能力的同时，有效促进了幼儿审美能力的发展，这既符合幼儿认知特点、学习规律，又符合幼儿审美教育规律。它主要体现在两个方面。

一是幼儿园教育环境自身。环境作为隐性教育语言、艺术形式呈现时，能够起到潜移默化的引导、规范作用，同时给幼儿带来丰富的艺术感受和审美愉悦。在教师精心设计、创设以及科学调控下，幼儿园从室内到室外，从活动室到游戏场所，每一个空间、每一面墙、每一个活动区域、每一种操作材料、每一个图形符号、每一首乐曲、每一支舞蹈，从内容的典型化到形式的艺术化，都充分发挥着各自的审美功能与作用；从每一位教师到每一位工作人员，他们的每一句话、每一个动作、每一个眼神、每一次抚摸、每一次牵手，都展示着各自的专业能力和执业品质。从物质到精神，幼儿园环境无不体现保教人员的聪明才智、艺术修为和职业素养。毫无疑问，这一切不仅能引发幼儿的认知发展，更能引起审美主体——幼儿的美感愉悦，使幼儿得到美的熏陶。因为美好的事物不仅具有美的形式、生动的形象，还具有内在的艺术品位和丰富的教义。环境美，以其特有的熏染—感受—理解—内化方式，不断促进幼儿审美能力的提高与发展。

二是幼儿园艺术教育。之所以将艺术教育作为环境内容来讨论，是因为艺术教育为幼儿感受、表现环境美提供了前提条件，幼儿艺术行为及其结果又成为幼儿园环境的重要组成部分。艺术教育是幼儿审美能力得以发展的主渠道，通过艺术教育引导幼儿感受和喜爱周围环境、自然和生活中美好的事物，丰富他们的审美经验和审美感受，以此提高幼儿发现美、表现美和创造美的能力。

在艺术领域，引导幼儿感知艺术形式以及艺术美，为幼儿提供了参与艺术活动的机会，激发了幼儿艺术活动的兴趣和灵感，在此基础上，通过绘画、手工、歌唱、演奏、律动、舞蹈等艺术形式，幼儿逐步获得对线条、色彩、形状、旋律、节奏、动作、组合等艺术要素的把握能力，使幼儿以自己喜欢的方式表达和表现自己的审美情感成为可能。当幼儿发现自己的行为结果成为所处环境的一部分的时候，成就感和自豪感会油然而生，投入活动的积极性就会更加高涨，对美丑、好坏的分辨能力随之提高，实现审美能力的广泛迁移，达到以美促健、以美启智、以美储德的协调发展。

美的环境总使人赏心悦目，整洁优美、充满童心童趣、富有教育文化气息和艺术氛围的幼儿园环境，体现了幼儿园环境的特点、价值与作用。创设一个促进幼儿身心和谐发展的良好环境，就是为幼儿搭建了一个发展成长的"脚手架"；创设良好的幼儿园环境，是幼儿园教师的职前必修课程，也是幼儿园教师专业要求之一、职业素养的重要组成部分。

第三节 幼儿园教育与教学环境的创设策略

一、幼儿园教育环境创设的原则

幼儿园环境创设不仅要符合幼儿身心发展特点和幼儿园教育规律，还应体现无声教科书的功能，这就要求幼儿园环境创设把握以下原则。

（一）安全整洁舒适

环境的作用固然重要，但安全、卫生才是首要的。对于幼儿园来说，大到建筑主体、结构、布局，以及周边环境的安全；小到楼梯高度、护栏位置、家具边角、玩具品质等细节都要考虑周全。安全、卫生的环境是幼儿发展的首要条件和前提，只有创设安全、卫生的环境，幼儿的生命才能获得保障，只有生命安全、健康，幼儿的学习、生活才能够快乐。

获得一个整洁卫生的环境，需要师幼不断的付出和辛勤的劳动。这其中既包括保教人

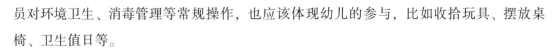

员对环境卫生、消毒管理等常规操作，也应该体现幼儿的参与，比如收拾玩具、摆放桌椅、卫生值日等。

舒适则包括光线、温度、体感、视听等多方面的因素。例如，幼儿园墙饰的高度，就应从幼儿的视角出发，压低视线并错落安排；幼儿游戏或户外活动时播放对噪声有掩蔽作用的轻音乐等，营造令幼儿感到舒适的环境氛围。应该说，使幼儿园整体环境安全卫生、富有整洁舒适感，是幼儿园环境创设最根本的原则。

（二）自然美观丰富

结合自身环境优势与特点，创设顺应自然、适合幼儿成长的环境。借助自然界或日常生活中的资源材料，通过巧妙加工，为幼儿提供有创意的操作材料；幼儿园、活动室栽种或设置植物角，也会使环境充满生机，增添自然气息，创设唯美的视觉空间。

环境直接影响幼儿的审美趣味，富有美感应该是幼儿园教育环境创设的追求之一。形式美的意义往往是品质与匠心兼具。虽然幼儿园环境是活泼多彩的，但就其整体来说一定要富有美感、秩序与节律。其不仅要丰富多样，还要统一整体风格，做到基调和谐，符合幼儿的审美需求，充满童真童趣。

充分利用社会、家庭、社区中的资源，为幼儿提供丰富的、多视角的物质环境，是幼儿园教育环境创设的重要原则。

（三）参与互动开放

教育性不仅蕴含在环境中，还隐含在教育环境创设的过程中，环境创设特别是活动室教育环境创设，应该给予幼儿乃至家长充分参与的机会，使环境创设成为幼儿的主动学习的过程、经验积累的过程。这种参与既可以增强幼儿与环境的互动，还可以增进集体责任感和成就感。

互动与开放，不仅要鼓励并支持幼儿动口、动脑、动手来参与环境构思、设计和创造，且幼儿应具有较大的自主权，可以按照他们自己喜欢的方式、方法参与到环境创设中，促使其得到全方位发展。同时，向每一位参与者传递一个对其成长极为重要的信息：我的力量与行为能使环境发生改变，我们能影响自己的生活。这一原则如同幼儿园环境特点一样，其实质是强调了教育环境创设必须以幼儿为本，以幼儿的发展为核心理念。

不同的幼儿园、不同的年龄班，有着自己的生活、自己的思考、自己的关注、自己的所想所为。它意味着教育环境一定是具有自身特点的，反映出各自独特的文化风貌。而且，伴随着时间的推移、幼儿的成长与认识的发展，环境也应不断更新与变化。

二、幼儿园教育环境创设的途径

(一) 幼儿园环境创设的表现形式与手段

在环境创设中，教师的美术知识与技能，以及职业认同、专业能力，都会影响环境创设的效果与价值的体现。其关键是基于艺术表现力的美术知识与技能。

幼儿园教育环境创设的主要表现形式和手段，有绘画、手工和二者的综合运用。绘画主要有水粉、水彩、油画、丙烯画、中国画（见复旦版《幼儿教师美术技能训练》）等；手工主要有拼贴装饰、吊挂装饰、废旧材料装饰和其他装饰（见复旦版《手工基础教程》《手工应用教程》）等；综合表现是绘画与手工的结合、幼儿作品运用等。鉴于美术等相关课程的学习，关于具体方法手段、功能用途等不再赘述，这里仅以幼儿园环创实例做分享与提示。

(二) 环境创设的主要类型

依照创设的幼儿园教育环境存留时间，可以把它相对划分为三种类型。不同类型的环境创设对象、手段与途径有所不同。

1. 相对稳定而长期的环境

创设园舍建筑、硬件设施、园所绿化，以及结构布局、功能区划、安全舒适性等，一般在建园时或建园初期，已经按照国家有关幼儿园建设标准与要求，作了规划设计与实施。从时间、功能和投入等因素上看，属于相对稳固的环境，无须教师过多创设，但是，投入使用过程中，根据实践需要、活动的便利以及安全性考虑，多数会做局部调整或完善。比如：活动室墙体立角、卫生间踏步、楼梯护角处理；大型游乐设施摆放及其摆放的位置调整；运动和游戏场地内沙坑、戏水池、30 米直跑道、户外游戏器械等设施配置、安放；软质地坪铺设，绿化区、种植区、养殖区的创设；活动室功能区划等，都需要教师参与意见或直接创设、完善。

2. 中长期环境创设

园舍内部的门厅、走廊、公共活动区，外部的围墙、小型雕塑、小景观等，都属于幼儿园中长期环境创设范畴。幼儿园的门厅多以简洁、亲切的内容形式彰显特色，迎接幼儿入园；内部环境色彩活泼明丽、装饰富有生气，反映幼儿园的教育特点；走廊和楼梯，是幼儿与家长每天都要经过的地方，通常会布置一些具有审美特色的装饰，或幼儿作品，或有关幼儿认知的互动性内容；走廊的墙壁、天花板上会有与之相适宜的挂饰和吊饰，既可以丰富空间、产生立体视觉效果，还可以降低身型矮小幼儿与空间的高度差。幼儿园的外墙既可设置攀岩墙，也可绘制与人文、科学、社会相关的装饰画，园内还需点缀幼儿喜爱的雕塑、小景、长廊，营造朴素淡雅、明媚秀丽、清新别致的自然环境和人文环境。这些环境创设往往会根据幼儿园的环境整体，相应保持一定的时期，而不会频繁变换。所以，创设时要充分酝酿设计，并考虑材料使用及其质量。

3. 细节与短期环境创设

短期的环境创设主要是指存留时间相对较短的环境内容，例如，以班级为单位的活动室主题环境、墙饰、区域设置等。

环境创设的具体细节包括活动室家具、桌椅的摆放，活动区的安排、材料投放，以及因人、因主题、因活动等所做的细节调整：细节与短期的环境创设必须以课程内容、教育目标、幼儿发展为依据。从幼儿的需求和视角出发，考虑活动室空间环境的充分利用。例如，班级入口处创设的与家长沟通互动的"家园共育"栏；活动室主题墙饰、温馨提示（饮水、天气、更衣）、种植角创设；寝室与盥洗室的空间创设与美化等，都是一些具体细节，也是教师能够独立、自主实施完成的教育环境创设。

第二章 幼儿园课程的组织与实施

第一节　幼儿园课程实施的理念

一、尊重儿童的人格和合法权利

首先，尊重是一切教育的基础，也是现代教育的基本价值尺度之一。"尊重幼儿人格"就是要将幼儿视为平等的人格主体予以尊重。《儿童权利公约》的基本精神就是强调幼儿不仅是被保护和教育的对象，而且是具有积极性和主动性的"权利主体"。

幼儿园教师对幼儿人格的尊重体现在三个层次：第一个层次是幼儿园教师要认识到，幼儿虽然年龄小、思维不成熟，但也是一个有着自己想法、观点的能动个体，幼儿的人格、观点和想法以及权益应该得到尊重和重视；第二个层次是幼儿园教师要将幼儿的想法和观点、权益作为自己设计、组织教育活动的起点和依据，教师所采取的教育教学行为不能无视甚至损害幼儿的合法权益；第三个层次是及时制止不尊重幼儿人格、侵害幼儿权益的行为和现象，或向相关部门反映，用实际行动保护幼儿的人格和合法权益。

其次，幼儿有自己的权利。他们具有生存权、受保护权、受教育权、游戏权等合法权益。任何遗弃幼儿，拒绝残疾儿童入园，挤占幼儿游戏时间，用"不准玩"惩罚幼儿，偏爱一些幼儿、歧视另一些幼儿等行为，都是对幼儿权利的侵害。幼儿和成人一样，他们有生存、安全、爱与尊重等需要，只有这些需要得到满足后，他们才能萌发好学、好问、尝试、探索、追求成功的需要。因此，我们要坚持正面教育，严禁体罚，用平等的态度和幼儿说话，爱每一个幼儿。

二、尊重儿童发展的全面性和差异性

儿童发展的全面性包括两个方面。

一是教育要适合大多数幼儿的发展水平和需要。我们设计一系列的教育活动，主要是

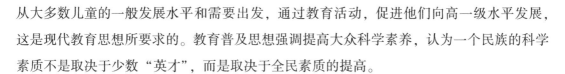

从大多数儿童的一般发展水平和需要出发，通过教育活动，促进他们向高一级水平发展，这是现代教育思想所要求的。教育普及思想强调提高大众科学素养，认为一个民族的科学素质不是取决于少数"英才"，而是取决于全民素质的提高。

二是教育要面向儿童发展的每一个方面。教育不能忽视孩子的多种需要。儿童的各方面潜力还未被充分发掘就被抑制，过早地分化、培养单方面发展的儿童，这些都有悖于马克思主义关于人的全面发展的教育思想。现在很多人借早期开发的名义，通过举办特色班为孩子过早定向，把孩子纳入一个狭窄的教育领域，这显然是剥夺了一个儿童完整、全面发展的权利。当然，我们并不否认特色教育，只是强调应该如何看待特色教育的问题。我们应该在满足孩子多方面发展需要的基础上谈特色，而不应该将单项技能的训练当成幼儿发展的唯一途径。特色项目可以渗透到全面发展的教育中，而不是单个特色项目的强化训练。

儿童发展的差异性也包括两个方面。

一是儿童的发展具有不同的水平。每个儿童虽然都具有相同的心理现象，但这些心理现象的表现并不同步，有的儿童某些心理表现得早些，有的儿童某些心理表现得晚些，即存在着发展水平上的差异。

二是即便是相同的心理现象也要通过不同的个体去表现，而每个儿童所受的遗传、环境、教育的不同导致他们有自己的特色，这就是儿童之间存在的个别差异。所以，幼儿教师要承认、尊重和接受每一个幼儿在认知、情感与社会性，甚至外貌等各方面的独特性和差异性，特别要避免在日常工作中对外貌较好或者能力较强幼儿无意或有意的偏爱，努力让所有儿童的各种潜能都得到充分的发展。

所以，尊重儿童的发展，既要注重全面性又要尊重差异性。我们能做到的就是创设一个丰富多样的、多功能多层次的、具有选择自由度的环境，让每个孩子都有机会接触符合自身特点的环境，用自身特有的方式适应和融入外界；教师在此过程中要了解孩子、敏锐地观察孩子之间的差异、个别指导孩子，以满足不同孩子的发展需要。

三、保教结合

保教结合是一个整体概念，体现教育对个体发展的整体影响。"保"指保育，是保护幼儿健康，为增强其体质、促进其生长发育而进行的各种活动。其中既包括体育锻炼，又涉及营养、生活环境、预防疾病和事故、建立科学作息制度等内容。"教"指教育，通常是指有目的、有计划、有系统地影响幼儿身心发展的活动。"保教结合"，即合理安排幼儿的生活，培养良好的生活卫生习惯，丰富知识经验，发展智力、语言，促进良好的社会适应能力，培养积极情感和个性品德等全面发展的教育。

保中有教，教中有保，即在保育工作中要注意教育的因素，在教育工作中注意保育因素，使两者达到有机的统一。"保中有教"要求教育的因素要渗透到保护儿童身心健康发展的领域，强调保护和增进幼儿健康，注重发展幼儿的积极自主性，培养活动兴趣，增强幼儿生活自理能力和自我保护、安全意识。"教中有保"要求教师在教育过程中注重创设宽松、有助于幼儿健康发展的教育氛围，教师和幼儿之间应形成良好的人际心理环境。只有保教结合，才能促进幼儿身心全面、和谐、健康地发展。

四、以游戏为幼儿的基本活动

尊重幼儿的身心发展规律，就要尊重幼儿的天性。游戏是幼儿的天性，可以说，没有游戏就没有发展。游戏能够让幼儿沉浸在操作的学习中，发展"观察力和发现力"，培养"想象力和创造力"，锻炼"身体操作能力"，学习"分类与选择"，进行"尝试（如试错）并获得成功"，与同伴"交流合作"，发展"理解、推理和记忆能力"。游戏与幼儿发展的关系可以概括为三句话：游戏反映发展；游戏巩固发展；游戏促进发展。

（一）游戏反映发展

游戏是幼儿已有经验的表现活动，也就是说，游戏往往是幼儿力所能及的活动，每个孩子在大多数情况下都是根据自己的能力玩耍，他们不会选择难度高于自己能力的活动内容。他们在选择玩伴时，也往往寻找与自己水平相当的伙伴，这样才能玩得起来，所以观察孩子在游戏中的语言、动作和合作行为，就能看出他的发展水平。

（二）游戏巩固发展

重复性行为是幼儿游戏的一个明显特点。研究发现，当幼儿刚获得一种新经验，或刚学会一种新技能时，他们就会通过游戏反反复复、不厌其烦地重现。例如，当他们刚接触一种新玩具或新材料时，会不断地重复这种玩具或材料的玩法，直到完全掌控它们。

（三）游戏促进发展

尝试性行为是幼儿游戏的另一个常见表现。根据维果斯基的观点，儿童在游戏中往往不满足于已经达到的行为水平，他们总是以略高于日常的水平来尝试新的游戏行为。每当幼儿尝试一种新的玩法时，他们总能准确地估计自己的能力，并调整自己的行为水平。正如维果斯基所说，游戏是儿童自己创造了最近发展区（而教学需要教师估计儿童的最近发展区）。可见，儿童在游戏中是小步、递进地自我发展的。

五、幼儿园、家庭、社区合作教育

随着经济、文化、科技的发展，家庭生活与文化水准的提高，电视、录像机、计算机、通信设备等的普及，幼儿在幼儿园以外获得了越来越多的信息，家庭、社会对幼儿的影响越来越大，与幼儿教育的关系也越来越密切。

（一）家庭对幼儿发展的作用

家长是幼儿的首任教师。血缘关系使孩子接受了父母遗传基因带来的特质，家庭的熏陶使幼儿习得了最初的行为、个性、语言和能力。家庭与父母给孩子留下深深的烙印，这种烙印在孩子的一生中不可磨灭，这是公认的事实。大多数时候，"家长教师"是在自然状态下无意识地教，在日复一日的日常生活中、在其乐融融的亲子游戏中，通过不知不觉的言传身教，对孩子产生巨大的教育影响。而随着社会的进步，家长望子成龙的心情越来越迫切，有意识的教育越来越多，对幼儿的发展起到了更大的作用。然而，也有的家长因期望过高、不懂教育、揠苗助长，而对孩子产生了许多负面影响。

（二）社区对幼儿发展的影响

社区是幼儿认识社会的第一课堂。社区主要是指家庭和幼儿园周围的自然社会环境，它是距离幼儿最近、最直接的小社会，是幼儿熟悉、给幼儿带来童年的欢乐和留下美好回忆的地方，这些记忆将伴随幼儿的一生。对故乡的怀念之情也大都源于童年的经历与感受。

社区给幼儿园教育提供大量资源。幼儿教育家陈鹤琴先生早在20世纪30年代就批评过当时的幼儿园："周围既有街市，又有田园，却不带幼儿去走一走，整天将幼儿关在小房子里，简直是幼稚监狱。"半个多世纪过去了，这个教诲仍不失其现实价值。街道、商店、草地、公园、学校、动物园、博物馆、名胜古迹等，都是幼儿教育的好课堂、好教材。家长应该充分利用社区资源，带孩子出去走走，丰富他们的生活，让他们从中获得经验，更多地接触社会和人群，促进其发展交往能力、增长知识、了解社会、学习做人。有条件的社区可以开办儿童图书馆、儿童乐园、亲子活动站，为幼儿园提供支持和帮助，这样更有利于幼儿的学习、生活和发展。

（三）幼儿园在幼儿教育中的地位和价值

幼儿园是专门的幼儿教育机构，它承担着对幼儿实施全面发展教育的重任，根据幼儿的特点与教育科学理论，开展有目的、有计划的教育活动。尤其是入托幼儿大部分活动时间都在幼儿园，它必然对幼儿发展产生深刻影响。

幼儿园教育不等于幼儿教育。随着经济、文化、科技的发展，家庭、社区（社会）对幼儿的影响越来越大，与幼儿园教育的关系也越来越密切，幼儿园、家庭、社区构成了幼儿教育的"金三角"，他们合力制约着幼儿发展的方向与水平。幼儿园应做教育"金三角"中的"主角"。幼儿园、家庭、社区之间的合力大小，取决于三者之间的关系。而协调三者之间关系的主导是幼儿园。幼儿园要主动与家庭、社区联系，取得家庭、社会的理解、支持、配合。

六、坚持教育的活动性和活动的多样性

幼儿是在与周围环境的交互作用中得到发展的，活动是幼儿心理发展的基础和源泉。在幼儿园教育活动中，教师要为幼儿提供主动活动的机会和环境，引导幼儿充分开展活动，要给幼儿充分操作、尝试、体验的时间和空间。环境要具有刺激性，让幼儿在动口、动脑、动手的活动中学习。

活动是环境和幼儿发展之间的中介，只有通过幼儿的自身活动，才能使幼儿与周围环境发挥作用，从而影响幼儿的发展。幼儿分不清主体和客体，只有无意识的活动：当小手偶然碰到挂在床上的铃铛而发出声响时，才发现了自己的存在；当咬了自己的脚趾头感到疼痛时，才分清自己与外界物体的不同。随着生活范围的扩大，幼儿逐步把自己与环境区分开，正是这种不停地运用自己感官的活动，形成了对外部世界的映像。

因此，教师要为幼儿提供多种多样的活动。教育学家杜威说过："要想改变一个人，必须先改变其周围的环境，环境改变了，人也就改变了。"幼儿的发展是一个在与周围环境交互作用中主动建构的过程，教师的主要责任是观察、研究幼儿，尊重幼儿的人格、尊重幼儿的需要，创造和谐轻松的环境气氛，激发幼儿主动进行活动的内部动机。教师不是"司令"，不能不停地组织指挥，而应留给幼儿自由活动的时间；教师也不是"法官"，不能不断地指责评价，而应帮助幼儿在交往中自己解决问题；教师更不是"保姆"，不能事事包办代替，而是幼儿自己能做的事，尽量让他自己去做。

七、发挥一日生活整体教育功能

幼儿园一日生活是指幼儿一天在幼儿园进行的所有教育活动。幼儿园在教育活动的实施过程中应关注幼儿在园内一日生活中的各类活动，并注意各类活动之间的联系与整合，发挥这些活动的互补作用。

首先，教师必须关注幼儿生活的各种形态，不能将有目标、有计划的教育狭隘地理解为"教学活动"，或将游戏活动和生活活动当作各种教学活动的"过渡环节"。其次，幼

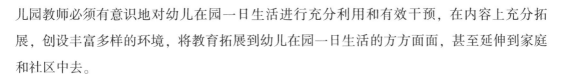

儿园教师必须有意识地对幼儿在园一日生活进行充分利用和有效干预，在内容上充分拓展，创设丰富多样的环境，将教育拓展到幼儿在园一日生活的方方面面，甚至延伸到家庭和社区中去。

目前在很多幼儿园中，教学之外的幼儿生活基本处于被忽视的状态，没有引起教师的重视；教师对相关活动的组织和实施没有明确的目标；生活活动与教学活动相脱节；教师未能在幼儿的生活与幼儿的发展之间建立起必要的实质性的联系。只有改变这种状态，幼儿在园的生活才能真正回归幼儿生活的本质，是一种具有自在性和游戏性的生活。

总之，婴幼儿阶段是一个积淀、孕育、需要成人耐心等待的阶段。苏联教育家马卡连柯指出："教育的基础主要是在5岁以前奠定的，它占整个教育过程的90%。在这以后，教育还在继续进行，人（像花一样）进一步成长、开花、结果，但精心培植的花朵在5岁以前就已绽蕾。"

第二节 幼儿园课程的目标

一、幼儿园教育目标体系

目标是主体对活动所要达到的最终结果的预期，它引领着活动的方向，支配着具体的行为。教育活动有了目标，学习活动便不再盲目；生活有了目标，活着就有了乐趣和意义。

在教育活动中，只有准确地理解和把握教育活动目标，对不同层次的教育活动目标进行分析，使之转换成符合幼儿身心发展特点、具有可操作性、与教育活动内容密切相关的教育目标，才能促进幼儿身心发展。

幼儿园要明确《幼儿园指导纲要》及《3~6岁儿童学习与发展指南》对各年龄阶段幼儿教育目标的要求。幼儿园教育目标的层级关系，即幼儿园教育目标、幼儿园领域（主题）目标、年龄阶段目标、学期目标（月、周）、具体教育活动目标的关系如图2-1所示。

在制定某一层次教育目标时，要依据上位目标，并充分结合幼儿身心发展的特点和教育内容的性质，对活动内容层层细化与分解（幼儿园各层次目标的内容可参考《3~6岁儿童学习与发展指南》）。

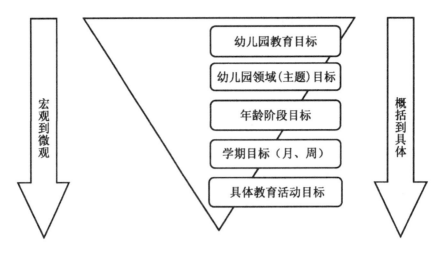

图 2-1　幼儿园教育目标体系

1. 具有初步的阅读理解能力的年龄阶段目标

3~4 岁：会看画面，能根据画面说出图中有什么、发生了什么事等。

4~5 岁：能根据连续画面提供的信息，大致说出故事的情节。

5~6 岁：能根据故事的部分情节或图书画面的线索猜想故事情节的发展，或续编、创编故事。

2. 具体语言活动"认识春天"阅读理解的活动目标

3~4 岁：能根据图片的特征识别"这是春天"。

4~5 岁：能用口头语言描述出图片中春天的特征。

5~6 岁：会用美丽的词汇有条理地讲述图片上的春天以及图片以外与春天有关的事物。

目标 1 是目标 2 的上位目标，根据上位目标及幼儿年龄特点，目标 2 制定了某一具体教育活动中对不同年龄幼儿在阅读理解上的目标要求。这种目标的层层细化与分解就是要在幼儿现有发展水平上找到"最近发展区"，使幼儿在完成活动中获得发展。

二、幼儿园课程目标的基本取向

课程目标是一定的教育价值理念或教育目的在课程领域的具体化，所有课程目标都带有一定的价值取向。明确课程目标的基本价值取向，有助于人们更好地把握课程目标，提高制定课程目标的自觉性与自主性。21 世纪基础教育的课程目标具有特殊的内涵和发展趋势，例如，更强调全面性和基础性，更强调人的综合能力的培养，更强调培养人的个性、创造精神和创新能力，更强调课程的人文精神等。

根据美国课程论专家舒伯特的见解，我们把课程目标取向分为四种类型，即普遍性目标、行为目标、生成性目标和表现性目标。

（一）普遍性目标

普遍性目标是依据一定的哲学或伦理观、社会政治等需要而引出的对课程进行原则性规范和总括性指导的目标。这种目标的特点是把一般的教育宗旨或原则与课程目标结合起来，因而具有普遍性、概括性、规范性的特点。它既为教育工作者创造性地阐释教育目的提供了广阔的背景，又可以适应各种具体的教育实践情境及特殊需要，比较宽泛。

由于普遍性目标具有局限性，因此一般适宜表达普遍的理想，不涉及具体教育活动的目标表述。

（二）行为目标

行为目标是以具体的、可被观察与操作的行为来表述的课程目标。它指明课程实施以后儿童身上所发生的行为变化。行为目标的特点是具体、精确与可操作。

行为目标的早期倡导者是博比特，但美国著名课程论专家泰勒系统发展了博比特等人的行为目标理念，并克服了博比特等人把课程目标无限具体化的倾向，主张在课程目标的概括化与具体化之间找到一个"度"。

有效的行为目标表述必须指明学习之后幼儿身上应该产生的外显行为、在学习的终点所表现的"行为改变"要素和该行为所应用的"生活领域或内容"要素。

行为目标克服了普遍性目标概括性的缺陷，将儿童应达到的可见行为作为课程是否获得预期效果的标准，强调的是课程目标的精确性、具体性和可操作性，便于陈述，也很容易判断目标是否达成，有利于教师、儿童明确努力的方向。但行为目标只能对一些简单知识技能的训练进行一定程度的分解和具体化，人的高级心理能力，如情感、态度、价值观等心理特质很难用外显的行为加以衡量。

（三）生成性目标

生成性目标也称形成性目标或展开性目标。它是在教育情境中随着教育过程的展开而自然生成的课程目标。它反映的是儿童经验生长的内在要求，要求教育者根据幼儿的已有经验和活动过程中对幼儿的了解，形成灵活的、符合幼儿兴趣和当前发展情况的目标。

生成性目标关注的是过程，而行为目标关注的是结果。

由于事先不可预期，因此，生成性目标不会在预先的活动方案中被表述出来。生成性目标体现了教师的目标动态观，促使教师在活动中关注预期目标以外的内容。

当儿童从事与自己的目标相关联的学习时，他们会越来越深入地探究既存的知识。随着问题的解决和兴趣的满足，儿童会产生新的问题、新的价值感和对结果的新的设计，这个过程是持续终生的。

生成性目标克服了预设课程目标的绝对化、实施的忠实化和固定化，它鲜明地体现出幼儿园课程的过程性、即时性。它是在教育情境中产生的，它充分尊重儿童，使儿童有权力决定什么是最值得学习的。但生成性课程对教师来讲是很大的挑战，同时它缺乏客观评价标准，更带有主观的色彩。因此，生成性目标难以成为主导的课程目标，一般与预设的课程目标结合运用。

（四）表现性目标

表现性目标是美国课程理论专家艾斯纳提出来的。艾斯纳受其从事的艺术教育的影响，认为在艺术领域里预定目标是不适用的，于是他提出了表现性目标作为补充。

表现性目标是指每个儿童在具体的教育情境中所产生的个性化表现，它追求的是儿童反应的多元性，而不是同质性。

表现性目标描述教育情境中的"际遇"，即儿童所处的情境、将要处理的问题和将要从事的活动任务等。使用表现性目标意在实现儿童多样性、个体性的反应效果，而非反应的一致性。

（五）课程目标取向的整合

不同的课程目标取向表现出不同的特点或呈现方式。从行为目标取向发展到生成性目标取向，再发展到表现性目标取向，体现了课程发展对人的主体价值和个性解放的追求，反映了时代精神的发展方向。它们之间不是相互排斥和对立的，而是相互补充和联系的。

行为目标具体、明确，便于操作和评价。因此，某些简单知识和技能的传授、行为习惯的训练可以运用行为目标来表述，使全体或多数幼儿都能够发生目标所期望的变化。

生成性目标和表现性目标关注活动过程，关注幼儿较高层次的兴趣和需要。

课程目标具有开放性，允许教师根据具体教育情境生成新的目标，允许儿童创造性思维的发展和个性的张扬，注重儿童知识、技能、情感、态度的全面培养。

在指定课程目标时，必须兼收并蓄这几种目标模式，确定好课程目标的取向。目标取向确定后，课程目标的选择和目标的陈述就具备了一定的基础。可以说，目标取向决定了一个幼儿园课程内容的选择和课程实施的安排以及相应的评价的建立。如果没有明确的课程目标取向，那么对课程内容的选择和课程实施的安排只能是"人云亦云"，在实施过程中也容易出现各种偏差。

第三节 幼儿园课程内容选择的原则

幼儿园课程内容是根据幼儿园教育目标，有目的地选择各种直接经验或间接经验的知识与活动体系。幼儿园课程内容的选择体现了不同的价值观。"知识本位论"一度认为课程内容就是教材。事实上，教材只是一种材料和资源，一种帮助幼儿学习的工具和载体。它只起到媒介作用，只是教师手中的教学材料，一套教材不可能穷尽幼儿所能接受的内容。

一、原则的分类

幼儿园课程不仅要让幼儿获得生存、生活和发展的有关知识，还要在探求知识、初步构建认知体系的过程中，让幼儿体验到学习的乐趣、学会解决问题的方法、善于和人交往与合作、养成正确的态度和良好的习惯等。因此，按照幼儿园教育活动类型，幼儿园课程内容涵盖五大领域，即健康、语言、科学（数学）、社会、艺术（音乐、美术、舞蹈）。即便这样，落实到教育实践中，教师仍然要对内容进行相应的"综合""整合""渗透"。为此，幼儿园内容的选择要遵循以下几个原则。

（一）目标性原则

幼儿园教育活动的内容是实现活动目标的载体，内容是为目标服务的，它直接影响到活动目标能否有效地实现。幼儿教育的目标可简单分解并概述为促进幼儿身心健康和谐发展、兴趣多样、智力发展、习惯良好、活泼开朗等方面。要实现这样的目标，就必须将其分解为多层次、可操作的具体目标，使目标真正落实到每个幼儿身上，落脚点是对应目标的活动内容，这样才能培养适应和创造未来社会的复合型人才。这种人才要具备获取知识、探索发现的能力，较强的交往能力，珍惜和保护环境的意识，具有合作、交往、宽容、承受力强等健康的心理品质。所以，要不断地加深理解幼儿保教目标，从而选择与目标一致的教育活动内容。

（二）适宜性原则

幼儿园课程内容的选择要考虑幼儿的身心发展水平，适合幼儿的一般发展顺序和年龄特点，课程内容应该有助于幼儿获得基础知识、基本能力。内容的选择要做到既适合幼儿现有的发展水平，又有一定的挑战性、趣味性；既适合幼儿的现实需要，又有利于其长远发展；既贴近幼儿的生活，又有助于增加幼儿的经验和开阔幼儿的视野；既符合幼儿生理与心理发展的需要，如身体各机能的协调发展和各种心理机能的协调发展，又重视个体需要和社会需要的协调发展。

在教育学中，"适宜"指两个方面。一是适应幼儿现有水平的需要。目前很多课程内容在量和质上与幼儿发展特点、水平不相适宜，课程内容超载，表现为"量大"，即难、偏、深、怪，大大超出了幼儿的可接受水平，幼儿学起来非常吃力，严重挫伤了幼儿学习的积极性，造成幼儿厌倦学习。二是能促进幼儿发展。这也就是布鲁纳所说的"最近发展区"理论，即"跳一跳够得着"。过于浅显、容易的课程内容，不能构成对幼儿智力的挑战，更不会使幼儿在原有的基础上得到提升和发展，只会造成幼儿学习的无聊感，即量大质不优。为了生存和发展，许多幼儿园不知不觉地将社会的需要放在头等重要的位置，迎合家长的需要，满足他们诸如对读、写、算等内容的要求，满足他们对外语、计算机、艺术等更深、更广、更精的要求，有些幼儿园甚至直接打出"双语、艺术、计算机幼儿园"的招牌，以此吸引家长，扩大生源，求得发展。这些做法都将对幼儿身心发展造成无法弥补的伤害。

（三）生活化原则

生活化原则是指幼儿园课程内容选择要贴近幼儿生活。生活是幼儿园获得直接经验最理想的场所，是最便捷的方式。幼儿园的生活处处蕴含着潜在的、有价值的教育内容，教师可以随机将这些内容纳入计划生成课程，这既可以看作教育生活化，也可以看作生活教育化。

生活化原则要求设计者对一日生活主要环节的教育功能和可能蕴藏的教育机会进行分析，例如，哪些内容可以结合幼儿园一日生活的有关环节自然地实现？哪些内容需要专门组织的教育教学活动才能达成？幼儿园和教师要对幼儿的生活环境和生活变化规律进行分析，依据时令、节日等自然顺序展开，使课程安排更符合幼儿的需要，更具有广泛的教育资源，更充满生活的气息。

（四）因地制宜的原则

幼儿园课程内容应当反映当地和社区文化的背景与特色，使幼儿园成为幼儿认识家乡、了解民族文化传统的场所。社区生活与文化应当成为幼儿园课程的重要资源，不应照抄照搬其他城市或国外的做法。课程内容选择还应与当地的经济发展条件相适应，不应使幼儿脱离实际生活，要帮助幼儿很好地适应社会实际生活，使教育活动的内容本土化、区域化。

（五）解决共性问题，转变教师教育行为——以中班数学活动"5以内序数"研讨为例

实践《3~6岁儿童学习与发展指南》的过程是落实先进教学理念的过程。实践中教师存在不少问题和困惑，影响他们把理念转化为教育行为。为此，可从常见教学活动的研讨入手，通过剖析教师设计和组织教学活动存在的共性问题和困惑，为教师释疑和提供方法策略，促进他们自觉地将理念转化为教育行为。现以中班数学活动"5以内序数"的研讨为例，介绍我们的做法和思路。

设计和执教的教师为园级骨干教师，能代表全园大多数教师认识和实施《3~6岁儿童学习与发展指南》的水平。

1. 活动目标

（1）初步学习从两个方向（从上到下和从下到上）辨别5以内数物体的排列位置，会用序数词"第几"表示物体排列次序。

（2）喜欢辨认物体的排列次序。

2. 活动准备

经验：已初步学习5以内的序数（从左往右数）。

材料：鞋（小拖鞋、小皮鞋、小运动鞋），图书（动物绘本、人物绘本、水果绘本），食品（巧克力、口香糖、饼干）均2份；自制三层的鞋柜、书架、食品架各2个；记录纸，车票，图卡。

3. 活动过程

（1）复习5以内的序数。

游戏"坐车"，幼儿根据车票的序号找到自己的座位。

（2）学习从不同方向辨认5以内的序数。

引导幼儿观察鞋柜有几层，说出3种鞋分别摆在第几层，知道鞋柜可以从下往上数，也可以从上往下数，数到数字几就是第几层。

（3）幼儿操作练习。

①教师介绍材料（书架和图书、鞋柜和鞋、食品架和食品）及操作规则（根据图卡摆放物品）。

②幼儿操作，教师巡回观察。

（4）分享与小结。

教学活动后，可组织研讨活动，大家先找出活动中能较好实践《3~6岁儿童学习与发

展指南》的主要表现。

①目标比较到位。首先，目标要求幼儿"会用序数词'第几'表示物体排列次序"，体现了《3~6岁儿童学习与发展指南》中有关"数学认知的目标、感知和理解数、量及数量关系"。其次，在幼儿已会从单一方向辨认物体序列次序的基础上，设定了高一层次的目标要求：从不同方向辨认物体的排列次序。

②材料体现生活化。活动的材料和情境都来自幼儿的实际生活，体现了《3~6岁儿童学习与发展指南》所要求的"数学应让幼儿在生活中，在解决问题的过程中运用、理解和学习"。

③过程体现"直接感知、亲身体验、实际操作"的理念。活动过程以游戏"生活小能手"贯穿始终，关注幼儿数学学习的兴趣和积极的情感体验。

二、问题和困惑

（一）活动的主要问题

通过深入研讨，大家发现了活动中存在的主要问题：一是教师的讲解不到位；二是缺乏幼儿的表达和交流；三是材料未能较好地物化教学目标和内容；四是教师对幼儿数学经验的梳理和提升中缺少数学语言。

（二）教师的困惑

1. 数学活动中如何认识和把握教师的讲解

大家认为活动中出现上述问题的重要原因是教师的讲解不到位，例如，教师没有具体讲解新游戏的玩法与规则，也没有通过讲解把幼儿的操作经验提升为相应的知识。对此，执教教师深感困惑，表示："我之所以在活动中尽量简化教师的讲解，是希望能体现《3~6岁儿童学习与发展指南》所要求的幼儿自主和主动学习，如果教师讲多了，幼儿可能就处于被动学习的状态。应该如何认识和把握教师的讲解呢？"

2. 数学活动中要不要组织幼儿表达和交流

教学活动中缺少幼儿之间的表达和交流，这也是大家重点指出的问题。对此，执教教师的困惑是："数学概念、术语都比较抽象，幼儿怎样才能表述清楚呢？"

3. 如何从学习经验中梳理和提升数学知识

材料的操作只能使幼儿获得数学经验，教师的梳理和提升才能帮助幼儿从经验中获取数学知识。但我们发现活动中教师对幼儿经验的梳理和提升不到位，主要表现为有关数学概念、术语的表述有误，这是在许多数学教学活动中教师的通病。对此，执教教师的困惑

是："目前自己处于对数学概念、术语了解不多、认识不到位的水平，提升自己水平的途径有哪些?"

4. 如何借助材料物化数学目标和内容

幼儿是借助材料的操作来获得数学经验的，因此，材料是目标和内容的载体，数学活动的成功与否，很大程度上取决于活动材料。执教教师的困惑是："如何设计和制作物化学习目标和内容的学具或材料?"

三、结论

大家认为本次活动中存在的问题和困惑也是大多数教师在设计和组织数学活动时面临的问题。就此，我们以本次活动为案例，组织教师们进行认真而深入的研讨，并获得以下共识。

（一）适度性讲解，避免讲解的"过"与"不及"

以教师的"少讲"来体现幼儿的自主、主动学习，这是对"幼儿自主和主动学习"理念的错误认识。教师的讲解并不代表幼儿的被动学习，教师要思考的是数学活动中教师应该讲什么、讲到什么程度、怎样讲才能确保幼儿的主体地位。

活动中教师必须讲解的内容有游戏材料、玩法和规则，还有活动的重点、难点以及对幼儿数学经验的梳理和提升，这些内容不能不说或少说。讲解的方法可以是两种。

1. 互动式讲解介绍材料、游戏玩法及规则

师幼互动式的讲解是指教师在说一整段话时，在其中一些需要幼儿注意的问题上做停顿，让幼儿补充完整后再继续讲解。例如，在环节 1 教师讲解游戏材料、玩法和规则时，师：一共有（幼：5）辆公共汽车，2 辆是（幼：黄）色的，2 辆是（幼：绿）色的，每辆车都有（幼：5）个位置。小朋友要看清自己的车票是哪一辆汽车的，是第几号座位，根据车票上车找自己的座位。

互动式讲解既有助于集中幼儿注意力，又能帮助幼儿了解教师讲解的重点。

2. 问题在先、讲解在后，解决活动的重点、难点

对于教学的重点、难点，教师讲解时最好与提问相结合，在幼儿自主思索的基础上进行讲解。如讲解前提出"为什么要这样做?""你是怎么想的?""从中你发现了什么?"等问题，把活动过程由教师"告诉幼儿"转变为"引导幼儿自己找出答案"，让幼儿在观察、比较、操作的基础上，在分析和解决问题的过程中自主构建数学经验和知识，凸显幼儿学习的主体性。例如，在环节 2 中，为了引导幼儿自主学习运用序数词，正确表达物体在序列中的位置，教师可以提出 3 个问题，①货架共有几层？你是从什么地方开始数的

(可以从上往下，也可以从下往上)？这个问题点出了活动的重点，即序数的方向性。②饼干（巧克力、口香糖）摆在第几层？这个问题是让幼儿迁移已有的单方向辨认序数的经验，说出食品的位置。③"有人说口香糖摆在第一层，也有人说口香糖摆在第三层，这是为什么？你发现了什么？"这个问题是本次活动的难点所在，即数的方向不同，同一物品排列的顺序也不同。

在环节3要求幼儿按题卡上的标志摆放物品时，教师可以提出问题"认真想想，题卡上的标志代表什么？"引导幼儿运用学到的新知识，自主分析；在操作完成后的幼儿检查环节，教师可以提出要求："和好朋友相互检查，看看你是不是把所有的物品都摆放到正确的位置上，如果发现有物品放错了位置，请把它摆放在正确的位置上。"

提问在先，讲解在后的方法尤其适用在解决活动的重点、难点以及知识点的学习和检查等环节上。

（二）表达和交流是幼儿学习和运用数学的重要方式

我们认为数学活动必须提供幼儿表达和交流的机会，因为幼儿在表达和交流的过程中可以进一步感知和认识有关数学的知识，是一种对数学经验或知识的内化过程。例如：在环节1幼儿找到乘车位置坐下来后，可以让幼儿相互检查，说一说"我坐在第×位"；在环节2中学习从不同方向数序列时，教师不要急于教，而要让幼儿借助已有经验和同伴相互说一说"我看见饼干（或巧克力、口香糖）摆在第×层"；在环节3幼儿按图卡摆好物品后，指导幼儿互相检查后说一说"从上往下数，我摆的东西是在第×层；从下往上数，我摆的东西是在第×层"。

（三）用数学语言梳理和提升幼儿的数学经验

"数学教学也就是数学语言的教学"，数学语言具有规范性和专业性，教师应该用规范的数学语言组织数学活动和梳理、提升幼儿的数学经验。例如，环节1乘车游戏结束时，教师指导幼儿复习序数的知识"从单方向数说序数"，应该这样表述："想找对自己的座位，首先应该知道是从哪里往哪里数，然后找到第一把椅子，从它开始接着往后数椅子，数到几就是第几把椅子。"环节2学习新知识"从不同方向数，同一物体排列的序数不同"时，可以这样梳理和提升幼儿的操作经验："货架可以从下往上数，也可以从上往下数，开始数的方向不同，同一物品排列的顺序也不同。我们只有说清楚数的方向，别人才能明白每一个物品的位置。"

为了改变教师的数学理论和知识较为贫乏的现状，我们将组织专题培训活动。

（四）用材料物化学习的目标和内容

我们深刻认识到用材料物化数学学习目标和内容的作用和意义，遗憾的是目前我们缺乏相应的策略与方法，这是我们以后要进行专项研究的课题。

第四节 幼儿园课程的实施

一个好的幼儿教师应该确立两个意识：发展意识和课程意识。发展意识是指教师对幼儿的日常行为所体现出的发展水平和发展需要，能够随时作出准确的分析和判断；课程意识是指教师在日常生活中，能够随时发现和利用可以影响幼儿发展的教育因素。

幼儿园课程实施方案的策略是指在教育活动过程中，教师为使幼儿的情绪、认知、外显的与内隐的能力达到最佳的活跃状态，所运用的最优化的课程实施取向，它是教师专业素质、教育智慧和教育艺术的体现。目前我国幼儿园主要采用以下两种课程实施方案。

一、主题引领下的领域整合课程

幼儿园的主要任务不是"教知识"，幼儿的主要任务也不是"学知识"，幼儿是通过直接感知、体验、操作、探究等方式主动学习与构建知识、经验的。《3~6岁儿童学习与发展指南》的"说明"指出了幼儿学习以五大领域为内容，以主题活动为线索，以个别、小组和集体活动为形式，采用以生活活动、活动区游戏活动、集体教学活动为途径的多元的、立体的教育活动模式，同时也注重隐性课程、生成性课程和预设课程的结合对幼儿发展的影响，从而形成了当代我国以《3~6岁儿童学习与发展指南》中幼儿3个年龄段末期幼儿应该知道什么、能做什么，大致可以达到什么发展水平为目标的幼儿园课程模式。

（一）主题引领下的领域整合课程的含义

主题引领下的领域整合课程是指在一段时间（时间长短由主题内容决定）内，围绕事先选择的主题组织教育活动。它以幼儿熟悉和感兴趣的内容为活动对象、以现实发展水平为依据、以活动为载体、以环境为依托、以游戏为手段，充分利用周边资源，预设和生成相结合，通过一个主题线索把单一的、局部的、模式化的零散形式与内容的教育活动整合为复合型、立体式的蓝图教育。

主题活动具有开放性、综合性、整体性的特点，是全面发展的教育模式。这种课程形式有利于改变过去过分强调活动内容的自身知识体系、割裂活动内容领域之间联系的弊端，将幼儿园的健康、语言、社会、科学、艺术各领域的教育内容有机地整合在一起，同时将幼儿园、家庭、社区等各种教育资源相互联结。在这种课程活动中，幼儿以探究性学习方式，通过对周围世界的深入观察、自主体验来实现对主题所蕴含的经验体系的整体认知与感受，获得主动发展。

（二）主题引领下的领域整合课程的实施

主题引领下的领域整合课程的实施是低结构化活动和高结构化活动的统一，具体包括教师预设的和生成的、围绕一个主题展开的、全班一起进行的和分小组进行的系列教育活动。

1. 低结构化活动和高结构化活动

低结构化活动是指主题系列教育活动中，通过生活活动、游戏活动等获取有关某一主题的感性经验的教育活动。在低结构化活动中，幼儿更多地通过自主活动获得零散的、偶然的知识，由于这些知识是片断性、零碎性的，因此它对提升幼儿认识的发展是有限的。

高结构化活动是指主题系列教育活动中，教师有目的、有计划地组织活动，班级所有幼儿都参加，有利于幼儿构建具有引领性功能的系统的知识体系的教育活动，即教师通过把幼儿在日常生活和游戏中获得的零散的表象、片断的经验进行整合，使之反映某领域客观事物或现象之间的关系或联系，形成初级的、经验性的科学概念，并通过幼儿能够理解的教学活动被幼儿所掌握。

在幼儿的学习中，没有低结构化活动经验的积累，高结构化活动就无法实施。低结构化活动中获得的知识有助于高结构化活动的提高和升华。高结构化活动中幼儿获得的知识只占幼儿知识总量中很小的一部分，但对其发展具有至关重要的影响。因此，高结构化活动亦可狭义地称为"集体教学活动"（广义的"集体教学活动"包括"一日生活活动"和"游戏活动"），它的优点是经济、高效、公平，系统性强且具有引领性。它和"一日生活活动""游戏活动"相配合，共同构成幼儿园主题引领下的领域整合课程。

2. 主题活动的设计

低结构化活动以幼儿自主活动为主，具有不确定性；高结构化活动注重活动目标的预设、活动流程的控制，强调目标的达成度。因此，教师要了解幼儿的学习特点与规律，熟悉幼儿的生活、游戏以及幼儿已经获得的知识经验，掌握与幼儿互动的方法与策略，能巧妙地调动与利用幼儿群体所具有的教育力量，否则，这些专门的教育活动就会妨碍幼儿的学习，影响幼儿的发展。

在主题引领下的领域整合课程中，教师要明确生活、游戏、运动、学习等活动各自在幼儿发展中所起的独特作用，并根据主题将其目标、内容、途径、方法进行整合，使其发挥整体效应。

现在不少幼儿园"专业性"低下，不懂幼儿教育活动之间的关系，对幼儿的发展造成极大的伤害。大量的所谓"教知识"的专门教学活动不是建立在低结构化活动的基础上，降低了幼儿的学习兴趣，挫伤了幼儿的学习热情，导致幼儿养成了不良的学习习惯，自主学习能力薄弱，生活能力低下，游戏经验缺乏，思维能力、想象力和创造力被摧残、被扼杀，分析、解决问题的思维能力差等。这种伤害和负面影响是多方面的，甚至是长远的。所以只有"专业性"的幼儿园才懂得如何针对幼儿特点进行施教。

杜威说过："儿童的世界是一个具有他们个人兴趣的个人的世界，而不是一个事实与规律的世界。"幼儿的兴趣、情绪、经验和行为直接影响着活动的效果。只有他们感兴趣、具备与活动内容有关的知识经验，且情绪稳定时，他们才能集中注意去参与，教师的指导也才能真正转化为幼儿的自主活动。因此，无论是低结构化活动还是高结构化活动，都需要教师考虑以下两个方面。

（1）提出设计意图。提出设计意图就是要明确开展某一主题活动或某一具体活动的缘由。内容主要包括：幼儿对该活动有极大的好奇心、兴趣或关注度；幼儿需要获得某方面的直接经验或幼儿已具备了接受和理解该活动足够的直接经验；教师要对该活动素材和梗概进行分析；开展该活动的幼儿园已具备有利的条件；通过该活动的实施，使幼儿获得新的直接经验，抑或可以使幼儿在原有感性经验的基础上获得新的认识或使原有认识升华；等等。

（2）确定活动目标。活动目标是活动设计的指引，没有活动目标，设计就失去了方向。幼儿园的课程目标是指通过一次或几次教育活动所期望达到的效果，即通过主题活动或某一具体活动的实施，使幼儿在原有的基础上获得知识、能力和情感态度等方面的发展。

就某次活动而言，往往在活动设计之初，教师就已预设活动的目标，但是在活动过程中，由于一些客观因素以及幼儿思维的灵活、跳跃和注意力集中程度等情况，可能会有新的目标生成，这是幼儿园教育活动实施过程中经常出现的问题，也是对教师素质的考验。

教师应善于关注并顺应儿童的兴趣和需要生成目标，使幼儿园课程目标呈现出动态变化的特点。这一调整并生成新活动目标的过程，既满足了幼儿的需要，促进了幼儿学习的动力，使幼儿得到了自主的发展，又使幼儿园课程体现出"以幼儿发展为本"的思想。

活动目标由不同的活动内容和幼儿身心发展特点所决定，同时也要考虑本地区、本园的实际情况。根据我国课程标准规定，活动目标一般包括三个方面：知识目标、能力目标和情感目标。在实际设计、组织和实施教育活动中，教师要依据活动内容和实际情况灵活确定活动目标，比如根据幼儿的兴趣需要生成新的活动目标。

活动目标是活动的指引，所以目标的表述要做到以下四点。

①目标具体、可操作，避免过大、笼统，即确定活动目标要明确。很多幼儿教师不会制定目标，不明确自己要做什么，在实施活动的过程中也就随心而欲、杂乱无序，甚至不知道自己在说什么。

②目标要清晰，不要与过程、方法混淆。在设计和书写教案的过程中，个别教师会出现这样的情况：在表述活动目标时，把实施活动的过程及过程中使用的方法、形式与目标一并加以表述，使得目标的表述冗长、累赘，甚至有时会产生误解，不知道哪一个是真正要达到的目标。

③目标表述力求以幼儿为主体。教育活动的最终目的是促进幼儿身心发展。教师是活动的主导，幼儿是发展的主体；教师设计、组织、实施教育活动，幼儿在操作、探索中去发现、体验、成长。所以，教育活动目标是否真正实现，主要看教育活动之后，幼儿的认识、行为等是否发生实质性的变化。也就是说，目标的价值取向应该在幼儿身上得以体现。为此，活动目标要从幼儿的角度去表述，如果某一目标只能从教师的角度表述，则要求前后句表述角度要统一。

④目标表述应体现活动的阶段性和连续性。幼儿的每一次活动都要考虑目标的适宜性与达成性。由于幼儿的教育活动必然要分阶段来完成，而幼儿每一阶段的学习又都是在幼儿已有知识的基础上进行提高，因此，必须保证幼儿教育活动的连续性。

在幼儿园的教育活动实施过程中，一个目标要通过多种活动来实现，一个活动要指向多种目标。目标和活动不是一一对应的关系，我们追求的是通过一个活动实现多个目标。

（3）选择分析并确定活动的内容、组织的途径、形式和方法。在选择课程活动内容时，要依据幼儿学习和发展的需要和兴趣，收集与这一课题有关的材料。材料要与教育目标契合，蕴含丰富的教育活动资源，具有时代性，符合幼儿年龄特点，贴近幼儿生活实际，具有挑战性；还要考虑季节和节日的背景以及本地区一些特殊情况（风土人情、文化传统、教学资源）等。

幼儿园教育活动实施的途径是多种多样的，当下的主题活动需要将游戏、生活、教学、社区等各途径相互整合，以便幼儿通过不同途径，获取和建构关于某一主题的直接经验和知识。

幼儿的教育活动没有固定的形式，教师采取什么样的活动形式，要根据教育内容而定。现代的幼儿教育理论强调要充分体现幼儿在活动中的主体地位，要让幼儿在活动中动脑、动耳、动眼、动手、动嘴，让他们自己去感知、发现、探索。因此，幼儿园教育活动的形式趋于综合化、多样化，即个别、小组、集体综合利用，以求实现最佳的教育活动效果。

活动方法是教师教的方法和幼儿学的方法的统一，是活动过程中为实现活动目标所采取的行为方式的总称。教法和学法是一个问题的两个方面，二者辩证统一在同一活动过程中。教的方法必须遵循幼儿学的方法，即遵循幼儿学习的特点和规律，否则，教法将失去它的针对性和可行性；幼儿学的方法是教师教的方法的依据，二者相辅相成。在幼儿教育活动中，教师常用的教学方法有讲解法、示范法、演示法等；幼儿常用的学习方法有谈话法、观察法、情景表演法、实践操作法、讨论法、探索发现法等。

（4）制定完成教育活动的进度表。教育活动的进度是按照幼儿园课程计划进行的。从宏观上说，幼儿园进行的所有课程活动都是有目的、有计划、有组织的；从微观上说，每一具体教育活动根据活动内容和幼儿实际情况，也要制定时间进度表。各层次的课程活动目标虽各有侧重，但它们共同为幼儿园课程的规范化、系统化、连续化运行提供保障，使教师有章可循。

（5）安排空间环境。幼儿的教育活动要考虑活动空间环境的布置，如在室内还是室外。对幼儿来说，环境是"会说话的老师"，对幼儿有耳濡目染、潜移默化的影响。学习环境的创设，大到设备的准备、活动室的布局，小到活动材料的准备及座位的安排等，都会直接影响幼儿园教育活动的效果。

3. 高结构化活动实施的导入策略

幼儿园课程实施是把活动的设计转变为实践的过程，这一过程集中体现教师的综合素质，要求教师能创造性地将活动内容和形式融合起来，使教育性、科学性、艺术性及个人风格有机结合，以便幼儿从中受益。

俗话说"万事开头难"，良好的导入可以激发幼儿浓厚的活动兴趣和强烈的求知欲，使幼儿迅速地将注意力集中到本次活动上，从而明确活动的任务和要求，全身心投入活动中来。根据材料在导入中所起的作用，常用的导入方法主要有以下四种。

（1）问题导入。

问题导入指教师根据活动内容直接向幼儿提出问题。它要求提出的问题具体、形象生动、紧扣活动内容、难易适度、具有启发性。

（2）故事或谜语导入。

故事或谜语导入是指教师以讲故事或猜谜语的形式导入。

故事或谜语生动形象，加上老师的表情和肢体语言，能充分唤醒幼儿已有的知识经验，使他们积极地参与到活动中来，并极大地调动幼儿对活动的兴趣。

使用故事或谜语导入时需注意，教师不是单纯为幼儿讲故事或猜谜语，而是因为故事或谜语内容与所要进行的活动有密切关系，幼儿易于理解和接受。因此，不论是原有的故事或谜语，还是新编的故事或谜语，都一定要保证其内容的科学性、教育性、艺术性和趣味性。

（3）实物导入。

实物导入是利用现实中的人、动物、玩偶、图片、模型和环境等进行导入。实物导入的最大特点是具体、直观、生动、鲜活。由于幼儿以动作思维和具体形象思维为主，因而实物导入最符合幼儿的思维特点，它使抽象的内容变得表象化、形象化、拟人化，如身临其境。

（4）演示法导入。

演示法导入主要包括实验、情景表演和录像等，是指利用一些相关的材料把事物的发展变化过程演示出来，使幼儿对事物有初步的认识或了解，进而引出活动主题。通过演示让幼儿观察并获得感性认识，可在一定程度上弥补幼儿感性经验的不足。

导入的故事情节可以制成课件，或画出一组可以表示故事情节的图片，抑或事先找若干小朋友进行角色表演等。这种演示直观、形象，是幼儿最喜欢的导入形式之一。

使用演示法要注意：事先要做好充分的准备，检查好材料和设备情况，并进行预演；设想可能出现的各种情况；演示的内容与方式要紧扣活动内容和目标；演示过程中，必要时可以要求教师进行简洁的说明和指导。

4. 高结构化活动编制格式范例

为了确保教育活动的质量和效率，幼儿园要求教师事先把教育活动设计方案呈现出来，也就是平常说的教案。教育活动方案是教师教育教学计划中最详细、最具体的设计，它是直接指导幼儿教师的教育教学活动依据，也是评价教育活动效果的依据。

现以小班科学活动"捉迷藏"的教育活动方案为例，说明幼儿园教育活动方案的格式。

二、方案活动

方案活动是 20 世纪 60 年代和 70 年代普罗登时代英国学前教育和小学教育的中心部分。在那些年，英国的实践激励了许多美国教师在"开放教学"的名义下采用这种方案教学法。意大利瑞吉欧·艾米丽亚的北方小镇将方案教学法进行了高度创造性的改造，使其成了课程的一部分，最近几年还被其他国家广泛采用。

之所以叫方案教学，而不是"方法"或"模式"，是为了表明探索性方案活动只是学前课程或小学课程的要素。作为 3~8 岁儿童课程的一部分，方案活动是在与其他方面课程的互补关系中发挥它的功效，而不是作为一种总的教学方法和模式，因此不需要放弃能支持儿童发展和学习的其他广泛的教育的实践。

（一）方案活动的含义

方案活动是整个班级（有时是班级内的一群幼儿，偶尔也会是一个幼儿个体）对某一主题进行广泛深入研究的活动。当整个班级参与方案活动时，幼儿也会典型地以一个组和个体的形式参与研究大主题以下的特定分主题。这种活动可以是幼儿对主题的诸多方面进行研究，而这个主题在理论上应该是参与活动的幼儿所感兴趣的，同时也是值得他们注意并努力的。在与教师讨论时，幼儿会针对主题的具体方面提出问题，而主题也将成为幼儿在方案活动中的主要攻克点。

方案活动中的探索调查也融入了一系列的智力支撑、审美技能和社会技能。参与活动的幼儿凭着已获得的这些方面的技能，共享和讨论与那个主题相关的经历，收集数据、书写、测量、绘画、涂抹、制作模型、阅读、编故事、表演戏剧、进行美术活动等。理想的方案活动应该让幼儿获得有关科学、社会研究、文学、艺术等多种学科方面的有价值的知识和概念。此外，方案活动通常会通过直接观察、访问相关专家、对感兴趣的分主题做相关的实验、收集相关物品、为自己的发现汇报做准备等活动来收集信息。

在方案活动中，教师会鼓励幼儿找到他们特别感兴趣的分主题，选择他们负责的特殊任务。除了具有获得新知识、新技能的价值外，通过长期努力而获得对主题的主控感，会为孩子形成对有价值主题的深入理解打下基础。

方案活动区别于向幼儿介绍知识的传统教育方式的主要特征是：在明确即将研究主题的各项参数并提出要在探索中予以解决的问题时，幼儿是直接和主要的参与者；允许研究的方向随着方案活动的进行发生转移；幼儿负责完成方案活动，负责准备和汇报对研究发现所进行的各种要素。

（二）选择方案活动主题的标准

一是它在幼儿自己的环境（真实世界）中能被直接观察到。二是它在幼儿经历的范围内（经历中的大多数或经历中的一些）。三是第一手的直接研究调查是可行的（不是有潜在危险的）。四是当地资源是有用的而且是容易获得的。五是使用多种表征媒介的可能性很大（角色游戏、建构、画图、多维标准、编制图表等）。六是家长有可能参与进来贡献自己的力量（让家长参与进来，并没有多大的困难）。七是它对当地文化敏感，总体上在文化方面对幼儿是合适的。八是幼儿当中有许多人可能对它感兴趣，或者成人认为它是值得在幼儿中间发展的。九是它与学校和地区的课程目标是相关的。十是它给幼儿提供了运用基本技能的充足机会（取决于幼儿的年龄）。十一是该主题的特定性很适宜——既不太窄也不太宽（如研究教师养的狗显得太窄、以音乐为主题则太宽）。

（三）方案活动中四种类型活动目标的定义

在儿童的各个教育阶段，都必须追求以下四种类型的教育目标：知识、技能、倾向和情感。在儿童早期阶段，对它们可这样定义。

"知识"可被宽泛地界定为想法、概念、图式、事实、信息、故事、神话、歌曲或头脑中其他诸如此类的内容。

"技能"被界定为细小的、分散的、相对较为短暂的动作，而这些动作可以被轻易地观察到或者从行为（如剪切画、数一组物品、协调与同伴的行为、进行大肌肉动作和小肌肉动作等）中推测出来。

"倾向"被宽泛地界定为相对较为持久的思维习惯，或者对发生在各种情境中的经历特有的反应方式（如，坚持不懈地完成任务，好奇、慷慨或贪婪，阅读的意向或解决问题的意向等）。倾向不同于一项知识或技能，它不是一个结束状态，不可能一次就被掌握；它是行为的倾向或者是稳定的行为方式，它只有通过反复操作才能够建立起来。

"情感"包括归属感、自尊感、自信感、充足感和不足感、有能力感、焦虑感等。关于重要现象的情感既可以是短暂的，又可以是持久的；既可以是强烈的，也可以是微弱的；既可以是一致的，也可以是矛盾的。

（四）方案活动的阶段

一旦选定了方案活动的主题，方案活动便表现出了一个主要的特征，即儿童积极地参与到以下这些活动中来：明确要探索该主题的哪些方面、计划活动和确定要准备哪些形式的汇报；教师对可能要进行的活动以及所需要的资源作出计划，并提供一些相关的初步想法，然后将方案活动分三个阶段计划和实施。

阶段一：起始阶段

在方案活动的第一个阶段，教师鼓励儿童运用表征和表达的方式，例如，戏剧表演、绘画、汇报、写一些关于他们自己的东西等，来分享他们自己与主题相关的经历和回忆，重温与该主题相关的知识。在这些最初的活动中，教师能领会到幼儿个体及家长的特殊兴趣；这种共享也能帮助教师对参与方案活动的整个小组进行最基本的了解。家长也有可能以各种方式为方案活动出一份力，如安排参观的地方、出借展览要陈列的物品、接受幼儿的访问、提供获得信息的途径。

在方案活动的第一阶段，幼儿回顾自己对该主题的理解，在此过程中，幼儿提出与主题相关的问题。这些问题会表露出儿童在理解上的一些欠缺甚至误解，这为计划的第二个阶段打下了基础。作为指导者，教师不要过急地去纠正在阶段一中出现的错误概念，因为在幼儿

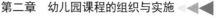

调查研究和测试他们所持有的与现实相违背的理论时，这些能成为极好的学习资源。

阶段二：发展阶段

第二个阶段的突出特点在于获得新信息，尤其是借助第一手的、直接的、在真实世界中的经历获得的新信息。所用信息的来源可以是原始的，也可以是间接的。原始的来源包括接触真实环境和事件的实地远足，例如，观察建筑工地，观察机器运转，参观超市的货运部。间接的信息来源包括书本、相关的教育性影片、录像带、说明书、小册子等。在这个阶段可以查阅这些信息资源。

在阶段二中，幼儿和教师可共同计划一次实地远足。实地远足不需要很复杂，没有必要花费昂贵的路费去一个遥远的地方。他们可以去学校附近的地方，如商场、小店、公园、建筑工地或者在学校周围散步。在教师的帮助下，幼儿可以分组去这些地方，同时他们有机会与成人一起谈论他们正在观察的事物。

在实地远足前要做的预备工作包括：明确要解决的问题；确定要与他们谈论问题的人员；确认设备、物体和可以近距离观察的材料。幼儿可以携带一个简易的写字板（用纸板和纸夹做成），简略地画下或写下特别感兴趣并且在回到教室后能派上用场的东西。同样可以鼓励幼儿在参观过程中数数，记下实物的形状和颜色，学习那些与事物相关的特殊词句，理解事物如何运作，动用他们所有的感官来进一步理解所研究的现象。

返回教室后，可让幼儿回忆众多的细节。随着学到的与主题相关东西的增多，幼儿能用逐步复杂的方式来表达这些细节，运用已经获得的技能：谈论、绘画、戏剧表演、简单的数学符号、测量和简图表示事物。如果远足的地方就在附近，如在学校所在区域的一所博物馆，可以多次参观这个地方，然后把在某一次参观中所观察到的和在随后一次参观中所观察到的进行比较。

可将幼儿的活动信息积累起来放在个人的方案活动档案袋中，贴在墙壁上展示，把与他人分担的活动记载进小组记录册中。幼儿可以充分地讨论和计划展示什么、怎么展示。从访谈中收集到的信息可以用不同的简便方式来表示。还可以用一系列间接的资料、书本、图表、传单、地图、小册子和图片来激发和丰富方案活动。

随着方案活动在阶段二中的进展，儿童通常不仅会对与主题相关的现实性和逻辑性产生强烈的关注，而且也会对描画真实物体越来越感兴趣。在他们写生时，幼儿能仔细观察植物和动物，观察自行车的各部分如何与整体相连，或者记录下以不同方式切开胡萝卜后里面的图案如何反映水分以及其他营养成分对胡萝卜生长的作用。在方案活动的进程中频繁认识和回顾活动的进展，会激发儿童的兴趣。

阶段三：总结阶段

最后阶段的主要任务是完成个体和小组的活动，总结和反思学到了什么。对于3岁到

4 岁的幼儿，他们大部分是通过在与方案活动相关的情境中进行戏剧表演来完成这个最后阶段的。因此，如果他们搭建一家商店或医院，他们就会扮演与这些背景相关的角色。

对于年龄较大的幼儿，应在幼儿兴趣减退之前，引导其讨论并计划如何分享他们的方案活动经验、如何与他人共同学习。在方案活动的第三个阶段，可邀请参观者在一间开放的屋子里观看方案活动，或者邀请隔壁班级来观看某些关于幼儿活动的展品。幼儿同样会乐意与负责教师和其他感兴趣的教师一起分享他们的想法，这也让班级中的幼儿在付出相当多的努力之后，拥有了进行汇报的经历。安排这种场合，其真正的目的是让幼儿对已经完成的方案活动进行回顾。在这个阶段，还可以鼓励他们对自己的活动进行评价，把他们已经发现的东西和他们在阶段一中提出的问题进行对照。

下面我们将对一个以"鞋子"为主题的方案活动可能的进程做简要介绍，在这个方案活动中，参与者是全班的儿童。

例：关于"鞋子"的幼儿园方案活动

下面将描述发生在一个幼儿园班级中的关于"鞋子"的方案活动。这个主题源于幼儿之间对鞋子的讨论。一些幼儿在新学年买了新鞋，由此引发了这个主题。那些鞋子有许多有趣的特征：有的会发光；有的有声音；有的带有不同样式和颜色的花边。幼儿研究鞋子的兴趣会往什么方向发展，对此教师和她的助手设想了许多。他们在一起想了很多主意，然后把它们做成了一个主题网页。

阶段一：起始阶段

幼儿在教室里谈论他们的鞋子和他们买鞋子的经历。幼儿开始对鞋子产生疑问，提出了一些问题。教师将他们的问题汇编成一个目录，并在方案活动的最初一个星期里不断对该目录进行补充。幼儿则画下他们的鞋子，画下他们买鞋子的经历。教师鼓励儿童去向他们的父母、朋友和邻居要各种鞋子，因为班级要收集鞋子以供研究之用。教师从她 16 岁女儿的鞋柜里拿来了一些鞋子，并把它们放到了表演区角里。

他们在表演区角里设立了一个简易的鞋店，并在那里试穿不同的鞋子。教师把这个研究的主题告诉家长，邀请他们与孩子一起讨论鞋子，他们也可以把他们所知道的有关鞋子的特有的知识告诉班级里的幼儿。在第一个星期结束时，教师安排了班级里的一个幼儿把他的小弟弟带过来，向全班儿童展示小弟弟的第一双学步鞋。

阶段二：发展阶段

教师和幼儿一起讨论他们应该做些什么以解答提出的这些关于鞋子的问题。这些问题有："鞋子是用什么做成的？""它们值多少钱？""你怎么知道你穿几号的鞋？"

当幼儿开始讨论钱时，他们讨论的是商店店员如何处理人们买鞋时所付的钱。有的认为店员把钱送给穷人，有的幼儿认为他们把钱带回家使用，有的则认为老板保管了所有的钱。所预测的问题的各种答案增强了幼儿的好奇心，幼儿渴望更详细地了解在鞋店里发生的事情。教师安排幼儿去一家鞋店，这个店就在他们所在的城市里。幼儿花了一个星期为这趟旅行做准备。他们确定了要调查这家商店的哪些部分，谁负责把商店的这些部分画下来，谁负责向老板和店员问问题和问哪些问题，并计划通过这次实地远足获得更多的必要信息，从而在他们返回之后把教室里的鞋店布置得更加精美。

围绕特定兴趣，幼儿分为五组。他们的兴趣如下：

（1）现金出纳，一天卖出多少双鞋，每天一共收多少钱？

（2）鞋子怎样展示在商店橱窗里，在商店里面如何把鞋子展示给顾客看？

（3）储藏室，如何分类整理放鞋的盒子（如男/女、尺码、正式型/运动型，等等）？

（4）鞋店店员的职责，所做的事情。

（5）哪里有不同种类的鞋？

（6）所储备的鞋的尺寸、颜色和数目。

（7）这些鞋从哪里来，在哪里提货，提货的频率。

（8）研究幼儿带到教室来的鞋子，研究它们的材料、特殊功用、风格、式样、生产厂家的名称。

教师和她的助手轮流和每组幼儿进行谈论，谈谈他们想问的问题以及他们想从这些问题中发掘到什么。幼儿在商店里会收集到一些信息，教师则帮助幼儿形成一些记下这些信息的方式。

教师事先与这家鞋店的员工沟通，请他们为这次参观做好准备，告诉员工她对这次实地体验的期望。教师简要地讲了幼儿希望他们回答的问题，描述了幼儿计划画的画，告诉员工幼儿期望在他们工作时对他们进行观察并描述这些观察，讲述了幼儿想仔细观察的物品。

当重要的这一天到来时，鞋店里的三个员工与每组幼儿在一起待了 20 分钟。幼儿返回学校时，也有了很多要思考的东西。教师和她的助手引导幼儿以大组和小组的形式进行讨论，询问幼儿这次参观的情况。

每一组都在全班介绍他们获得的信息，然后他们打算在教室里设立一个鞋店。小组和个体幼儿找出他们要了解什么，从而明确他们想在鞋店里补充些什么。在接下来的 3 个星期里，教师与各组幼儿讨论他们的进展情况，幼儿互相倾听各自的观点，互相提出建议。孩子们的进展如下：

孩子们制作了到达鞋店的汽车。

他们做了一只在笼子里的鸟，就像他们在那家店里看到的一只鸟一样。

他们做了一台电视设备，与他们在鞋店里看到的那台类似。

他们为自己鞋店里的鞋做了价目表，在鞋盒上做记号，以便他们自己能够知道那些盒子里分别装着哪些鞋。

教师提供了一个小小的现金出纳机，一些幼儿为此制作了一些钱。

他们绘制了鞋子的轮廓图，以便他们商店里的顾客知道鞋码。

他们制作了一本书，告诉新店员怎么卖鞋。

他们做了一张木凳，让幼儿坐在那里等候被招待。

有时，以上的场景或物品还出现了数个版本，这是因为个别幼儿想为鞋店贡献自己的特殊力量。例如，他们做了多个鞋子价目表。一个被邀请过来的土耳其工人还帮助两个来自土耳其的孩子在这个方案活动的背景中使用他们自己的语言，他们用土耳其语制作了鞋子价目表，贴出了用土耳其语写的广告牌和指示牌。

幼儿在调查和制作他们想放在鞋店里的东西期间，邀请了一些参观者来到教室里：

这所学校的另一位教师是学舞蹈的，她向幼儿展示了跳踢踏舞和爵士舞时所用的特殊的鞋子。

有一位幼儿父亲是警员，他帮助幼儿了解到在寻找罪犯时犯罪现场的鞋印是很重要的证据。

参加的另一位家长展示了她在自行车比赛时用的特殊鞋子。

其中一个幼儿的祖父修过鞋，他告诉幼儿鞋子是怎样做成的以及它们是用什么做的；在这位知识丰富的老人的帮助下，幼儿知道了鞋子的各个部分以及皮革、线、鞋钉、胶水这些做鞋时要用到的材料。

哥哥姐姐向他们展示了其他不同种类的运动鞋：溜冰鞋、轮滑鞋、马丁博士鞋、滑雪靴、捕鱼时用的防水靴、系鞋带的高尔夫球鞋、来自尼德兰的木鞋、芭蕾舞鞋、来自得克萨斯的牛仔鞋、足球鞋等。

在实地远足中，幼儿看到了鞋店工作人员把一双鞋卖给一位顾客的过程。他们密切观察买/卖者的一举一动，从卖者的角度和买者的角度整理整个过程的步骤。他们在自己的鞋店里设计买卖鞋的角色游戏时，运用了这些步骤。幼儿很自豪地把几双鞋拿给可能会买鞋的顾客看，测量他们的脚的尺寸，就他们想要的鞋的种类、颜色、心理价位和他们攀谈，然后他们决定买卖是否成交，在买卖结束后把没有卖出的鞋放回盒子里，再放回储存架上。

制作美钞的那些幼儿设立了一家银行，这样别人就能用他们做的钱在鞋店里买鞋。他们在钱上标了一行数字，帮助愿意用这些钱的幼儿数出他们想花的钱。他们还把价格贴在了鞋盒上。

阶段三：总结阶段

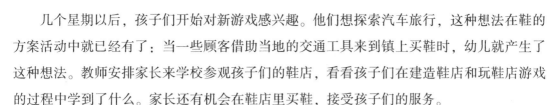

几个星期以后，孩子们开始对新游戏感兴趣。他们想探索汽车旅行，这种想法在鞋的方案活动中就已经有了：当一些顾客借助当地的交通工具来到镇上买鞋时，幼儿就产生了这种想法。教师安排家长来学校参观孩子们的鞋店，看看孩子们在建造鞋店和玩鞋店游戏的过程中学到了什么。家长还有机会在鞋店里买鞋，接受孩子们的服务。

家长可以观看孩子们的绘画作品、方案活动的相关记录，也可以阅读标注在表征作品和照片上的文字标签和标题。标签和标题是教师和幼儿写上去的，照片则是为记录下幼儿学习的亮点和学习的各个方面而在活动中抓拍的。

在方案活动中，孩子们运用的技能有数数、测量、使用专业词汇、认识颜色、了解形状和大小、访谈以及其他的技能。他们获得的知识涉及设计、生产、销售鞋子的过程；在用于制造不同鞋子和鞋子不同部分的各种材料方面，他们也获得了许多信息。他们了解了商店的工作情况，领会到了许多不同的人致力于使人们能够穿上鞋子的基本工作。

活动的最后，那些一起分享活动成果的家长们，确信幼儿在过去8周的方案活动中进行了有价值的深入学习。

能否有具备专业知识技能的家长以及他们是否乐意帮忙，对活动的完成质量有着关键性的影响。任何班级中都可能会有家长从事房屋建设、交通工具的驾驶和维修、餐饮服务、农场作业、健康服务等工作。任何班级的教师在了解家长所具备的特殊专业知识和技能后，总能借着家长支持活动的机会而部署方案活动。会双语的家长能促使幼儿接触这些语言，能保证所有的幼儿参与到研究中来，也能保证幼儿从童年生活就开始知晓不同的语言。

方案活动能在多大程度上使一个班级的幼儿参与进来并持续一个很长的时期是受幼儿年龄影响的。年龄较小的幼儿可能不会从这种苦心经营的戏剧活动中获益，方案活动也许不会持续这么多周。相反，年龄较大的幼儿可能会看关于制鞋厂的录像，在教室的某个角落建立一条流水线，全面理解鞋子的设计过程和生产过程，研究鞋店里的工作，以及进行多种数学学习。这些数学学习涉及平均尺码、费用以及针对同班同学的鞋子和喜好进行的调查。

将方案活动纳入年幼幼儿的课程，同时致力于所要教育的四种主要学习目标：构建和获得有价值的知识；发展多种基本的智力技能和社会技能；强化可取的倾向；以及产生身为学习者和自己参与小组努力的积极情感。方案活动和正规教学是相辅相成的，只有在研究有意义的主题的过程中有机会运用他们的基本技能，幼儿才会对学校里的经历更感兴趣。

不少教师在进行教学时，由于对提问的价值、类型、策略等缺乏应有的认识与思考，导致教学提问存在无效或低效的现象。教师在设计提问时，应该做到眼中有孩子、心中有目标，找准设疑节点，丰富设疑方式，从而提高教学实效。

三、找准设疑节点，让提问更精准

（一）模糊处设点

一般指幼儿感到困惑、似懂非懂、似明非明之处进行的提问。此时，教师可通过提问了解幼儿感到困惑的原因，并帮助幼儿梳理已有的知识、经验，建立清晰的表象或概念。

（二）疑难处设点

一般指教学重点、难点之处的提问。教师正确把握教材的重点、难点，将问题进行化解，分层推进，让幼儿通过讨论、探究、亲身体验等多种途径突破重点、难点。

（三）转折处设点

一般指前后知识点衔接之处的提问。因为后一知识点的学习是建立在前一知识点的认知基础之上的，所以转折处的提问既要关注到幼儿对前一个知识点的学习，又要在此基础上进行拓展和提升，以引发幼儿的深入思考。

（四）探究处设点

一般指幼儿操作、探索之处的提问。主要关注幼儿操作、探索过程中的操作要求和方法，鼓励幼儿主动发现。因此，问题设计应尽可能简洁、明了，便于幼儿理解、记忆，使操作探索更有效。

（五）发散处设点

一般指能引发幼儿发散思维，有助于想象与创新发展处的提问。教师通过提问引发幼儿从多角度、多维度进行思考，发表与众不同的见解和想法。

四、丰富设疑方式，让提问更艺术

（一）阶梯式——关注提问的层次性

问题设计应做到由浅入深、循序渐进。如大班语言活动"啄木鸟和大树"中，教师设计了3个提问："你认识的啄木鸟是什么样的？""你觉得啄木鸟的哪些特征使它能成为森林里的医生，给树治病呢？""为什么啄木鸟具备这么多为树治病的特征呢？"3个层次的

提问由易到难，层层推进，步步深入，能满足不同能力幼儿的学习需要。

（二）情境式——关注提问的兴趣性

教师在设计问题时应根据幼儿生理、心理特点，精心创设问题情境、生活情境，让幼儿在真实、有趣的情境中学习。如在大班社会活动"电话礼仪"中，教师创设了3种不同的问题情境："过生日时如何打电话邀请好朋友？""生病时如何打电话向老师请假？""过新年时如何打电话给远方的爷爷奶奶拜年？"让幼儿的学习更具情境性、趣味性。

（三）支架式——关注提问的启发性

教师通过对较复杂的问题建立"支架"式概念框架，使学习者自己能沿着"支架"逐步攀升，从而完成对复杂概念意义的构建。如在大班沙画活动"螃蟹"中，教师指导幼儿自主探索螃蟹8条腿的不同画法。教师提问：螃蟹有8条腿，你画了几次完成？（幼儿：每次画1条腿，共8次）如果减少画腿的次数，你会怎么画螃蟹的腿？（幼儿：2个手指或4个手指同时作画）如果一次就画完8条腿，该怎么画呢？（幼儿：2只手4个手指同时作画）……每一个提问都为幼儿的探索提供了有力的支撑，帮助幼儿成功探索出创作螃蟹腿的多种策略。

（四）链条式——关注提问的整体性

先抓住一个核心问题，为了解决这个核心问题，不断牵出其他问题，一个问题套着一个问题，串联成一个问题链。如在大班社会活动"有朋友真好"中，教师围绕主题"好朋友"进行整体问题设计："你有好朋友吗？""你的好朋友是谁？""我们怎样才能交到好朋友？""你的好朋友有哪些优点？""什么时候最需要好朋友的关心呢？"……这些问题始终围绕核心问题"好朋友"展开，这样的提问使活动的开展更加深入、有效。

（五）枝丫式——关注提问的发散性

追求问题的开放性、发散性，让孩子从"一根树干出发，创生出不同姿态的枝丫"，能够让幼儿学会从多个角度思考问题。如在欣赏完某个作品后，教师提问："这个作品带给你什么样的感受？""你仿佛看到了什么？""想到了什么？"通过提问让幼儿创造性地表达自己的感受与体会。又如，在语言活动"小树叶"中，教师提问："小树叶飘呀飘，它会飘向哪里呢？""会变成什么呢？"……这样的提问能让幼儿猜测、想象。

（六）剥笋式——关注提问的深度性

"剥笋式"提问意指从事物外部逐渐指向事物内部，层层深入，让幼儿透过事物现象看到本质。如诗歌活动"夏天的歌"中，教师在结束时这样提问："为什么这首诗歌叫《夏天的歌》?""在这首诗歌中哪些地方有歌声?""它们的歌声是怎样的?""除了诗歌中的这些歌声外，夏天里还有哪些美妙的歌声?"这样的提问能让幼儿的思考更深入。

第三章 幼儿园健康教育活动的实施

第一节　幼儿园健康教育活动概述

幼儿园作为学前教育机构，担负着保育和教育的双重任务。在幼儿园的教育活动中，健康教育是其主要的组成部分。通过组织健康教育活动，使幼儿获得关于健康的认知和态度，形成良好的行为习惯。《幼儿园教育指导纲要》中提出："幼儿园必须把保护幼儿的生命和促进幼儿的健康放在工作的首位，树立正确的健康观念，在重视幼儿身体健康的同时，要高度重视幼儿的心理健康。"幼儿园健康教育活动不仅能提高幼儿的生命质量，同时也为幼儿一生的发展奠定了坚实的基础。

一、幼儿园健康教育活动的内涵

（一）健康的含义

健康是每个人追求的目标，传统的健康观认为健康即生理健康，主要是指躯体发育良好，生理功能正常。《现代汉语小词典》对健康的解释为："（人体）生理机能正常，没有缺陷和疾病。"《辞海》把健康界定为："人体各器官系统发育良好、功能正常、体质健壮、精力充沛并具有良好劳动效能的状态。"

随着社会的发展，人类对健康的认识越来越清晰。人，既是一个生物性的个体，也是一个社会性的个体。因此，人的健康不仅包括身体的健康，还包括心理的健康。世界卫生组织（WHO）成立时，在其宪章中对健康的含义做了科学的界定："健康乃是一种在身体上、心理上和社会适应方面的完好状态，而不仅仅是没有疾病的状态。"20 世纪 80 年代，世界卫生组织又将健康的概念调整为："健康应包括躯体健康、心理健康、社会适应良好和道德健康。"

(二) 幼儿园健康教育的界定

健康是幼儿身心充分发展的前提，而健康教育为幼儿身心的和谐发展提供了保障。健康教育的核心是教育人们树立健康的意识，改变不健康的生活方式，降低或消除影响健康的危险因素。通过健康教育，使人们认识到哪些行为是有益健康的，哪些行为是影响健康的，从而自觉地选择健康的行为生活方式。

幼儿园健康教育是以实现幼儿的身心健康为目的，提高幼儿对健康的正确认知，帮助幼儿逐步形成有益的健康行为和习惯，提高自我保健意识和能力，促进身体和心理的和谐健康发展。

幼儿园健康教育活动，是指以保护和促进幼儿的健康为主要目标，以身体锻炼和身体保健的有关知识、技能为主要内容而实施的多种形式的教育过程。它是幼儿成长和发展的基石，是幼儿园教育活动的重要组成部分。理解幼儿园健康教育活动的内涵，需要把握以下三个方面。1. 幼儿园健康教育活动作为幼儿园教育活动的重要前提，不仅为幼儿的身心发展奠定了良好的物质基础，而且为开展幼儿园其他领域的活动提供了良好的条件。幼儿身心的健康发展是幼儿园开展其他各领域教育活动的前提，这是因为幼儿的认知、情感、态度及技能等方面的发展是建立在幼儿身体健康基础之上的。2. 幼儿园健康教育活动是幼儿园教育活动的重要内容之一，它和幼儿园其他领域的教育活动一样，都是有组织、有计划、有目的地引导幼儿生动、活泼、主动活动的多种形式的教育过程。3. 幼儿园健康教育活动是以保护和促进幼儿的健康发展为目标，根据幼儿身心发展的特点，通过组织健康教育活动丰富幼儿有关身体保健和身体锻炼方面的相关知识和技能，提高幼儿的健康认识、改善幼儿的健康态度、培养幼儿的健康行为和习惯，最终达成身体、心理和社会适应的健全状态。

二、幼儿园健康教育的目标

(一) 幼儿园健康教育的总目标

1. 总目标

促进幼儿身心健康发展是幼儿园教育的根本目的，也是幼儿园健康教育的最终目标。

我国教育部颁布并实施的《幼儿园教育指导纲要》中明确提出四条幼儿园健康领域总目标，即：(1) 身体健康，在集体生活中情绪安定、愉快；(2) 生活、卫生习惯良好，有基本的生活自理能力；(3) 知道必要的安全保健常识，学习保护自己；(4) 喜欢参加体育活动，动作协调、灵活。

2. 价值取向

（1）促进幼儿身心和谐发展。幼儿的健康包括身体健康和心理健康两个主要方面，幼儿的身体健康以发育健全、具备基本的生活自理能力为主要特征；幼儿的心理健康以情绪愉快、适应集体生活为主要特征。幼儿的身体健康与幼儿的心理健康是密不可分的两个方面，只有达到身心和谐发展才能真正实现幼儿的健康发展。

（2）提高幼儿自身保护能力。既通过重视掌握必要的保健知识，开展适当的锻炼活动以提高保护自身的能力，又强调通过体育活动促进和提高身体素质。

（3）培养幼儿健康意识和行为。提高幼儿的健康认识、改善幼儿的健康态度、培养幼儿的健康行为是幼儿健康教育的目标。幼儿健康意识的形成与幼儿健康行为的建立、改变和巩固是幼儿健康教育的重点。

培养幼儿健康意识和行为是幼儿园健康教育的最终目的，是确定幼儿年龄阶段目标和具体活动目标的依据。

（二）幼儿园健康教育的活动目标

幼儿园健康教育的活动目标是总目标与年龄阶段目标在一个个具体活动中的细化，它的制定要以幼儿园健康教育总目标和年龄阶段目标为依据。每一个教育活动目标在内容上一般包含认知、情感态度和行为技能三个方面。在确定幼儿园健康教育活动目标时应考虑以下四点要求。

1. 目标表述要全面

幼儿园健康领域教育活动目标的表述要尽量从认知、情感态度和行为技能等方面全面考虑，目标制定的全面性能使健康教育活动的开展获得更好的效果。但是，我们追求目标的全面性并不意味着每个活动都必须具备上述三个方面的目标，在制定目标时，仍然要做到具体问题具体分析，如果活动的目标只能考虑从两个方面表述，那就要尊重活动内容的要求，不必牵强附会。例如，小班健康教育活动"洗洗小手真干净"的活动目标可以表述为：（1）让幼儿学习正确的洗手六步骤；（2）发展幼儿手部的灵活性；（3）培养幼儿良好的生活习惯。

2. 目标表述应准确、具体、可操作

幼儿园健康教育活动目标的表述应准确、具体，是指幼儿教师在设计教育目标时，一方面要深入了解幼儿园健康教育的总目标及年龄阶段目标，才能使活动目标符合各年龄班幼儿的特点；另一方面要使活动设计的目标与所选择的内容相符合，即目标不能脱离内容。幼儿园健康教育活动目标的表述还应具有可操作性，即活动目标的设计能通过具体的活动得以实现，避免笼统、抽象。

3. 目标表述重点要突出

幼儿园健康教育目标的表述要突出重点，既能反映幼儿园健康领域目标体系的核心，又要突出活动的重点。在目标表述中要确定活动的重点目标，避免次要目标喧宾夺主，导致整个活动的核心价值的偏离，影响活动的效果。

幼儿园健康教育目标的制定要以幼儿身心发展的水平为依据，目标的难易程度要适合本班幼儿的年龄阶段发展特征。目标设置的难度超出或低于幼儿认知水平，将会导致幼儿对活动失去参与的兴趣，使活动效果受到影响。例如，将"分辨鞋子的反正，我会正确穿鞋子"作为大班幼儿健康教育目标来设置明显目标过低；而将"提高防火意识，了解灭火器的使用方法"作为小班的健康教育目标，这样的目标显然超过小班幼儿的认知能力，是不科学的。

4. 目标表述的角度要统一

幼儿园健康教育目标可以从不同的行为主体出发来表述。从教师的角度来表述活动目标，表达了教师对教育活动效果及幼儿学习结果的期待，常使用"要求""使""让""引导""培养""帮助""激发""发展"等表述方式，这样的表述教师在教学活动中的"教"，容易忽略幼儿在活动中的"学"。

三、幼儿园健康教育的内容

幼儿园教育活动的内容是教育目标的具体体现，科学合理地选择适合幼儿健康发展的教育内容，是实现教育目标的关键。

（一）幼儿园健康教育内容选择的要求

1. 以健康教育目标为依据

幼儿园健康教育的内容是实现健康教育目标的载体，因此，内容的选择首先要符合健康教育目标的要求。与此同时，幼儿园健康教育的目标也界定了幼儿园健康教育的内容。

2. 与幼儿的年龄特点及生活经验相符合

教师在选择健康领域教育内容时要遵循幼儿的年龄特点及生活经验，了解幼儿的发展需要，选择适合幼儿的有价值的活动。例如，小班幼儿的身体和手的动作发展已经比较自如，各种大肌肉动作和一些精细动作也已经掌握，所以根据幼儿此时的身体发展特点，教师应开展一些有关生活自理方面的教育活动。同时，还要注重从幼儿身边的小事入手，发现幼儿感兴趣的、易接受的健康教育内容，开展活动。

3. 为幼儿一生的发展服务

幼儿教育是人生教育的起点，教育内容的选择关乎幼儿教育质量的水平，因此，健康教育内容的选择要为促进幼儿一生的发展服务。幼儿的发展包括身体、心理及社会性等方面，教育活动内容的选择要着眼于促进幼儿全面素质的提高。应符合《幼儿园指导纲要》的要求，体现终身教育的理念："为幼儿一生的发展打好基础，让幼儿在快乐的童年生活中获得有益于健康身心发展的经验。"

4. 与时俱进

随着时代的发展和科技的进步，健康教育内容的选择要不断吸取其积极的、有价值的部分进而补充和更新教育内容，以适应时代变化和社会发展的需要。现代幼儿在身心等各方面的发展与以往的幼儿有很大的变化和提高，因此，教师在选择健康教育内容的同时应考虑现代幼儿身心发展的特点。

5. 因地制宜

我国是一个拥有 56 个民族的多民族国家，各区域的地理、气候、风俗等差异较大，在选择健康教育内容时，要充分考虑当地的资源优势，使教育活动的内容本土化、区域化灵活化，做到因地制宜。例如，北方地区可在冬季开展雪地游戏活动，民族地区结合自己的民族习俗开展丰富多彩的民间体育活动等。

6. 做好与家庭、学校和社区的衔接

幼儿园作为主要的学前机构，它不是孤立的教育阶段，应与家庭、小学和社区教育密切联系。我国《幼儿园教育指导纲要》总则里明确提出："幼儿园应与家庭、社区密切合作，与小学衔接，综合利用各种教育资源，共同为幼儿的发展创造良好的条件。"因此，教师在选择健康教育内容时既要考虑与幼儿园纵向教育内容的衔接，也要考虑与幼儿园横向教育内容的衔接。统合多方面的教育资源共同促进幼儿的健康发展。

（二）幼儿园健康教育的主要内容

1. 身体健康

（1）身体保健教育活动的主要内容。

①生活卫生习惯。包括生活盥洗、穿脱衣服的有关知识、方法和技能，保护个人和周围环境清洁卫生的有关知识、技能及情感态度，生活作息的有关知识和习惯，学习习惯、饮食卫生的习惯等。

②饮食与营养。包括与饮食有关的知识和技能、常见食物的名称及其营养知识，营养与健康的关系等。

③人体认识与保护。包括认识身体的主要器官及其主要功能，保护器官的基本知识和技能，预防接种的有关知识和态度，常见疾病的预防知识和治疗，常见外伤的简单处理知识和方法，预防龋齿及换牙的有关知识等。

④自身安全的保护。包括生活安全常识、活动安全常识、药物安全常识、应付和处理意外事故的简单知识与技能、初步自我保护能力等。

（2）身体锻炼活动的主要内容。

①身体基本动作和技能。包括走、跑、跳、投掷、平衡、钻、爬、攀登等基本动作及有关知识，体育运动的有关知识与技能等。

②器械类活动和游戏。包括大型体育器械（如室外大型活动器具、感统玩具等），一般体育器具（如球、圈等），可以用来进行体育活动处理的替代品（如报纸、轮胎等），利用以废旧材料为主自制的体育玩具等。

③基本体操和队列、队形。包括模仿操、徒手体操、轻器械体操，口令、信号与动作，列队与变化队形等。

2. 各年龄班教育内容

（1）人体认识与保护。

①小班的教育内容。认识身体主要外部器官的名称和主要功能，掌握简单的疾病预防和治疗的知识及方法等。

②中班的教育内容。认识身体主要内部器官的名称和主要功能，了解简单的疾病预防、疾病治疗及预防接种的有关知识和态度，处理常见外伤的简单方法，与心理健康相关的简单知识等。

③大班的教育内容。知道预防龋齿及换牙的有关知识和方法，与心理健康有关的知识和方法。

（2）队列、队形练习。在队列、队形练习方面，各年龄班的教育内容随着年龄班的增长难度逐渐增大，分别是小、中、大班教育内容。

①小班教育内容。立正、稍息、看齐、齐步走、立定、跑步走、一个跟着一个走成圆形等。

②中班教育内容。立正、稍息、看齐、原地踏步、立定、齐步走、跑步走、听信号切断分队走等。

③大班教育内容。立正、稍息、看齐、原地踏步、齐步走、跑步走、立定、向左（右）转、左（右）转弯走、听信号左右分队走等。

3. 幼儿心理健康教育活动的主要内容

①学习表达和调节自己情绪的方法。

②培养社会交往能力。

③锻炼独立生活和学习的能力。

④培养讲礼貌、热爱集体、与同伴友好相处、爱护公共卫生和设施、爱护花草树木和

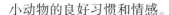

小动物的良好习惯和情感。

⑤性启蒙教育。

⑥心理障碍和行为异常的预防。

四、幼儿园健康教育活动设计

（一）活动主题

活动主题即活动名称，包括活动类型、年龄班与具体内容。活动主题的设计应简洁、明确、具体。如小班健康教育活动"爱护自己的眼睛"，中班健康教育活动"洁白的牙齿"，小班体育教学活动"小皮球"等。

（二）设计意图

设计意图主要阐述该活动主题产生的原因，以及该主题所要达成的目标。设计意图是建立在教师对幼儿情况分析基础之上的，即教师通过对幼儿日常生活的观察，发现幼儿的需要、兴趣、爱好等问题，为解决这些问题，从而产生新的、与幼儿发展相关的主题。

（三）活动目标

幼儿园健康教育活动目标是健康教育总目标和年龄阶段目标的细化。目标的表述要简洁、准确、可操作，一般包括认知、行为和情感等目标。

（四）活动准备

1. 知识准备

知识准备包括两个方面。

①教师相关知识的积累与储备。教师不仅要具备一定的学前专业知识，还要广泛地查阅资料，了解与活动设计及幼儿发展相关的知识。②幼儿具备哪些与该活动相关的知识、技能及能力，以便有针对性地开展教育活动。

2. 材料准备

教师为使教育活动的开展更具直观性、生动性、趣味性，需要在活动前准备相关的材料以辅助活动有效完成。材料准备是一项艰巨的任务，教师可以发动幼儿、家长以及社区力量一起来准备。如中班主题活动"我长大了"活动准备之一：请家长帮忙，在家中收集幼儿从小到大的照片、衣裤等带到幼儿园。这样既减轻了教师的工作负担，还加强了幼儿园与家长的联系，促进了家园共育。

3. 环境准备

环境作为一种"隐性课程",在促进幼儿个性发展及活动有效开展方面,越来越引起教育者的关注。《幼儿园指导纲要》中也明确提出:"环境是重要的教育资源,应通过环境的创设和利用,有效促进幼儿的发展。"那如何布置环境才能使教学活动的开展更有利于幼儿的发展呢?可以根据活动内容的要求从空间安排和材料投放两个方面考虑设置环境。例如,中班科学主题活动"春天来了",应该选择空间稍大的活动室,活动室墙面贴图及挂饰应该体现春天的特点,营造春天的氛围。

(五)活动过程

活动过程一般包括开始部分、基本部分和结束三个部分。

1. 开始部分要考虑到如何导入,采用什么方式导入的问题。

2. 基本部分可以分成若干个环节来描述,各环节之间衔接要科学合理;结合多种教学方法,增加活动的趣味性,提高活动效率。基本部分中体现出哪一个环节是重点,哪一个环节是难点;解决好重点和难点的环节。

3. 采用正确合理的方式结束活动。每个活动环节的时间大体分配要科学。

(六)活动延伸

活动延伸是指在教师组织教育活动后,为了保持教学活动以及幼儿学习的完整性和连贯性,而设计的一些与此相关的辅助活动。活动延伸可以包括以下三个部分。

1. 可以延伸到下一个活动,使半日活动或者一日活动成为一个有机联系的整体。

2. 可以延伸到区域活动中去,使区域活动成为教学活动的自然延伸。

3. 可以延伸到家庭和社会活动中,真正实现幼儿园与家庭、社会的密切配合。

(七)活动评价

活动评价是教学活动必不可少的一个环节。教学活动评价是以教学活动为对象,根据一定的标准,采用科学的评价技术和方法对教学活动的目标、内容、过程、教师及幼儿等进行分析,最终进行的价值判断。评价的内容包括对活动目标、使用的教材、活动内容、活动过程、方法和手段、师生关系以及教师教学能力等方面进行评价。通过对活动的评价,发现活动过程中的优势与不足,以便及时调整,进而提高教学质量及活动效果。

第二节 幼儿园健康教育活动的设计

一、幼儿园身体保健教育活动设计

（一）幼儿园身体保健教育活动实施的途径

1. 幼儿园健康教育结合日常生活活动来进行

例如，幼儿的午饭后散步活动，作为幼儿一日生活中一种经常性的活动，便是幼儿身体锻炼的一种方式。一些生活习惯的培养，如盥洗的顺序、方法和技能，穿脱衣服的知识和技能等，结合幼儿的日常生活来进行，同样能够收到较好的教育效果。

2. 专门的健康教育活动是实施幼儿园健康教育的重要途径

按照教育活动组织的严密程度和教师指导方式的不同，幼儿园健康教育活动大致可分为正规性和非正规性两种形式。正规性健康教育活动有利于教师有目的、有计划、有组织地针对幼儿开展各种能够促进幼儿身心健康的活动。非正规性健康教育活动（如幼儿园户外体育活动等）一方面可以作为正规性健康教育活动的延伸；另一方面，由于其自身具有丰富的活动内容，且活动形式又丰富多样，它又具有正规性健康教育活动所不能替代的重要作用。

3. 结合其他领域的教育活动实施健康教育

幼儿园健康教育可以结合幼儿园音乐、语言、美术、科学、社会等领域的活动来进行，例如，将枯燥单调的健康知识编成幼儿喜欢的歌曲；或让幼儿到田间去认识蔬菜，来培养他们爱吃蔬菜的习惯等。这种将幼儿身体保健的教育结合语言、音乐和科学等方面的活动来进行的方式，同样可以达到健康教育活动的目标。再如，社会、语言教育活动中的参观，音乐活动中的舞蹈、律动等，本身就是幼儿身体锻炼的良好途径。

4. 幼儿园健康教育应争取家庭的配合和社会的支持

幼儿园健康教育的有关内容与家庭生活密切相关。如个人卫生、饮食习惯、安全问题等，如果仅靠幼儿园的健康教育而没有家庭教育积极配合，那么幼儿健康教育的效果将会事倍功半；如果家庭教育与幼儿园健康教育协调一致，那么幼儿健康教育的效果则会事半功倍。因此，家长应当成为幼儿园健康教育活动的合作者。另外，幼儿园的健康教育也不能忽视社会的影响，如电视媒体的影响等。

（二）幼儿园身体保健教育活动设计的基本思路

1. 活动目标

具体的活动目标是健康教育总目标和年龄段目标的细化。在表述中应简洁清晰、准确具体，具有可操作性，目标条目不宜过多，一般 2~3 条。

2. 活动准备

一个成功的健康教育活动需要教师进行多方面的准备，包括物质条件和环境创设、幼儿的知识经验和心理准备等方面。

3. 活动过程

活动过程一般包括活动导入、引导幼儿参与思考及引导幼儿总结这三个环节。教师应明确希望幼儿在哪些方面获得发展；希望解决什么问题；如何启发幼儿思考；如何带动幼儿参与活动；什么时候提什么问题；如何使用最佳的教育方法；如何让幼儿对活动做出总结，使幼儿已有的经验得到提升。

在开展活动时可以运用多种文学艺术载体，增强活动的趣味性，提高活动的效率。常见的文学艺术载体有儿歌、儿童诗、诗歌剧、表演唱、童话、故事等。

4. 活动延伸

好的教育活动不是止于特定的某一次活动，而是一个长期、持续的过程，特别是能力、习惯的培养，活动延伸不可缺少。活动延伸的方法有家园共育、领域渗透、环境创设、区角活动等。如教师利用 15 分钟时间教幼儿学会正确的刷牙方法，在活动结束后就应该与家长联系，要求家长在家中督促幼儿坚持按时以正确的方法刷牙，以养成良好的刷牙习惯。

（三）身体保健教育活动设计与实施

要充分认识身体保健和生活自理教育对学前儿童当前和未来发展的重要意义，要建立以健康为主、全面育人的价值观和目标观，按照身心综合能力结构理论，塑造学前儿童的身体保健和生活自理能力，发展他们的全面素质。要冲破仅限于生活技能和行为习惯培养的旧的教育模式。

要发挥教师、幼儿、家长、保健医生与保育员四方的主体性，协同一致，做好此项教育。要经常向家长和保健医生、保育员介绍新的教育观和保健观，帮助他们建立新的保健教育观和主体教育观，并提出互相配合的具体建议。注意吸收家长和保育员参与评价活动，鼓励和组织他们提供有关的教育内容，或参与教材的创编和教具的制作。应把每次身体检查的结果告诉幼儿家长，同时可有针对性地对幼儿园和家庭的有关教育环境做全面的检查和评价。如做视力检查的同时，全面检查和评价家园桌椅、照明、书画和儿童读物是否符合卫生标准，检查幼儿的阅读姿势，看电视的位置与时间和眼保健意识，检查教师自身和家长在眼保健教育上的言传身教。

认识并尊重学前儿童在健康教育活动中的主体地位。要引导和组织幼儿参加教育准备、实施和评价各个阶段的活动，发挥和发展他们主体能力和其他素质。

要充分利用电视、录像、影碟、图画、模型等现代媒体，帮助学前儿童认识五官，了解自己的五官发育和健康状况，这是发展自我保健意识的认识基础。

幼儿教师要克服在生活自理教育中的一些心理障碍。如认为生活自理能力是生活小事，没有认识到它是人的生存能力的重要内容，没有认识到学前幼儿的生活自理教育对他们的未来、民族的未来的深远意义，它应是家庭和幼儿园十分重要的教育内容。有的存在过度护理。在生活中学前幼儿能学会的不教，能做的事不让做。视过度护理为疼爱，没认识到它是对孩子心理的伤害，对孩子自立行为的剥夺。有的嫌孩子做得慢、做不好，不如自己做省事、又快又好。有的在教育方法上"催、管、斥、责"多，鼓励、诱导少，特别在学前幼儿出现失误或显得"笨拙"时更是责怪得多，损害学前幼儿自信心、自尊心和自立心的发展。

眼保健教育中当前应抓好以下几个环节：帮助学前幼儿掌握正确的阅读姿势，养成良好习惯，选择好看电视的位置、距离，控制看电视时间的能力；为孩子提供合乎卫生标准的桌椅和照明；成人要重视以身作则；让学前幼儿了解自己的视力和视力习惯。

牙保健教育应着重帮助学前幼儿认识自己的牙齿，认识龋齿的危害及形成的原因，学习漱口刷牙技能，并养成漱口刷牙、少吃甜食等的口腔卫生习惯。

皮肤保健教育应引起高度重视。目前在幼儿教育中普遍忽视皮肤保健教育，重保护、轻锻炼，皮肤娇嫩、触觉"饥渴"，这些问题已引起有识之士的关注和忧虑。当前在皮肤保健教育中，应在做好皮肤清洁教育的同时，加强皮肤的锻炼，其中触觉训练更应加强。

多管齐下，协同一致，做好身体保健和生活自理教育。身体保健和生活自理教育是渗透在学前幼儿整个生活之中的。健康教育和生活活动是主体活动，音乐、美术、语言、科学、社会等教育活动和游戏活动也有丰富的身体保健和生活自理教育的内容。因此，在健康教育活动设计时，要做到突出主体、多管齐下、协同一致。在进行其他教育活动时应重视此两项教育，以发挥教育的整体效益。

二、幼儿园体操活动的创编与设计

(一) 幼儿园基本体操的选择和创编

明确任务，提出总体构思。选编体操时首先应明确目的，即要选编何种体操。常见的幼儿园体操有早操、准备活动操、节日或运动会上需要的表演操等。早操属于保健操，需要每天做，因此编排的动作要全面，以便促进幼儿身体的全面发展。准备活动操所选用的动作随意性比较大，要求能起到准备活动的作用即可。表演操是在锻炼身体的同时强调其动作的美感、艺术性和表演效果。明确目的后，教师应根据幼儿的年龄特点构思体操的名称、体操的节数、每节操的名称、节拍或呼数、动作的变化或节奏、活动量和难易程度、对身体影响的特殊要求等。

组织整套体操的动作顺序、设计单个的或每节体操的动作，这是设计体操中最为关键的一个步骤。一是要根据幼儿的身心发展状况及体操的类型来选编动作。体操动作总的要求是难度适中、优美、轻快、活泼，并富有模仿性和表现力，突出动作的形象化和幼儿化，便于幼儿模仿和学习，且有较强的锻炼价值。创编内容应体现该类型体操的特点。如，选编轻器械操应体现出所用器械的特点，充分发挥器械的锻炼功能，而不应将轻器械操看成是徒手体操的动作与器械的简单结合。二是应注意动作编排的科学性，遵循人体生理机能的变化规律。整套体操的活动量应遵循上升→平稳→下降的变化规律。动作由慢到快，再由快到慢，由易到难，再由难到易一般是从动作较简单或运动量较小的踏步动作、伸展运动或头部运动开始，使身体机能由原来的安静状态转入兴奋状态；接着安排扩胸、体侧屈、体转、踢腿、体前或体后屈等动作，动作难度和活动量逐步增加；然后进入活动较激烈的全身运动或跳跃运动，使运动量达到高峰；最后以踏步或柔和、缓慢、轻松的整理运动结束。如果创编准备活动操（也称运动辅助操），则整理和放松过程应省略。三是要保证身体锻炼的全面性。整套体操的动作应包括头部、颈部、上肢、腰部、下肢、躯干等不同部位的动作，以及同一部位不同动作类型和不同方向的动作。把发展肌力、柔韧、协调、平衡等动作的组合放在一起，用力和放松动作交替进行，注意上肢活动与下肢活动、胸部锻炼、腰部锻炼、背部锻炼，把影响不同肌肉群的动作、活动量小的与活动量大的动作相互结合，使身体各个部位都能得到锻炼。四是在设计单个或成节动作时，应注意五个影响动作效果和难度的重要因素：身体姿势、动作幅度、动作方向、动作频率和速度以及动作顺序。

1. 体操配乐的选择方法

在音乐伴奏下练习体操，能有效地增强幼儿的节奏感、韵律感以及幼儿学操的热情。所以，在有条件的情况下，体操练习应在活泼轻快、节奏鲜明、旋律优美的音乐伴奏下进行。

选配音乐时常用的方法有：（1）先编体操，再根据体操动作选配音乐；（2）先选音乐，再根据音乐创编体操动作。

若为编好的体操选配音乐，则音乐的节奏、旋律、速度急缓、力度变换等都应与体操动作的快慢、力度和高低起伏等协调一致，达到音乐与动作之间的和谐统一。如，给模仿操选择配乐应能表现出所模仿事物的特征；若根据音乐编操，则必须使动作与音乐的韵律结构乐曲的完整性协调一致，使音乐和动作成为一个完美的整体。又如，根据儿歌编操，应使儿歌内容与体操动作统一，音乐节律与动作节拍数一致。

2. 创编体操的整理

整套体操创编结束后，要对体操动作及配乐进行整理，包括：（1）明确体操的类型及适用的对象；（2）体操的名称、每节操的动作名称、预备姿势和节拍数；（3）动作说明、要点、要求及图示；（4）配乐及音乐与体操的衔接要点。

（二）幼儿早操活动的设计

1. 早操活动对增强幼儿体质、促进幼儿身心健康发展具有十分重要的意义

（1）有助于幼儿在精神饱满、体力充沛的状态中开始一日活动。在早操活动中，幼儿伴随着明快而熟悉的音乐，轻松、愉快地做着各种身体动作，能使神经系统彻底消除睡眠产生的抑制状态，激发和恢复机体主要器官系统的机能和工作能力，提高整个机体的活动能力，使其逐步进入良好的活动状态，在精神饱满、体力充沛的状态中开始一日活动。

（2）有助于培养幼儿的意志品质和良好的个性，养成体育锻炼的良好习惯。早操活动，能培养幼儿勇敢、顽强的意志品质和自信心，还能培养幼儿参与、乐群、合作及群体意识，使之形成良好的个性。开展早操活动，能使幼儿从小养成锻炼身体的良好习惯，并使幼儿逐渐体验和认识到体育锻炼是一日生活中不可缺少的内容。

（3）有助于幼儿形成良好的身体形态，增强身体抵抗能力。早操能促进幼儿良好身体形态的形成和身体的正常生长发育，增强幼儿各器官系统的功能，使其动作发展得更协调、更灵敏；早操活动一般是在早晨进行的，气温相对较低，空气相对凉爽和清新。这段时间坚持做早操等体育活动，能有效提高幼儿适应不同气温变化的能力。可见，在早操活动中，能提高幼儿机体对室内外气温变化的适应能力，提高抵抗疾病的能力。

2. 幼儿早操活动的实施与指导

（1）适应季节变化合理安排时间和地点。早操活动的时间 10~30 分钟不等，教师应根据幼儿的年龄特点和季节气候的变化而酌情选择。对年龄较大幼儿或可在冬季进行早操活动，时间可适当长些。另外，如果冬季天气特别寒冷，早操活动也可安排在组织室内教育活动后，并与上午的户外体育活动结合起来进行。早操应坚持在户外进行，但若气候条件较差（如雨雪天或风大等），也可让幼儿在室内或走廊做早操。

（2）适应生活环境特点内容应丰富多样。

①开始部分。排队，变换队形、慢跑或走跑交替（冬季尤为适合），在音乐伴奏下，做各种模仿活动或跳一些轻快而简单的舞蹈等。其目的旨在组织和集中幼儿的注意力，诱发幼儿身体各器官组织的机能由较安静状态进入活动状态，为做早操和其他身体锻炼活动

的开展做好准备。

②中间部分。在音乐伴奏下做一些节奏较快的律动（尤其在中、大班），做各类基本体操（可结合队形变化，类似小型团体操），进行各类器械练习和小型多样的体育游戏，或开展一些活动量较小的体育活动性游戏等。其目的旨在增强大肌肉群和骨骼的运动，促进幼儿身体的正常发育，培养幼儿良好的身体姿势和体格，提高幼儿的体能，全面锻炼身体，增进幼儿健康。

③结束部分。缓步走，慢跑，在音乐伴奏下做一些轻快的舞蹈活动或组织一些安静的身体活动，简单小结并收拾和整理器材。目的是使幼儿的身体机能由较兴奋状态逐步转入安静状态，从而结束早操活动。

（3）早适应儿童多元性特点形式应灵活多样。幼儿园的早操活动，应将教师有组织的直接指导的活动与教师间接指导的幼儿自选、自由活动，以及集体活动与小组活动有机结合起来，以适合不同活动内容的不同要求。另外在灵活运用多样形式，激发幼儿活动的积极性，提高幼儿活动的主动性、独立性和创造性。如，在幼儿器械操中，教师要指导幼儿利用同一器材或选用不同的器材开展各种玩法，培养幼儿活动的创造性和趣味性，全面锻炼幼儿的身体。

（4）适应幼儿生理机能变化的规律。其活动量或运动量的安排，应介于轻度和中度之间，总体不能过大，过量的运动不利于幼儿机体成长。有的幼儿园早操会在吃完早饭后进行，大约9：00~10：00进行。如果早操活动量过大，部分幼儿会产生肌体疲劳的现象，活动后有的幼儿尚处于情绪兴奋状态，幼儿的注意力难以集中，一定程度上也影响学习效果。一些寄宿制幼儿园，早操活动一般安排在幼儿起床后进行，此时，幼儿机体生理机能还未完全苏醒，身体动作的协调性和灵活性偏弱，空腹前提下，做高强度的运动可能会导致机体某些部分器官的局部性损坏，效果不好，不利于幼儿的锻炼成长。

此外，还应做好活动前准备工作，给幼儿提供足够的活动器材，注意早操活动所用器械的安全和卫生，保证场地整洁，为早操活动的顺利进行提供保障。

三、幼儿园体育活动的创编和设计

（一）体育性游戏活动的创编

1. 创编幼儿园体育活动性游戏必须明确游戏的构成要素

（1）游戏的任务。幼儿园体育性游戏活动的任务是多方面的，包括巩固和丰富幼儿对身体知识的了解，发展幼儿的智力，培养幼儿良好品德和个性的任务。但其主要任务是发展幼儿的基本动作和提高身体素质，促进幼儿身体的正常发育和机能的协调发展，从而增强幼儿的体质。

（2）游戏的内容。游戏任务需要通过游戏内容来实现。因此，游戏内容也是游戏的主要成分。游戏任务的多方面性决定了游戏的内容也必然是多方面的，包括活动中的动作、技能，知识、品德和智力教育等内容。游戏的主要任务又决定了游戏的动作和技能成为体育性游戏活动的主要内容，其他内容处于从属或依存的关系。

（3）游戏的设计。确定了游戏任务和内容，教师就可以构思设计游戏活动了。设计游戏活动时要规划好每一个环节的动作、规则、角色及实施方式。

（4）游戏的准备。包括游戏进行需要的精神准备和物质准备：精神准备主要包括幼儿和教师的情绪和知识经验的准备；物质准备主要包括游戏所需的场地、器械和玩具等。

2. 创编幼儿园体育性游戏活动必须遵守的设计原则

（1）教育性原则。设计开展体育性游戏活动旨在促进幼儿身体的基本动作技能和素质的发展，通过体育活动教育幼儿懂得协作、遵规守纪，培养社会化技能，因此要利用体育活动、游戏等提升幼儿的智育和德育。如体育性游戏活动"小熊搬家"，其目的是练习幼儿走、停、跑交替的能力，但通过游戏又能培养幼儿学会与他人合作的能力，这是游戏活动所蕴含的教育意义。

（2）趣味性原则。兴趣是幼儿最好的老师，如果在身体锻炼中仅仅是机械的动作练习，对幼儿是枯燥的。因此，要善于把单一的活动设计得生动有趣，对那些比较难以理解的动作和单调的素质练习变成有趣的游戏情节，调动幼儿参与活动的积极性，乐于模仿生活和周围事物，自然而轻松地进行身心运动。

（3）量力性原则。量力而行主要是考虑不同班级幼儿的个体差异和同一班级幼儿的性别差异、强弱差异等，需要针对这些差异，研究游戏角色、情节、规则，设计适合各年龄班幼儿活动的游戏，使其适应和服务整体幼儿发展。如，小班游戏内容以模拟动物的活动较适宜，而中班、大班可以逐步尝试模拟社会生活的内容。小班的游戏角色为 1~2 种；中班、大班可增加到 3 个或 3 个以上，且大班的游戏角色可以相互转换。小班游戏的情节较简单，中班、大班的游戏可逐渐复杂化，活动难度要有差异性。小班的游戏规则限制性小，而中班、大班的游戏可加强限制性规则。

3. 幼儿园体育活动性游戏创编的步骤和方法

（1）选择合适的游戏内容。根据游戏的任务，设计合适的游戏内容、游戏动作。具有主题情节的幼儿园体育活动性游戏的内容主要来源于两个方面，即"模拟动物的各种形态""模拟社会现象和活动"。而社会现象又包括成人的工作情景、军体活动和表演活动等诸多方面。例如，模仿环卫工人清扫街道、模仿交警指挥交通，主要增加幼儿的生活性常识；模拟"兔子""青蛙"等动物（游戏内容），练习双脚行进跳、立定跳远、侧跳等

（游戏动作），主要是发展幼儿的跳跃能力。

（2）确定游戏的规则。主要为了把角色的游戏动作情节化，具有激发角色（由幼儿扮演）活动动力的作用，增加角色活动的趣味性，而游戏规则的制约性能够保证游戏具有良好的组织性和教育性。以上述的游戏内容和动作为例，如"小青蛙捉害虫""猫和麻雀""放鞭炮""环卫工人清扫街道"等，都有明确的主题情节和规则，使游戏不只是简单的动作模仿，而是有组织、有变化发展、有约束的趣味性教育活动。

（3）提供必要的游戏条件。包括游戏的场地选择和设置、游戏的道具器材、游戏前的知识准备和活动引导，活动的具体实施方法，等等。

（二）幼儿园体育教育活动的设计

1. 幼儿园体育教育活动类型

根据幼儿园体育活动所完成任务的侧重点不同可将幼儿体育课分为新授课、复习课和综合课三种类型。新授课是学习新知识，并把新知识作为身体锻炼活动的主要内容而开展的教学活动。复习课是把幼儿已经学习过的知识作为身体锻炼活动的主要内容而开展的教学活动。活动形式可以有新的变化，既有利于幼儿学习的兴趣，又能达到巩固的目的。综合课是幼儿园采用的最基本、最普遍体育课类型，它包含两个方面的含义：一方面是指活动的内容既有新的，又有已经学习过的，即新旧内容的综合；另一方面是指活动中涉及多种类型的活动内容综合，例如，一项以基本体操为主的体育活动中，有包括游戏、模仿性活动、运动技能练习等。

2. 幼儿园体育教育活动的设计要遵循人体运动时的生理机能的变化规律

（1）上升阶段。人体在进行身体锻炼活动前，生理和心理上会产生选择性的反应。一种是积极适应反应，表现为大脑兴奋性提高，精神愉悦，乐于参与身体锻炼活动；另一种是消极反应，表现为大脑抑制性提高，情绪低落，动作迟缓，对参与活动不感兴趣。根据人体这一规律，教师要组织好每次体育锻炼活动，让幼儿对体育活动产生积极的情绪，就要在活动开始部分，设法激发幼儿的活动兴趣，使幼儿的情绪活跃起来。这一阶段的变化，与幼儿的年龄、体质、训练水平及活动的内容等因素有关。幼儿身心发展的特点，决定他们喜好运动，情绪易受感染，活动能力上升较快，所以，开始部分活动的时间较短，运动负荷的增加稍快。通过适当的身体活动，克服幼儿心理、身体机能的惰性，提高活动的能力。因此，在活动的开始部分，教师应利用适当的热身活动或辅助性的准备活动来调节活动开始时身体活动能力较低的状态，并使身体活动能力较快地上升，以适应平稳阶段活动的需要。

（2）平稳阶段。这一阶段幼儿身心活动能力已达较高水平，身体活动效率高，能适应较激烈的身体锻炼活动。这一阶段相当于活动过程的基本部分，根据这一阶段的身体运动特点，宜安排难度较大或运动负荷较大的练习。这一阶段持续时间的长短与幼儿的年龄、体质、心理状态、运动负荷、训练水平及活动练习密度等因素有关。由于幼儿的持续时间较成人短，因此，教师应选择适合本班年龄阶段幼儿的活动内容，控制好运动量和练习的密度，避免因运动负荷过大导致幼儿身体疲劳。

（3）下降阶段。身体锻炼活动进行一段时间后，幼儿体内的能量不断消耗，身体出现疲劳，活动能力下降。这时，教师应该停止较激烈的活动，安排一些放松的、缓冲的活动，使幼儿逐渐地恢复身体机能，消除身体疲劳。

3. 幼儿体育课活动方案的设计

（1）开始部分。这部分的时间一般占总时间的 10%～20%。主要内容包括：向幼儿说明活动的要求和主要内容；做一些基本体操或模仿活动；排队和队列队形练习；开展一些运动负荷不大，有利于发展幼儿体能的游戏，也可进行一些简单的舞蹈和律动等。开始部分组织幼儿热身和热心的运动。集中幼儿的注意力，使幼儿明确活动的要求和内容，激发他们参与体育活动的兴趣；通过身体活动，克服各器官和组织的惰性，提高活动能力，发展主要肌群；做一些有针对性的准备活动，为基本部分的活动做好适应性准备。

（2）基本部分。基本部分的时间一般占总时间的 70%～80%。这一部分主要是学习一些新的或较难的活动内容，巩固和提高已经学过的各类动作和游戏等，并通过幼儿的身体锻炼提高幼儿的身体素质，发展幼儿的动作协调能力，培养幼儿良好的心理品质等。具体活动内容可设置一些发展体能的游戏或基本体操。参照《幼儿园指导纲要》中规定的内容为主，每次活动一般安排 1～2 项活动内容。在内容的安排上应注意新旧活动内容的合理搭配，急缓结合，全面锻炼幼儿的身体。

（3）结束部分。时间一般占总时间的 10%～20%。这一阶段的任务是降低幼儿大脑的兴奋性，使幼儿由运动的紧张状态逐渐恢复到相对平静的状态，放松肢体。教师可带领幼儿轻松自然地走步，做徒手放松练习、简单的活动、较安静的游戏或轻松舞蹈等。最后，教师合理地小结评价，收拾和整理器材，有组织地结束活动。

幼儿体育课开始部分、基本部分和结束部分之间是相互联系的，每个部分都有自己的主要任务和内容，部分之间在活动的结构上又是一个紧密联系的整体，共同实现身体锻炼的目标。另外，体育课的结构和各部分的内容、时间等方面的安排也不是一成不变的，由于幼儿的具体情况、活动的任务和目标、季节气候情况以及场地、器材等条件对活动内容和时间的安排都会有影响，教师应根据实际情况灵活组织和安排。

此外，设计幼儿体育活动还应注意活动过程的游戏化。兴趣是幼儿学习和活动的动力，幼儿体育活动要结合多种游戏，激发和维持幼儿活动的兴趣，调动幼儿参与活动的主动性和积极性。

4. 幼儿体育课的实施与指导

做好活动前的准备工作。活动准备包括知识经验准备、情感准备、器材准备和场地准备。例如，幼儿的知识和教师经验的准备；教师情感准备，教师的积极的情感投入将直接影响到幼儿参与活动的情绪和兴趣。因此，教师要以积极的态度投入活动的组织指导中，要注意自身言行对幼儿的影响，以高度的责任心对待自己的工作。做好活动前幼儿及场地的安全、卫生等工作。活动前器材和玩具的置备，活动场地的布置等。

幼儿教师要熟悉自己设计的活动计划，灵活运用多种方法指导活动的实施、灵活处理随机事件。在活动过程中既要关注全体，又要注意个体之间的差异，做好个别教育。

控制好活动的时间和活动量。通常小班的活动时间为 15~20 分钟，中班为 20~25 分钟，大班为 30 分钟左右。由于幼儿的身体发展特点，他们还不大会调节自己的运动量，这就要求教师要及时观察幼儿的活动量，给予合理的指导。

注意幼儿活动的安全性。做好活动前准备，活动中根据孩子活动量增减服装、活动后给幼儿及时饮水。建立规范的指挥或调动队伍的口令，如喊口令、手势、运用口哨的技能等；制定与执行幼儿体育活动的常规，通过建立活动常规等方法保障活动安全进行。

注意做好活动后的复习辅导和检查评价工作，反思不足、总结经验教训，不断提高自身的组织指导能力和教育质量。教师对教育活动中不尽如人意的地方进行思考，不断地反思创造更有质量的教学活动。

（三）幼儿园户外体育活动的设计

1. 幼儿户外体育活动的设计原则

（1）安全性原则。幼儿园在组织幼儿进行户外体育活动时，首先要注意的是安全性原则，这是第一位的原则。设计户外体育活动因为场所相对室内宽阔、开放，增加了很多不确定的因素，设计活动时要充分考虑活动场所的环境可能出现的不确定风险，要认真检查设计活动所需要的各种器材，对可能发生的影响幼儿健康的因素要做好排查，保障幼儿能够安全健康地开展户外体育活动。

（2）发展性原则。幼儿体育户外活动的最终目的是促进幼儿的发展，以幼儿发展目标为核心，将幼儿园的各种教育因素、教育器材、教育环境有机地结合起来。针对幼儿知识、技能和身体素质的普遍性特点，开展设计体育户外活动，使其成为辅助幼儿成长的重要途径。把握一般规律的同时，要注意个体的差异性，考虑到每个幼儿的发展需要，根据每个幼儿发展的不同特点，因人施教，促进每个幼儿在不同水平上得到充分发展。

（3）多样化原则。幼儿的发展的爱好是多元的、多样的，坚持多样化原则，丰富户外

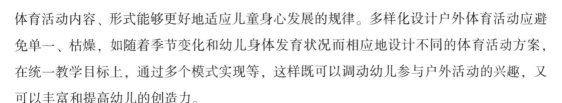

体育活动内容、形式能够更好地适应儿童身心发展的规律。多样化设计户外体育活动应避免单一、枯燥，如随着季节变化和幼儿身体发育状况而相应地设计不同的体育活动方案，在统一教学目标上，通过多个模式实现等，这样既可以调动幼儿参与户外活动的兴趣，又可以丰富和提高幼儿的创造力。

（4）结合性原则。户外性体育活动不能与整体幼儿教育发展目标相割裂，幼儿的主动性和教师的引导性也不能相割裂，体育活动的设计不能脱离幼儿生存的物质环境和发展特点，要在坚持灵活性、发展性的基础上，发挥教师主导作用与幼儿主动性，使两者相结合，要尊重幼儿兴趣与需要、注意、激发幼儿的内部动机，调动幼儿的主动性和积极性，科学地对幼儿进行户外体育游戏活动的指导，要有目的、有结合、有计划地对幼儿施以教育影响，促进幼儿全面发展。

2. 设计幼儿户外体育活动的依据

（1）依据各年级阶段目标设计。年级阶段是区分幼儿园小班、中班、大班的主要目标，每个年龄班次的幼儿特点不同，幼儿是通过该年级开展的一个个具体的体育活动来实现的，在制定每一个具体的活动目标时，应该和该年龄目标相一致。例如，中班变换方向跑的要求是幼儿能沿场地周围跑，如果户外教学活动目标的制定超出这个水平，会导致幼儿疲劳，逐渐对体育活动失去信心，变得不感兴趣，户外教学目标不能按计划实现。

（2）依据活动内容和形式设计。幼儿户外体育教学活动受制于外在环境和体育器材，其活动内容不同，教学形式、教学目标也必然不相同。例如，通过模仿社会性角色多以游戏互动的形式开展教学活动，旨在在增强幼儿体质的同时强调让幼儿体验各种情绪或情感；而多人合作类的活动，主要还是培养幼儿的合作意识、合作能力，帮助幼儿养成遵守规则的习惯。

一般来说，户外体育活动内容不同，组织活动的形式也不相同，设计活动时需要我们结合实际组织应用。

（3）依据幼儿以往教学效果反馈情况设计。幼儿的每一次教学活动都会为下一次开展教育活动提供借鉴，活动过程中存在的问题也往往要在教学中解决。依据以往教学效果设计体育活动内容也是根据体育活动应遵守的循序渐进原则，从幼儿实际出发，逐步帮助幼儿提高。幼儿对知识和技能的认识和掌握都是从无到有、从低到高、从少到多不断提高的。因此，根据以往的教学情况，掌握幼儿已有能力水平，再根据实际情况在复习巩固的基础上，设计新的体育教学活动，循序渐进地提高教学要求，更加有利于帮助幼儿健康成长。

3. 幼儿户外体育活动的方法

（1）榜样激励法。这里要发挥教师和幼儿的榜样作用。在教师的表率方面，言教与身教都重要，但身教更重于言教，教师的一言一行往往会成为孩子们模仿学习的样板，教师在体育活动中的表率对幼儿具有很大的带动性和说服力，对幼儿个性和良好品质的形成有着重大的教育影响。在同伴的表率方面，有的幼儿因为胆小，不敢尝试，但如果有小朋友带头示范，就会激励其他幼儿主动尝试，使能力弱的幼儿在得到其他幼儿感染启发的同时迈出成功的一步，从而增强自信。因为幼儿的能力存在一定的差异性，所以教师要想尽办法，鼓励幼儿交流学习，勇于尝试，不断挑战自己的弱点。

（2）主动探索法。主动探索法是发挥幼儿的好奇心，引导幼儿在好奇心的驱动下，主动探索运用活动器材、参与游戏的一种方法。在具体实践中，教师提供体育活动材料，可以找熟练的幼儿示范自己的活动方法，引导幼儿主动去探索发现，在幼儿基本熟悉的情况下，再由教师指导，进一步巩固练习动作。这种方法注重以"儿童为中心"，发挥幼儿在体育活动中的主体地位，让幼儿感受活动的趣味性、探索性，真正形成独立探索体育趣味的理念。

（3）形体语言指导法。教师不直接使用语言进行指导和提示，而是利用表情、动作、手势等，为幼儿提供思路或心理暗示，来进行组织和指导幼儿学习和练习的方法。运用这种方法，要注意不能太过于教条化，适当时候也可以用语言辅助，因为幼儿理解程度不同，对动作、表情的内涵也没有全面理解。在运用这种方法时，非语言动作必须做到精确、清晰，动作含义要简单直白。

（4）口诀辅助法。朗朗上口的儿歌、口诀可以更好地帮助幼儿记忆和理解。在设计体育活动时，可以把动作的基本要领或游戏规则编成容易记忆的口诀或儿歌，教给需要参加活动的幼儿，使幼儿在理解朗诵口诀的同时，掌握动作要领或游戏的规则。运用这种方法，要注意口诀或儿歌的生动、形象，浅显易懂，让幼儿更加容易掌握，并激发参加活动的兴趣。

4. 幼儿户外体育活动的实施与指导

（1）活动前准备和指导。做好活动前的准备，教育工作活动前应集中进行讲解指导，或者播放专题示范片，帮助幼儿掌握户外体育活动的具体要求和注意事项。活动前还应注意掌握每个孩子的情况，适当指导帮助，因材施教。

（2）合理安排好户外体育活动时间。相较于学前的知识性教育，对于学前儿童来说，掌握生活上的技能技巧更为重要。从这个角度来说，应该多安排户外活动时间让儿童进行户外体育活动，排除恶劣天气影响，每天建议上下午都要安排一个小时及以上的时间来进行户外体育活动。

（3）提供充足的活动器械。幼儿对每个人都能拥有活动器材看得格外重要，投放器材要考虑充足性，或做好合理分组，保证每个幼儿都有充分的自由活动的条件。

（4）活动中启发幼儿积极思考。要在活动中，适当地向孩子们提出问题，进行间歇式的交流总结，鼓励和引导幼儿创造多种玩法，提高幼儿活动的创造性，增强幼儿的智力。同时，要求幼儿遵守规则、爱护器材、团结合作，处理好同伴间的相互关系，以促进幼儿社会性交往的能力和良好品德、个性的形成。

（5）注意户外体育活动的安全和卫生。户外活动要考虑幼儿的安全，活动前、活动中、活动后都要进行安全排查，提示和指导幼儿讲究卫生，养成良好的安全和卫生习惯。尤其应加强对幼儿自选活动的指导，避免活动的失控。

（6）做好活动收尾工作。培养孩子有始有终、善始善终的意识，活动结束时，要引导孩子们整理和收拾好活动的器材，及时将活动物品归回原处，既达到锻炼身体的目的，又能养成良好的自立习惯。

四、心理健康教育活动设计

（一）幼儿心理发展的特点

1. 形象性

3 岁之后，幼儿的心理与行为会表现出明显的具体形象性，他们开始模仿父母、家庭成员或接触的其他人的言行举止，喜欢观察和模仿他人的行为和形象，热衷于各种各样的角色扮演游戏，比如，模仿医生给别的小朋友看病，自己充当"病人"接受别的小朋友的治疗；扮演玩偶的爸爸或妈妈。这时期，幼儿有了初步的逻辑思维能力，但其思维以具体形象性为主要特点，不能离开物质而抽象出事物的概念、属性、规律等，或理解事物之间的必然联系，而是要以鲜明、具体的形象或印象为关注点。

2. 随意性

经过婴儿阶段的发展，幼儿的意识和自我意识开始萌发，心理与行为也开始有了随意性的萌芽。幼儿大脑皮质的控制作用和调节作用有所增强，第二信号系统进一步发展，这时期，幼儿开始逐步成为自己行为的主体，在生活上具有了初步的独立能力，在语言上，能进行基本的交流，可以表达自己的想法。随着幼儿活动范围的进一步扩大和生理上的快速发展，幼儿的心理与行为活动开始以"我"为主，虽然还不稳定，但是爱冲动、愿意模仿、喜欢问问题、好奇等特点会表现得很突出。

3. 个性倾向性

当幼儿开始表现出区别于其他人的个性倾向性，比如，比其他孩子活泼开朗，或显得沉默寡言，这时也说明，其最初的个性倾向开始形成。但是，幼儿的个性倾向还不稳定，它就像幼儿期的身体一样，还在不断地成长完善，容易受周围环境的影响，例如，在家里活泼好动的幼儿到幼儿园就可能变得沉默寡言，与他人交往不主动；有的在父母面前受不了半点儿委屈，显得很"霸道"，但与小朋友在一起却又常常被欺负等。同时，幼儿具有了一定的自我意识，初步能评价自己的行为，并能够按父母要求逐步掌握生活规范和社会规范。

4. 敏感性

研究表明：2~3岁是幼儿口语发展的关键时期；2~3岁是计数能力发展的关键时期；5~6岁是数的概念发展的关键时期；3~5岁是音乐能力发展的关键时期；3~8岁是学习外语的关键时期。这些"关键期"也是敏感期，这一时期幼儿大脑的结构和功能逐渐变得成熟，到幼儿末期甚至会接近成人水平，其敏感性特征会集中表现在幼儿心理发展过程中。

（二）幼儿心理健康的标志

1. 智力发展正常

智力发展正常是指与正常的生理发展，特别是与大脑的正常发育相协调的各种能力的发展正常，一般包括认知能力、语言能力、社会能力等。智力发展正常的幼儿应该表现出与同龄孩子相符合的行为和能力，例如，能够认识自己生活中的事物，有数的概念；能够简单自理，自己会穿衣、系鞋带、吃饭；能够用语言与他人进行交流，表达自己的意愿或想法；在游戏和学习中有与同伴合作的意识，能够以其独特的视角客观地了解和评价他人等。

2. 情绪健康稳定

情绪健康稳定是指幼儿能够对不同的外界刺激作出相应的情绪反应和身体行为，且其反应和行为具有一定的控制性和稳定性。情绪健康稳定的幼儿不会无缘无故地感到快乐、痛苦、恐惧、悲伤，也不会无缘无故地从快乐极端的情绪状态迅速转向痛苦极端的情绪状态，情绪状态表现出一定的稳定性。心理健康的幼儿能够体验基本情绪，表现出相应的反应行为，不会表现出对外界事物的淡漠、无动于衷，或过度焦虑和恐惧，能够对喜好的事物表现出兴趣，对不喜欢的东西表现淡漠。

3. 性格特征良好

性格特征良好是指幼儿在对现实的态度和日常的行为方式中表现出积极稳定的心理特征。具体表现为对新鲜事物感到好奇，有求知兴趣；具有一定的自我意识，希望有独立的想法、行为和空间；开朗热情，大方有礼，尊重他人，乐于助人等。心理不健康的幼儿则经常表现出胆怯、冷漠、固执、自卑等不良的性格特征。

4. 人际关系和谐

人际关系和谐是指幼儿在一定的情境下能够表现出亲近社会行为，在现实生活中会扮演不同的角色。具体表现为和父母感情很好；有自己的好朋友，能够正确处理小同伴之间的关系；尊重老师，向老师请教时能够积极与老师沟通；有一定的人际交往能力，乐于分享，善于合作；懂得保护自己和别人。心理不健康的幼儿则多数表现出不与小朋友们玩耍，常常闷闷不乐、孤独、不合群、争执、攻击性、难以和同学们正常交往等心理与行为特征。

(三) 幼儿心理健康教育的原则

1. 全面性

在幼儿心理健康教育的目标上，应确立全面性原则。所谓全面性原则，是指幼儿心理素质的方方面面的提高。全面性要处理好幼儿的共同需要和普遍问题的关系，要关注幼儿的个别需求和个性差异；既要解决和矫正不良行为，也要培养关注幼儿良好心理素质，能够兼顾幼儿的智力因素培养和非智力因素培养。

2. 整体性

在幼儿心理健康教育的对象上，应确立整体性原则。所谓整体性原则，是指幼儿心理健康教育要面向全体幼儿，即所有幼儿都是心理健康教育的对象和参与者，心理健康教育的设施、计划、组织活动都要着眼于全体幼儿的健康发展，考虑到绝大多数幼儿的共同需要和普遍存在的问题，以全体幼儿的心理健康水平和心理素质的提高为幼儿心理健康教育的基本立足点。同时，在幼儿心理健康教育的范围上，应统筹幼儿园、家庭、社区全面参与幼儿心理健康教育活动，为幼儿心理健康营造全方位的良好环境。

3. 灵活性

在幼儿心理健康教育的形式上，应确立灵活性原则。所谓灵活性原则，是指幼儿通过参与各种游戏、学习交流等多样性活动，认识陌生的外部世界，体验各种情绪感受，建立良好的人际关系。儿童原有的心理发展水平与多样性活动中新的心理需要之间的矛盾是促进儿童心理发展的动力源泉。因此，为幼儿灵活安排各种各样的游戏活动，不仅可以观察了解幼儿现有的心理发展水平和心理需要，还能够发现存在的心理与行为问题，并以此为契机，提高幼儿的心理发展水平，帮助预防和干预幼儿的心理与行为问题。

4. 发展性

在幼儿心理健康教育的内容上，要以促进发展为主旋律。在具体实践中，应根据幼儿生理、心理发展的特点和规律加以安排幼儿心理健康教育的内容。主要从两方面着手：一是坚持正面引导，以促进其心理的健康发展，即提高和发展幼儿群体心理健康水平；二是坚持以预防和提高为主，兼顾矫治不良的行为习惯和心理与行为问题。

（四）幼儿园心理健康教育活动实施的途径

1. 融合于游戏活动中

寓教于乐不如寓乐于教。游戏是幼儿生命成长中不可或缺的载体，每一天的活动都需要有游戏贯穿始终。除了游戏本身的教育作用外，心理健康教育融合于游戏中，就能发挥增效作用。游戏是合群性的养成、独立性的培养的极好手段。在自主游戏中，幼儿通过对游戏主题的确立、角色的选择，在情节的发展过程中学会如何与同伴友好相处，有利于自我意识、开朗性格、社会适应能力的培养。在规则性较强的游戏中，幼儿学会克服困难、面对挫折，能较好地促进其意志品质的发展。在实践中，我们认识到不是所有的游戏对心理健康教育都是有意义的、行之有效的。幼儿心理健康教育游戏应该具有目标性和针对性。我们归纳为三个原则：游戏的功能性原则、幼儿需要原则和针对性原则。我们依据三大原则灵活采用一些有心理健康教育内容的角色游戏、体育游戏等。通过游戏，让幼儿体验合群的愉悦，增强合群意识，提高合作的能力。

2. 融合于教学活动中

我们的心理健康教育不是增加一日活动环节，也不是替代原有的教学活动，而是把教学活动内在的、潜在的因素挖掘出来，根据幼儿的心理特点、发展的需要，更好地发挥心理健康教学活动的教育作用，因此各领域教学活动中潜在的教育因素以及随时出现的教育契机，是心理健康教育的重要内容。教师在制订教育活动计划时，可通过对本班幼儿的心理特点和已有经验的分析，将心理目标与某一领域目标有机融合，而不是对原有材料中包含的心理因素视而不见，不考虑儿童的心理反应，一味地灌输或是把各类教学活动割裂开来。我们在活动组织形式上采用融合模式，比如探索实现"跑班制"，打破班级界限，由小、中、大班各级各组间、各班级间幼儿互相参与活动，从单一的同龄伙伴交往发展到混龄伙伴交往，扩大和增加了幼儿交往场合和机会，更好地适应他们的最近发展区。

3. 融合于日常生活中

"性相近，习相远"，生活环境对幼儿影响是巨大的。大量的日常生活是幼儿人际交往相对频繁和心理品质自然显露的时刻。我们要善于利用幼儿园的生活活动进行随机心理教育。比如设立生活角、读书角、展示区，开展系鞋带、穿衣服、洗小手等活动，使幼儿在共同竞争与合作中锻炼能力，引导幼儿形成健康的心理。另外，日常生活活动分散、随机、渗透性的特点，为教师对幼儿进行有效的心理健康教育奠定了基础，如，良好的师生关系和心理氛围为幼儿带来安全感；生活环节中幼儿自理能力的习得，有助于独立意识的培养；对个别幼儿在日常生活中出现的心理问题，教师在观察分析的基础上，可以给予适时的辅导与帮助。这里还要注意，教师与家长作为幼儿成长的启蒙之师，在幼儿阶段对其健康心理的形成作用影响巨大，因此要保持家园一致，通过周围良好心理氛围的营造，以及对其行为潜移默化的影响，能够使幼儿心理教育取得更好的效果。

4. 融合于体育活动中

体育活动能促进幼儿身体发展，也能促进幼儿大脑的发育，更是促进合群行为发展及塑造坚强向上等良好性格的有效方法。无论是哪种体育活动都能有效地培养幼儿团结互助、坚强勇敢、关心他人等积极向上的心理品质，还可以帮助幼儿提高团队精神、合作能力和人际沟通能力等。总之，充分利用园内外各种体育教育资源，把心理健康教育融合于幼儿在园内外体育锻炼中，也是培养幼儿健康心理的重要途径。

第三节　幼儿园健康教育活动的组织与实施

一、幼儿园健康教育活动的原则

（一）经常化原则

经常化原则是指幼儿园健康教育活动中融入幼儿日常活动的经常性教育内容，并注意随机教育和个别教育。幼儿园身体和心理健康教育活动的内容与幼儿日常生活密切相连，健康习惯的养成不是一次教学活动就能完成的，需要幼儿教师在日常生活中反复提醒、教育、巩固，使幼儿真正养成健康的生活习惯。如，应保证幼儿每日户外体育活动的时间，否则难以达到锻炼身体、强健体魄的真正目的。

（二）多样化原则

多样化原则是指开展幼儿园健康教育活动时，应灵活运用多种途径、多种组织形式和方法来进行。从幼儿园健康教育活动的实践看，用一个途径、一种组织形式和一个教育方法去完成全部幼儿健康教育的任务是不现实的。由于各种组织形式和方法各具特点，任何一个途径、一种组织形式或一个教育方法都有其他途径、组织和方法所不能替代的作用。多个途径、多种组织形式和多个教育方法更能适应不同家庭环境、不同个性的幼儿身心特点，便于相互补充、相互配合，有利于实现幼儿健康教育的目标。

（三）全面发展原则

1. 促进幼儿身心全面发展。即健康教育活动不仅要促进幼儿身体的健康，而且要促进幼儿心理的健康和发展；不仅要增强幼儿的体质，而且要促进幼儿在认知、情感、态度、社会性和个性方面的良好发展。

2. 促进幼儿肌体、技能全面发展。指在幼儿的身体锻炼活动中，应尽量使幼儿身体的各个部位、各器官系统的机能、各种身体素质和基本活动技能等，都能得到全面、协调的发展，尽量避免身体锻炼的片面性和不平衡性。

（四）适量的运动负荷原则

运动负荷包括生理负荷和心理负荷。适量的运动负荷原则，是指教师在组织幼儿进行身体锻炼活动时，应合理安排及注意调节幼儿运动时身体和心理所承受的负荷量，根据幼儿具体活动情况和灵活调节活动的节奏，保证幼儿在运动后能取得体能恢复的最佳效果，提高身体的运动机能，达到增强体质的目的，这既是人体机能适应性规律的要求，也是人体生理机能变化规律的要求。

二、幼儿园健康教育活动的途径

（一）考虑共性的兴趣爱好进行

针对幼儿身心特点和爱好，结合其他领域的教育活动实施健康教育。幼儿园健康教育可以结合幼儿园音乐、语言、美术、科学、社会等领域的活动来进行。例如，将枯燥单调的健康知识编成幼儿喜欢的歌曲等。这种将幼儿园身体保健的教育结合语言、音乐和科学等方面的活动来进行的方式，同样可以达到健康教育活动的目标。再如，孩子愿意展示，就要适当组织社会、语言教育活动中的参观，音乐活动中的舞蹈、律动等，这些也是幼儿健康教育活动的途径之一。

（二）争取利用家庭、社会的力量进行

幼儿园健康教育应争取家庭的配合和社会的支持，幼儿园健康教育的有关内容与家庭生活密切相关。如个人卫生、饮食习惯、安全问题等，如果仅靠幼儿园的健康教育而没有家庭教育积极配合，那么幼儿健康教育的效果将会事倍功半；如果家庭教育与幼儿园健康教育协调一致，那么幼儿健康教育的效果则会事半功倍。家长是幼儿园健康教育活动的重要合作者，是幼儿园之外强化幼儿健康教育的最重要的力量。另外，幼儿园的健康教育也不能忽视社会的影响，如电视、媒体的影响等。

三、幼儿园健康教育的组织形式

（一）日常生活活动

日常生活活动作为幼儿园健康教育活动的一种非正规的组织形式，通常采用集体和个别教育的活动方式。这种活动方式在幼儿身体保健教育活动中显得尤为重要。一方面，日常生活中的健康教育活动不同于有目的、有计划进行的正规性教育活动，前者可以不失时机地对幼儿进行及时教育；另一方面，日常生活中的健康教育活动使正规性的健康教育活动得到进一步的延伸，有利于巩固幼儿的健康行为。总之，日常生活中的健康教育活动将集体健康行为的指导与个别健康行为的指导有机地结合起来，既面向全体，又能更好地因人施教。

（二）正规健康教育活动

正规健康教育活动是幼儿园有目的、有计划、有组织的教育活动，按照健康教育活动内容的差异，可分为正规身体保健教育活动、正规身体锻炼活动和正规心理健康教育活动，它们是幼儿园健康教育活动的基本组织形式，通常采用集体或小组教学活动的方式。

（三）户外体育活动

户外体育活动是身体锻炼活动的重要组织形式，属于一种非正规性的教育活动。其活动形式多种多样，但通常采用自选活动的方式。因此，户外体育活动有利于发挥幼儿活动的积极性、主动性和创造性，是教师实施因材施教的重要手段。

（四）早操活动

早操活动通常采用集体和自选教育活动相结合的方式。这种活动方式不仅在锻炼身体、养成幼儿良好的体态、培养幼儿自觉参与和积极参加身体锻炼的良好习惯等方面具有十分重要的作用，而且有利于培养幼儿不怕寒暑、持之以恒等良好意志品质，并能有效地提高幼儿对环境的适应力，增强机体对疾病的抵抗力。

除此之外，幼儿健康教育活动的组织形式还有"幼儿体育活动区活动""幼儿室内体育活动""幼儿运动会""幼儿远足或短途游览"等。

四、幼儿园健康教育的实施方法

（一）讲授法

1. 讲解示范法

讲解是指教师用语言组织幼儿的活动，指导他们理解和掌握活动的名称及练习内容，领会动作的要领和做法的一种方法；示范是指教师以个体（教师或幼儿）的动作为范例，使幼儿看到所要练习和掌握的动作或技能的具体形象、结构和完成的先后顺序等。在具体的活动中，讲解和示范合理结合，并根据幼儿的年龄特点和幼儿对身体练习内容熟悉的程度确定讲解和示范的详略。示范能弥补讲解的不足，而讲解又能补充示范不易表达的内容。

因此，边示范、边讲解、边组织幼儿进行练习，是适合幼儿特点的有效方法之一。

2. 讲解演示法

指教师边讲解边结合动作演示，或以实物、模型演示，具体而形象地向幼儿传授有关健康的知识和技能，提高幼儿对健康的认识水平。需要说明的是，演示的手段应多样化，直观而动态的演示更能激发幼儿的兴趣，增强幼儿对健康知识的理解。

（二）练习法

1. 重复练习法

指在固定的、同样不变的条件下反复练习的方法，让幼儿对已学过的生活技能、健康行为等进行反复练习，加深理解，形成稳定的技能和良好行为习惯的方法。如重复做某节体操或练习某个游戏等。

2. 条件练习法

指设置一定的具体条件或在改变先前练习条件的情况下，让幼儿进行练习的方法。如在规定高度的条件下让幼儿练习纵跳触物；或在改变平衡木的练习高度、练习动作或难度后，让幼儿按改变要求练习等，都采用了这种方法。

3. 完整练习法和分解练习法

前者是指把整个动作或活动过程进行完整练习的方法；后者是指将动作或活动过程分成几个部分，按部分逐次进行练习，最后再组合成完整动作或活动全过程进行练习的方法。如练习跑的动作，可让幼儿先原地练习摆臂动作，然后再结合下肢动作，完整练习整个动作。

4. 循环练习法

是指依次做几个不同类型和性质的动作，或依次进行几项活动内容的锻炼方法。多用于早操和户外体育活动。

（三）情景表演法

是指在教学过程中，教师有目的地引入或创设具有一定情绪色彩的、以形象为主体的生动具体的场景，用以引起幼儿的态度体验，激发幼儿的情感。教师可通过示范作用、游戏、角色扮演、朗诵、绘画、旅游等多种方式寓教学内容于具体形象的情境之中，让幼儿观察、体验和分析情景中所涉及的健康问题。情景表演的主题要源于幼儿的现实生活，才能激发幼儿的兴趣，较好地帮助幼儿认识生活中可能遇到的同类问题和冲突，用正确的健康的态度来应对。

（四）游戏法

游戏法是指以游戏的形式组织幼儿进行锻炼的方法。美国心理学家布鲁纳说"最好的学习动力莫过于学生对所学知识有内在兴趣，而最能激发学生有这种内在兴趣的莫过于游戏"。游戏教学法将"游戏"与"教学"相结合，从而引起幼儿学习的兴趣。这种方法能将幼儿难以理解的、枯燥的动作变成有趣的模仿活动或具体的游戏情节，提高他们练习的兴趣。

（五）讨论法

讨论法是幼儿在教师的指导下为解决某个问题而进行探讨、辨明是非真伪以获取知识的方法。讨论法能更好地发挥幼儿的主动性、积极性，有利于培养幼儿的独立思维能力、口头表达能力，促进幼儿灵活地运用知识。教师在教学过程中运用讨论法时要注意：提供给幼儿讨论的问题要有吸引力，要善于启发引导幼儿；讨论结束时要进行小结，形成共识。

（六）感知体验法

感知与体验是教师引导幼儿欣赏和感受自然、社会、生活中美好的事物，亲自参与活动中、获得内在经验，吸收和拓展知识经验的过程。在这种感知体验过程中幼儿通过各种感官认识和判别事物的特性，能有效地激发幼儿参与活动和在活动中探究的兴趣，加深他们对事物认识的印象。例如，在让幼儿认识各种水果时，向幼儿介绍简单的营养知识时，可让幼儿亲眼看一看，亲手摸一摸，亲自闻一闻、尝一尝，他们往往会更乐意参与，并对这些各种各样的水果留下深刻印象。

（七）语言提示和具体帮助法

语言提示法是指在幼儿进行身体基本动作练习时，教师用简短明确的语言，提示和指导幼儿正确完成动作的方法；具体帮助法是指教师直接而具体地帮助幼儿纠正错误的动作，掌握正确的练习要求和方法。这些方法往往结合讲授、演示等其他方法使用，多用于重复练习时。教师帮助幼儿防止和纠正错误，也是实施个别指导的有效方法。

开展幼儿园身体健康活动的方法还有比赛法、角色扮演法、信号法等。总之，幼儿园健康教育活动的方法是多种多样的，在开展具体活动时，应注意综合运用多种方法，并根据幼儿的身心发展情况、活动的不同内容和组织形式、幼儿不同的活动方式，以及环境、器材等具体情况灵活运用。

第四章 幼儿园语言教育活动的实施

第一节　幼儿语言教育活动概述

幼儿期是语言发展的重要时期，幼儿园语言教育活动为幼儿在这一阶段提供了良好的语言教育条件，促进了幼儿的语言发展，是实现语言教育目标的有效途径。幼儿语言教育活动是在幼儿园以及幼儿成长生活的环境中，针对3~6岁幼儿进行的有时间安排、有明确的目标、有纪律性的语言教育的过程。简而言之，幼儿语言教育活动是有目的、有计划、有组织地对幼儿进行语言教育的过程。

一、幼儿园语言教育的作用

幼儿期是语言发展的关键期，在这一时期进行语言教育，能够更好地适应幼儿语言发展规律，对促进幼儿的全面发展具有重要的作用。

（一）促进幼儿语言的发展

幼儿园语言教育活动的主要目的在于促进幼儿语言能力的发展。教师以幼儿语言发展关键期为契机，明确教育目的，有序的教学计划，有组织地开展语言教育活动，多方式多渠道为幼儿提供语言锻炼、语言交际的机会，让幼儿有语言表达的热情，能够不断提高其熟练运用语言的能力。

（二）促进幼儿认知的发展

在语言教育过程中，幼儿接触到大量的有声语言信息，通过不断的习得、巩固、强化，也间接帮助幼儿更好地认识周围事物，在很大程度上促进了幼儿认知能力的提高。幼儿学习语言的过程也是他们接触和理解这些知识的过程。教师通过开展各种语言教育活动，使幼儿能将身边接触的事物用不同名称表达出来，用语言描述事物的特征，辨别事物的差异，让幼儿逐渐对事物有整体的认识。

（三）促进幼儿思维的发展

语言与思维有着密切的关系，语言在思维活动中的主要职能是参与形成思维，而思维活动的成果，必须用语言表达出来，语言是幼儿思维的一种重要表现形式，我们看到幼儿熟练的表达，也同时表明其内化了一种思维。幼儿思维能力的发展和语言能力的发展是同步进行的，幼儿掌握语言的过程也是思维发展的重要过程；而思维的发展，又促进语言的构思能力、逻辑能力和表达能力的发展。

（四）促进幼儿社会性的发展

幼儿语言的发展有助于幼儿社会适应性的发展。语言是人们交流交往的重要媒介，通过开展幼儿语言教育活动使幼儿学会运用语言进行交际。在孩子们心中，一句简单的介绍、问好，就会形成孩子们之间的一种认同感，拉近幼儿间的距离。同时，幼儿在与周围人的交往中掌握了交往规则、社会行为规范，形成了调节自我以适应社会的基本能力。

二、幼儿语言学习的特点

幼儿语言学习的关键是要把握规律性，了解幼儿语言学习的特点是有效开展幼儿语言教育活动的前提。幼儿语言学习受其心理年龄特征制约，主要有以下特点。

（一）幼儿语言学习的主动模仿性

幼儿对环境中的语言刺激十分敏感，他们有强烈的学习说话的积极性，常常会以模仿的形式出现。模仿的对象可以是生活中的成人语言，也可以是同伴的语言，还可以是电影、电视、广播中人物的语言，甚至是街头嘈杂的广告语。模仿最多的语言还是身边接触时间较长的成人语言，如父母和老师的语言。但是幼儿只根据自己的能力，按照自己的兴趣去选择对象进行模仿，据专家研究，幼儿的语言模仿有四种不同的方式。

1. 即时的、完全的模仿

例如，在幼儿交谈中，常听到某一幼儿说了"鸡肉是肉"，另一幼儿马上说"牛肉也是肉"，这种情况常发生在幼儿初期。

2. 即时的、不完全的模仿

例如，老师说："这个玩具小兔子是软软的。"幼儿模仿说："小兔子是软软的。"这种情况也常发生在幼儿初期。

3. 延迟模仿

幼儿从各种途径自然而然地接受语言，不立即模仿说出，需要隔一段时间后，或在类似情境出现时，才模仿说出相类似的语言。如，幼儿在家模仿老师上课说话就是一典型例子。当然，这种模仿并不是原汁原味，常常被幼儿无意识地增加或遗漏了一些内容。

4. 创造性模仿

幼儿模仿他人句子的句型或词语，根据需要更换谈话内容，这既有模仿因素，又有创造的因素。创造性模仿是整个幼儿期模仿说话的主要形式。

(二) 幼儿语言学习的需求性

在幼儿的成长实践中，我们会发现，幼儿在教育教学活动中、在与周围人们的交往中，随时随地学习语言，积累丰富的词汇和听说经验，使其语言得以较快地发展。

1. 在主动求知中学习语言

心理学知识表明幼儿期有着强烈的求知欲，他们总是不断地在向成人提问，这是什么、那是为什么，有时甚至从头至尾一直问"为什么啊?"成人或者直接用语言予以回答，或者引导幼儿积极地观察，组织幼儿开展讨论、交流，寻求结论。这样，使幼儿不但获得了知识，同时也掌握了相应的词语、句子，学习了语言。

2. 在主动交往中完善语言的表达

幼儿和成人及同伴在一起，说话的内容除请求外，多为告知，而告知的内容又常常是其自身感知过或思考过、有直接经验的事物或现象。在这类交往中，幼儿的语言会得到成人或同伴及时、不断地补充和修正，从而使自己的语言更趋完善。

三、幼儿语言教育的目标

(一) 总目标

幼儿园语言教育的总目标是幼儿语言教育的总的任务要求，是对幼儿在这一阶段语言教育所期盼达到的最终结果，是制定年龄阶段目标和具体活动目标的出发点和依据。在《幼儿园指导纲要》中，明确提出了幼儿园语言教育总目标的要求：乐意与人交谈，讲话礼貌；注意倾听对方讲话，能理解日常用语；能清楚地说出自己想说的事；喜欢听故事、看图书；能听懂和会说普通话。

这五点要求又可以概括为倾听、表述、欣赏文学作品和早期阅读四个方面。在实际的教学活动中，教师要全面理解《幼儿园指导纲要》中提出的语言教育活动的要求，做到真正为幼儿创造一个自由、宽松的语言交往环境，支持、鼓励、吸引幼儿与教师、同伴或其他人交谈，体验语言交流的乐趣；养成幼儿注意倾听的习惯，发展他们的语言理解能力；鼓励幼儿大胆、清楚地表达自己的想法和感受，尝试说明、描述简单的事物或过程，发展思维能力和语言表达能力；引导幼儿接触优秀的儿童文学作品，使之感受语言的丰富和优美，并通过各种活动帮助幼儿加深对作品的体验和理解；培养幼儿对生活中常见的简单标记和文字符号感兴趣；提供普通话的语言环境，帮助幼儿熟悉、听懂并学说普通话。

（二）活动目标

幼儿园教育的总目标和年龄阶段目标一般由专门机构制定，而幼儿园语言教育的具体活动目标一般由教师自己制定。具体活动目标是在某一具体的语言教育活动中要达到的目的，需要通过教师的活动计划和教育实践得以体现。具体活动目标与语言教育的总目标、年龄阶段目标应是一致的，它是为年龄阶段目标、语言教育目标服务的，是总目标和年龄阶段目标的分解和具体化。语言教育正是通过每一个具体活动落实到幼儿身上，可以说具体活动目标的积累构成了年龄阶段目标及语言教育目标。每一次具体活动目标的实现，都是向实现年龄阶段目标和语言教育目标迈进了一步。

在幼儿语言教育目标落实到每个幼儿的过程中，必须注意几个关键的问题：首先，教师应考虑如何将一个高层次目标准确地转化为多个低层次目标；其次，教育实践过程中，教师如何把握各个层次教育目标的内涵以及相互之间的关系；最后，教师如何根据目标合理选择适合的教育内容，确定恰当的教育方法，确保目标的实现。为此，教育者有必要加深对教育目标的理解，避免在幼儿语言教育工作中发生不同层次教育目标相互脱节，或忽略教育目标而随意选择教育内容、方法的弊端。

具体活动目标是教师开展教育活动的第一步，是整个教育活动的关键。教师要明确自己的工作任务，切实保障幼儿的全面发展。在撰写语言教育活动目标时要注意：一是教育活动的目标应包括认知、动作技能和情感态度三个方面。二是语言表述要明确、重点突出、具有可操作性。三是在表述时，行为主体要一致，统一使用幼儿或者教师作为行为发出的主体。

此外，难易程度、数量要适中，顺序要清晰，语句要通畅。从幼儿主体出发表述活动目标常用的词语：喜欢、乐意、愿意；了解、知道、懂得；学会、能够等。从教师主体出发表述活动目标常用的词语：培养、引导、启发、帮助等。

四、幼儿园语言教育活动的内容

幼儿园语言教育的内容是幼儿学习语言、运用语言、获得语言经验的载体，既包括专门的语言活动，也包括渗透在幼儿一日生活之中的语言教育内容。

1. 专门的语言教育内容

专门的语言教育是教师根据一定的教育目标，有目的、有计划、有组织地安排幼儿学习语言的专门语言教育活动。核心是使幼儿在教师直接指导下进行的比较系统的语言学习，以获得满足其全面发展的最基本的语言知识、能力和情感态度。包括文学活动、谈话活动、讲述活动、语言游戏（听说游戏）和早期阅读。

2. 渗透性的语言教育内容

渗透性的语言教育内容是在日常生活情景或其他领域的活动中，为幼儿提供多种形式的语言学习机会，使幼儿更好地运用语言获得新的生活和学习经验。其核心是促进幼儿与教师、同伴之间更有效的运用语言进行交流和交往。包括日常生活中的语言学习、自由游戏中的语言交往（活动区、户外活动）和其他领域的语言渗透（如科学领域、美术活动、社会活动等的渗透）。

第二节　幼儿园典型语言教育活动

一、谈话活动

幼儿园谈话活动是通过创造良好的语言环境，引导幼儿学会倾听，乐于表达的习惯，从而培养幼儿的交往能力的活动。谈话活动与讲述活动主要的区别在于，谈话活动是多方参与的言语交往活动，谈话活动更侧重于幼儿的言语交往，由此构成了教师与幼儿、幼儿与教师、幼儿与幼儿交谈三种不同的模式。

（一）谈话活动作用

幼儿必将走向生活和社会，而谈话是人类生存发展、相互交流的重要媒介，谈话活动的作用主要直观体现在两个方面。

1. 有利于幼儿语言发展

谈话活动内容选择应考量幼儿的兴趣，谈话活动的安排有明显的引导性，在谈话过程中，帮助幼儿提高语言技巧，解决语言交际难题，遵循和渗透教育性原则。这是系列教育或者主题教育的一部分，因此能够有目的地促进幼儿语言的发展。

2. 有利于提高交际能力

谈话在培养幼儿语言交际意识和语言能力方面有重要的意义。谈话要经过倾听，理解、应答的过程。成功的谈话要求双方认真倾听，相互理解及时反馈。这一过程为幼儿语言交际能力的发展打下了重要的基础，培养了幼儿与人交往的兴趣，逐渐熟悉了谈话的基本规则，促进幼了儿与同伴建立良好的关系。

（二）谈话活动的类型

从严格意义上说，谈话活动的类型并没有严格的界限，在实践中甚至交织在一起，进行分类只是便于我们掌握教学方法和技巧。

1. 日常性谈话

日常性谈话具有随机性特征，不受时间、地点的限制，适合所有年龄班的幼儿。针对部分自信心不足的幼儿，可以进行日常个别谈话，帮助其增强自信心；还可以进行集体式谈话，不拘泥于形式、话题，引导幼儿和幼儿、教师和幼儿展开形象化的谈话讨论。这种谈话活动易于开展，但目标性偏弱。

2. 计划性谈话

计划性谈话，顾名思义，就是依据制订的谈话计划组织开展的谈话活动，是一个结构性完整，目标明确、主题突出、时间地点相对固定的谈话活动。由于有一定的约束性和封闭性，对幼儿的注意力、记忆力、言语能力都有一定的要求，所以不适于刚刚进入幼儿园的幼儿，一般在幼儿进入幼儿园的下半学期开展较好。其优势是计划明确、目标突出，但因其不够灵活，需要教师发挥主导作用，形成灵活的谈话氛围。有计划的谈话活动事先需要做好精心的准备工作。

3. 讨论性谈话

讨论性谈话活动与日常集体谈话的区别在于主体突出、开放，话题固定，幼儿可以结合自己掌握的知识、经验发表自己的看法，没有固定的答案。讨论中会形成多种相同的或不相容的观点，幼儿通过准确表达自己的观点，倾听并进行分析，形成接受或反馈的意见，使讨论活动正常进行。因为讨论活动要求幼儿具备一定的言语能力、思维能力，一般不适用于小班。教师在讨论活动中要鼓励个别不愿意谈话的幼儿，保证每一个幼儿都能发表自己的看法，观点不是目的，主要是通过活动锻炼幼儿的能力。教师的态度要开放，对谈话的内容、观点，不应有明确的倾向性，重点转向幼儿的言语交往能力，而对幼儿的某些富有想象力和创造力的看法采取包容和接纳的态度。

（三）谈话活动的设计与组织

1. 基本情况分析

掌握基本情况是我们设计活动的重要前提。如果不了解孩子们的谈话能力、思维能力、年龄班次特点，是无法有针对性地组织开展谈话活动的。同时要把握教学目标，离开教学目标的谈话活动，其作用会明显减弱。对基本情况进行分析后，有利于我们更加科学地确定活动的目标、内容和组织形式。

2. 确立活动目标

确立活动目标要结合年龄班次的阶段目标和教学年度总目标，使其成为教学任务的重要组成部分，要准确、具体，具有可行性。制定具体的谈话活动目标时，要明确哪些目标是直接目标，哪些目标是间接目标，应尽量将谈话活动的教育功能充分地发挥出来，从而使目标的确立体现全面性、科学性的原则。

3. 选择和安排活动内容

由于谈话活动的话题种类繁多，谈话的语境、方式也相对比较自由，活动内容的安排一般没有固定的模式和套路，但总体上应把握以下要求：谈话的内容要健康，适合幼儿；谈话的主题应广泛，具有科学教育意义，对幼儿的生活、学习有启发、有帮助；谈话的范围，适应幼儿的语言经验和思维能力，与幼儿的言语和知识经验相符合。如，选择"我爱妈妈""我长大想干什么""我喜欢的动画片"等这些幼儿平时所见所闻的话题，与其生活密切相关，便于他们积极思考，从而丰富谈话的内容，活跃谈话的氛围。同时，教师要充分准备，避免出现无话可说的局面，影响谈话效果，并且会损伤幼儿参与活动的积极性、主动性。

4. 谈话活动的步骤

（1）围绕目标创设情境。创设情境是进行谈话活动的引子，时间不宜过长。一般来说，可以通过实物或直观教具、语言引导、游戏形式创设谈话情境。创设生动、有趣的谈话情境，营造宽松、自由的谈话氛围，能够更好地吸引幼儿参与谈话活动。

（2）围绕话题组织交谈。一般应先进行轮流发言，待幼儿适应后，应鼓励幼儿自由大胆地交谈。教师不需要设定幼儿的交谈伙伴，为便于组织引导，教师应以参与者的身份加入谈话，同时注意把握自由交谈中的个体差异。组织交谈要控制好主题，努力实现谈话目标，修正谈话中存在的问题，引导幼儿充分、自由地讲述内心的真实感受。组织交谈应该做到"四让"，即让谈话充满趣味性、让谈话不枯燥单一、让谈话富有启发性、让谈话顾及全体幼儿。

（3）围绕主题进行延展。幼儿围绕主题自由交谈后，教师要进行总结和延伸，帮助幼儿梳理谈话方法，引导幼儿独立思考，自然地逐步拓展谈话的思路。教师还应从谈话活动组织方面，进行总结反思，不断提高谈话活动的组织能力和水平。

二、讲述活动

(一) 幼儿园讲述活动对幼儿的教育作用

1. 培养幼儿讲解叙事能力

在进行幼儿讲述活动时,需要对讲述事物、内容进行简单排序,通过讲述呈现事物或内容的原型。要让其他人能够听明白讲述的内容,需要幼儿独立思考,按照一定顺序安排讲话内容,突出讲述的重点和中心等。因此,通过鼓励幼儿参加讲述活动,能够培养幼儿的叙事能力,使幼儿可以完整、清楚地讲述某一事物或内容。

2. 提高幼儿沟通表达能力

幼儿讲述活动其实质是一次分享和交流活动,幼儿将自己所了解的事物或内容,有重点地告诉他人,使其逐渐养成沟通表达的习惯,在这个过程中语言表述能力得到逐步发展,沟通表达的方式与最初的生理性需求沟通有着巨大的差异,由最初的"要什么、为什么"转变为"说什么、怎么说",其独白语言能力得到提升,与人沟通独立表达的方式有了较好的发展。

3. 培养幼儿认识事物的能力

对事物的认识和了解,是幼儿讲述活动的依据,幼儿在讲述之前,要对所讲的事物进行观察,了解事物的特点、作用等,能够学习认识事物的方法。以讲述活动"水杯"为例,幼儿自己先要了解一个"杯子"的特征,包括杯子的形状、大小、质地等,逐渐扩展到杯子的作用、杯子的分类,进行系统的讲述,对物由表及里的认识,使自己的讲述能够更加丰富、完整。

4. 培养幼儿思维和想象能力

在幼儿讲述活动中,先讲什么、后讲什么,实际是锻炼逻辑顺序能力,有利于培养幼儿清晰的思维。有时讲述活动是脱离物质媒介的转述,在其头脑中需要一定的记忆、想象、领会不同故事人物的喜怒状态等。比如,在看图讲述时,图片中的人、事、物都有一定的因果关系或者时间顺序存在,需要幼儿经过一定的判断、分析,才能有序地组织语言讲述出来。

(二) 幼儿园讲述活动的类型

幼儿园讲述活动种类在实践中有很多种,这里仅介绍几种适于幼儿特点,便于幼儿理解和掌握的讲述活动。

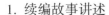

1. 续编故事讲述

续编故事讲述活动是教师在讲述故事的过程中，故意创造浅显的"断片"情节，引导幼儿发挥想象力，并创造性地运用语言表达自己的认识和想象，续编出故事的后续情节的一种讲述活动。比如，教师可以在故事情节推向高潮时突然停下来，让幼儿充分发挥想象力，踊跃地编出多种可能出现的发展进程或结果，在幼儿无法续编的情况下，教师要积极提示和引导，帮助幼儿顺利地编出故事的相应情节。

2. 实物展示讲述

以具体的实物或动作行为为依据进行讲述，这样可以使幼儿产生真实、直观的现场感受。以拼图讲述为例，通过幼儿摆摆、贴贴，理解物体与地点、动作与情节之间的关系，引导幼儿将自己拼贴出的图画用完整、连贯的语言介绍给同伴。再如玩具、玩偶、水果等实物，可以帮助幼儿感知理解。

3. 观看图片讲述

观图讲述关键要选好图片素材，图片选择要灵活，可以是经典的故事图片，也可以是小朋友们自己画出来的图片，还可以是教师创作的图片。在观看图片讲述时，依据幼儿对图片的观察和掌握程度，决定在讲述活动中采用什么方式、讲述多长时间，但需要及时帮助幼儿联想静止之外活动的形象和连接的情节。

4. 巩固迁移性讲述

巩固迁移性讲述主要把握两方面。一是内容不同，但讲述类型相同的迁移。当幼儿学习了一种新的讲述经验后，教师立即提供或创造同类不同内容的讲述机会，让幼儿用原有讲述类型或思路，去讲述新的内容。二是内容相同，但讲述类型不同的迁移。教师示范新的讲述经验并帮助幼儿理清思路后，让幼儿尝试用新的讲述方式来讲同一件事或同一情景。

（三）讲述活动的设计与组织

1. 做好前期活动的准备

在总体教学目标框架内，制订讲述活动安排方案，明确讲述的目标、讲述活动安排的频率、次数、掌握讲述幼儿的讲述水平和能力，同时做好相关教具、讲述知识的搜集和准备工作。

2. 创造情境组织讲述

好的开始是成功的一半。创造一个能引起幼儿兴趣的讲述情景，是讲述活动顺利进行的关键环节。通常可采取以教具引入情境、以表演描述情境、以设问引出情境等方式。例如，创造性讲述《龟兔赛跑之后》的故事，教师可以直接要求：今天老师要和小朋友一起编故事，老师编开头，小朋友编结尾。以引起幼儿续编故事的兴趣。

3. 讲述活动提高与指导

讲述活动要围绕活动的目标进行指导和提高，在语言方面，幼儿要逐渐学会使用较为完整的连贯句，有中心、有顺序、有重点地讲述；在交流方面，能够善于讲、善于倾听、及时反馈，能够做到讲述与相应情景、情绪匹配；在表现方面，落落大方，敢于在公共场合或人多时流畅讲话；在技能提高方面，需要增强幼儿汲取信息的能力。幼儿的讲述活动不能一劳永逸，不是进行一次就完成了任务，需要持续锻炼、引导和提高。

三、早期阅读

（一）幼儿早期阅读的作用

1. 早期阅读是儿童开始接触书面语言的有效途径

近年来，国内外教育界重视和加强了对幼儿早期阅读的探讨，认为幼儿的早期阅读行为，能使幼儿通过听和说获得口头语言表达能力，发展起早期接触书面语言的阅读能力。因此，根据幼儿的年龄特点，在幼儿园大、中班语言教育中，适当安排早期阅读教育内容，具体形象地通过游戏活动来培养幼儿对阅读的兴趣，以提高幼儿早期的阅读能力。

2. 早期阅读可以夯实幼儿后期正规学习书面语言的基础

幼儿园增加幼儿的早期阅读活动，主要是帮助幼儿获得有关书面语言知识，而不是要求他们获得书面语言的本身，也就是掌握文字。因此我们不必急着让幼儿大量地识字，而是让他们知道一些有关文字的知识，学习如何阅读图书，为今后进入正规系统地学习书面语言打好基础。

3. 早期阅读可以帮助幼儿养成良好的阅读习惯

实践表明，早期阅读对人们未来的成功有很大的帮助。在早期阅读活动中，孩子们能随心所欲地看自己喜欢看的书，在用心汲取、思考的过程中，逐渐建立对读和写的兴趣和信心。乐意观察图书中的各种符号，对文字有好奇心和探索的欲望，有利于帮助幼儿获得热爱书籍，养成自觉阅读的良好习惯。

（二）早期阅读活动的类型

在实践中，阅读的类型有很多。如，有人根据阅读训练的目的不同分为认知性阅读、理解性阅读、鉴赏性阅读、批判性阅读、浏览性阅读、查阅性阅读、参考性阅读；还有人根据阅读在幼儿园一日活动中的不同渗透，将其划分为生活活动中的阅读、语言活动中的阅读、艺术活动中的阅读、社会活动中的阅读、亲子活动中的阅读、数学活动中的阅读、科学活动中的阅读、游戏活动中的阅读、体育活动中的阅读等。事实上，幼儿对社会和知识尚不了解，并没有形成自己完全的知识体系，很难做到对一些作品正确地批判、鉴赏等，而根据幼儿园日常活动渗透分类，又出现"随处皆阅读"的泛化，这对我们有针对性地指导幼儿进行早期阅读而言，仅仅是一些借鉴性的思考。

为便于指导幼儿早期教育活动，我们根据幼儿园内组织幼儿进行早期阅读的方式，将其分为两类。一是集中式的阅读。就是在教室内组织的对一个班次统一进行的、集体的阅读活动方式，可以更好地分解教学目标，整齐划一地组织幼儿进行。二是分散式的阅读。可以是根据幼儿的自由组合进行分组阅读，也可以是每个幼儿依据自己的方式选择自己喜欢的内容，进行自由的阅读。

（三）早期阅读活动的设计与组织

1. 在总教学目标下制订早期阅读教学计划

制订教学计划应该有一个由粗到细的过程，先制定纲目，经过教学实践后再逐渐完善。虽然教学计划模式相同，但是所面对的幼儿个体千差万别，因此要根据教学实践不断完善。早期阅读的目标设定要紧扣总体教学目标，是支撑总体目标的分解动作，不能割裂开来。教学计划中，对选择的阅读内容要进行分析，列明选择内容的依据，在具体方法上，要科学确定，例如选择由图入手、以听辅读、结合生活需要等进行选择，包括阅读顺序、活动指导要点、延伸方向，要全面系统，以保证早期阅读活动的顺利进行。

2. 创造早期阅读的良好环境

包括为不同年龄班次幼儿准备阅读读物，开设读书角、读书榜、选摘读书感言、卡片、拼图、光盘等，为幼儿按照自己的意愿和方法去阅读、去探索创造便利环境。

3. 组织实施早期阅读活动

在阅读内容上，建议要先选择"绘本"等有图片的形象类读物，根据情况再选择图多字少的内容进行，由浅入深。在阅读步骤上，可以先让孩子们自己看、自己说、自己提问，教师给予适当辅助，然后再由教师进行统一组织辅导。在阅读形式上，要确定阅读重点，在教师和幼儿共同阅读后，教师可以采取多种形式组织幼儿围绕阅读重点开展活动，如讨论、表演、游戏，还可采用竞赛法、演示法、抢答等提高幼儿兴趣，让幼儿从阅读活动中对人、物、事获得感性认识，提高幼儿参与活动的积极性。

4. 指导阅读活动

在早期阅读教育的指导实践中，要采取开明的态度，要合乎幼儿学习的规律，对不同的幼儿、不同的活动不拘泥于同一个模式、同一种方法。应该在注重活动中的师生互动、幼儿与幼儿互动的阅读教育活动前提下，尊重差异性，努力创造适合每个孩子的阅读环境；善于激发兴趣，让幼儿对阅读产生浓厚的兴趣；传授正确的阅读方法，发现幼儿存在不良的阅读习惯要抓住机会个别指导及时纠正，耐心仔细地帮助幼儿建立良好的阅读习惯。发挥幼儿的主体作用，让幼儿在活动中自己选择阅读内容、阅读方式，鼓励幼儿主动思考和运用。

5. 归纳和延伸阅读活动

通过归纳阅读内容帮助幼儿巩固、消化所学的内容，是整个活动中不可缺少的组成部分。归纳阅读内容方式有多种，如游戏式、对话式、竞赛式、展示欣赏等。教师在归纳总结时，还要注意激发幼儿主动参与的积极性，对幼儿未能掌握的问题，以巧妙的方式引导幼儿去发现、去思考。延伸活动是在其他教育活动中延伸阅读得来的知识、技巧、经验和习惯，目的是保持幼儿的学习兴趣，帮助幼儿在生活中应用。

总之，幼儿期是语言思维发展最关键、最活跃的时期，我们要从幼儿的身心特点、个性特点出发，在幼儿早期阅读的指导上更深入地进行研究，从而为幼儿今后的可持续发展打下扎实的基础。

四、文学欣赏活动

（一）文学活动的语言教育作用

1. 向幼儿展示成熟的语言

文学作品是对社会生活的高度凝练和概括，其内涵丰富，语言艺术成熟，是一个时期或一个地方的缩影，通过欣赏文学作品，让幼儿倾听了解各种语言句式和形象化的语言，赏析不同风格特色的语言，有利于了解成型的语句语段，丰富幼儿的语言知识。

2. 扩展幼儿的词汇量，培养他们自觉获取语言材料的能力

文学作品选材内容丰富、范围广泛，能够帮助幼儿在学习基础语言词汇的基础上，进一步拓展词汇数量，在欣赏文学作品的同时，渐渐地学习、接触相应的语言词汇。

3. 提高幼儿灵活而富有创造性地运用语言的能力

文学作品是语言运用的典范，其谋篇布局、应用句式的风格值得学习和思考，通过长期的欣赏文学作品，幼儿可以感受到语言变化的风格魅力，从而提升他们创造性的语言应用能力。

（二）幼儿文学作品内容的选择

1. 适应幼儿年龄阶段心理特点

幼儿的每个年龄阶段都有其生理和心理成长的任务目标，这一阶段其形象性思维发展

较好，可以选择带图片的文学作品。作品中人物形象最好也与年龄阶段匹配，更容易激发幼儿欣赏文学作品的兴趣。

2. 作品形象要鲜明生动

幼儿园文学作品所塑造的形象要灵活、生动、可爱，不论是人物还是小动物，都要有其鲜明的特征，例如，描写老虎的，会展现其威猛的一面；描写兔子的，会体现其可爱的一面；描写狐狸的，多会表现出狡猾等。要抓住其主要特征，能够展现关键的神态和动作，这些生动形象的描写增加了作品的艺术感染力和表现力，可以提高幼儿学习的兴趣。

3. 能够展现多元的视角

在儿童文学作品教育活动中，如果内容过于封闭，不利于幼儿发散性思维，进行充分思考和讨论。儿童在教师的引导下，要能够自由地进行讨论、模拟等，更容易获得对文学作品和文学语言准确、深刻的理解和感知。

4. 避免出现幼儿模仿不良行为习惯

文学作品多数会表现出善良与丑恶等对立面的形象特点，需要教师及时引导，避免幼儿对不良行为的模仿和学习，积极引导幼儿向上、向善，树立正确的人生观和成长观。

（三）文学欣赏活动组织与实施

1. 科学传递文学欣赏作品的内容

（1）教师口述作品内容。有些文学作品内容浅显易懂或是儿童有一定的相关生活经验，教师则可以直接口述，无须过多地运用教具等辅助教学材料。

（2）利用图书或图片。有些文学作品的内容知识性强，儿童在某一经验上比较欠缺，对作品内容的理解上有一定的障碍，教师必须为孩子提供一些直观材料，增强孩子的感性认识，以帮助儿童更好地把握和理解内容。

（3）录音、录像和情景表演。可以通过视、听文学作品在儿童的头脑中形成知觉表象，由文学作品的具体形象唤起儿童的情感体验和情感反应。

教师直接口述文学作品，需要做到抑扬顿挫、栩栩如生、活灵活现地传递，以便更好地引导和吸引幼儿参与。

2. 灵活的选用学习交流方式

教师要根据作品的难易程度、本班幼儿的实际水平以及活动环境与材料情况，采取相应的形式来组织教学。有的可采用直观形象的图片、幻灯、录像、多媒体等视觉教育手段；有的可采用录音、教师讲述和教具、玩具等辅助教育手段呈现作品内容；有的可以通过观看情景表演或模拟话剧来学习。如果作品浅显易懂，幼儿有直接生活经验，则可以直接呈现，但应注意，要在适当环节进行恰当的提问和讨论。为了取得更好的学习效果，还要大胆尝试将文学作品欣赏与活动教具、音乐活动、角色表演或歌舞等相结合进行，丰富幼儿文学欣赏活动的形式。

3. 理解和迁移作品经验

在学习作品内容的基础上，教师还要通过形象性地解释帮助幼儿理解作品内容，让幼儿通过亲身感受去体验作品的人物的情感历程和心理世界，进一步引导幼儿去理解作品、体验作品、感受作品。教师可以围绕作品内容设计和组织几个相关的活动，如观察走访、观看动画片，组织认识自然和社会的活动，采用绘画、手工等艺术创作手法，引导幼儿讨论、表达和表现文学作品内容。但不管采取何种方式，都必须紧紧围绕作品内容引导理解与思考。同时，还需要进一步组织与作品重点内容有关的操作、游戏、角色扮演等活动，为幼儿提供一个将文学作品讲演迁移到生活中与幼儿生活经验和体验有机结合的机会。

4. 进行创造性想象和语言表述

教师可以进一步创设条件，让幼儿在立足于已学的文学作品内容的基础上，扩展自己的想象，并创造性地运用语言去表达自己的认识与想象。在这一层次活动中，教师可以让幼儿学习续编故事，也可以让幼儿仿编诗歌，还可以让幼儿围绕文学作品内容进行想象讲述。如，可以通过复述、朗诵、表演、用音乐或美术手段再现文学作品的思想内涵和情感氛围。在指导幼儿学习仿编或创编文学作品中，练习用词造句、练句成段等组织语言，创造性地进行词语的搭配组合，表达丰富多彩的思想内容，让幼儿从自己仿编或创编的作品里体验到成功所带来的快乐，帮助幼儿提高欣赏文学活动的乐趣和信心。

第三节　幼儿园语言教育活动的设计与实施

一、幼儿园语言教育活动的设计原则

(一) 注重幼儿获得经验的原则

设计任何一组或一个语言教育活动，教师都必须注重帮助幼儿丰富语言经验。只有以幼儿语言经验为出发点的基本设计，才能保证设计出来的活动符合幼儿语言发展的需要，才能使设计的活动对幼儿语言发展真正起到促进作用。

注重幼儿获得经验的原则包含以下两层意思。

一是设计活动时，教师必须考虑幼儿现有的发展水平，即他们已经获得的经验情况和现状。如果不详细掌握幼儿已有的语言发展水平，设计的活动就可能成为无的放矢的活

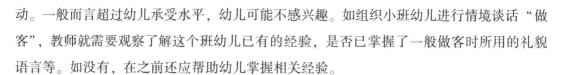

动。一般而言超过幼儿承受水平，幼儿可能不感兴趣。如组织小班幼儿进行情境谈话"做客"，教师就需要观察了解这个班幼儿已有的经验，是否已掌握了一般做客时所用的礼貌语言等。如没有，在之前还应帮助幼儿掌握相关经验。

二是在设计活动时，教师需要考虑根据幼儿原有的经验再为幼儿提供一些新的经验内容，这些新的语言学习经验内容应当建立在幼儿已经获得经验的基础上。如，当幼儿参与情境谈话"做客"这个活动时，教师可引导他们进一步理解和掌握"做客"的交往方式和语言运用方式，原有经验和新的内容会引发幼儿较强烈的学习兴趣。因此，新的语言学习经验内容对参与活动的幼儿来说，是"跳一跳，够得着"的果实，有一定的挑战意味。当幼儿积极参与活动时，他们可以通过学习，将这部分的经验内容再次吸收转化为自己获得的经验。

（二）教师与幼儿互相作用的原则

幼儿因身心发展和生活经验单一，作为活动的主体，还需要教师的参与、帮助和指导。

在幼儿教育活动中，教师和幼儿相互作用构成了一对关系。

教师与幼儿在活动中的相互作用，主要是辅助幼儿完成学习活动，促进幼儿实现学习活动的目标。在幼儿语言教育活动中，需要明确这样一个观点：教师参与活动必须以帮助幼儿更积极主动地学习为目的，在此基础上，发挥教育的主导作用。

在设计语言教育活动时，教师要考虑幼儿主动活动与教师参与活动的比例关系。实际上，这也是幼儿在活动中的主体地位和教师在活动中主导作用的具体化问题。当然，幼儿和教师在活动中的主体和主导关系是相互作用的，会根据具体活动内容、活动要求而发生变化。当需要的时候，教师在活动中参与主导作用发挥得多一些；不需要时，教师参与主导作用就发挥得少一些。如何才能做到教师与幼儿相互作用产生适度的影响呢？主要应注意以下三点。1. 了解每一个幼儿（包括个别幼儿的特点在内）的发展水平。由此，教师决定自己在活动中参与组织成分的多少。2. 找出语言教育活动中出现的新的技能、新的语言要求。由此，教师策划自己参与指导的重点和难点。3. 了解每一个幼儿在语言教育活动中操作工具的熟练程度。由此，教师决定自己参与指导的时间分配。

（三）活动内容与方式相适应的原则

教师要根据具体的内容选择适当的活动方式。如，学习童话《金色的房子》时，教师可以考虑采用表演游戏的方式来帮助 4~5 岁的幼儿理解童话内容，体会作品角色的情感心理。若是一首短小的儿歌或学习某个讲述内容，就不能用表演方式进行了，可以进行逐一示范诵读练习。

教师要根据教育对象适应性选择活动方式。按活动内容选择一定活动方式时，教师要注意这一方式对教育对象是否适用，例如，有的故事内容很适宜进行表演，但表演对参加活动的某个年龄班幼儿有较大难度，这时教师应考虑根据实际情况改用其他活动方式来进行。

设计语言教育活动时，教师应充分发挥自己的创造性，抓住活动内容和活动方式两个关键点，为幼儿组织适合他们特点的、适合教育要求的、能实现教育目标的活动。

（四）不同发展领域活动因素相互渗透的原则

教育活动的要求、内容和形式应从语言角度适当吸纳其他因素进行思考，为幼儿提供适宜其语言发展需要的学习机会。

在语言教育活动中，其他领域活动因素的参与具有辅助意义，什么时候辅之以音乐或美术的活动手段，要根据活动内容的要求而定，取决于如何帮助幼儿更好地理解学习内容、主动积极地学习、完成学习任务而定。

教师在设计活动时，从语言角度出发，经过其他方式、符号的共同参与，最后仍应回到语言上。既不要简单盲目地把活动搞成语言、音乐、美术等的大拼盘，也不要忘记落实到语言教育的根本点上，不能喧宾夺主，也不能唱独角戏。

（五）重视个别差异的原则

在设计语言活动时，教师应具有正确的儿童观和教育观，要使设计的活动既面向全体幼儿，又重视个别差异。面向全体幼儿，是指教师要了解全体参加活动儿童的需求，教师要站在教育对象的角度去思考这个问题，把握活动设计的尺度，使活动设计能照顾到每一个参与幼儿。如组织谈话活动，教师应注意本班幼儿已有的谈话经验和他们可能共同感兴趣的话题，以及他们的语音、语义、语法和语用水平。如，让本班幼儿谈论去商店买东西，将主题定在"买玩具""买果冻"上，就比较适合孩子的普遍需要，也能较好地引发儿童的兴趣和运用他们自身的经验。

在面向全体幼儿的同时，教师要注意个别幼儿的差异。在语言教育活动设计时，教师对那些有可能超越一般活动要求，或有可能在活动中出现困难的幼儿都要予以帮助，既要为能力强的幼儿准备发挥他的能力的机会，又要为能力较弱的幼儿或不具备这方面经验的幼儿提供补偿和提高的机会。

二、幼儿园语言教育的实施方法

(一) 示范模仿法

示范模仿法是指教师通过自身的规范化语言为幼儿提供语言学习的样板，让幼儿在良好的语言环境中自然地模仿学习。有时，也可由语言发展较好的幼儿来示范。示范模仿法的具体运用如下：

教师的规范语言应包括语言形式、语言内容、语言运用三个方面，并且要求在任何时间、任何地点、任何场合都能运用规范语言，主动创设良好的语言环境，成为幼儿模仿学习的典范。

语言教育中幼儿不易掌握的新的学习内容，教师重点示范。如难发的音、新词句的朗诵，要求幼儿用学会的故事对话、连贯地讲述等，教师要多示范，使幼儿有意识地进行模仿学习，提高语言能力。

教师要关注幼儿在各种活动中的语言表现，善于发现语言发展好或语言能力提高快的幼儿，让他们做示范者，为同伴提供模仿学习的样板。

要妥善运用强化原则，随时鼓励幼儿正确的语言行为和习惯，并给予强化；要及时指正其错误。严格避免误用不正确的语言或一味挑剔错误的两种极端做法。

(二) 视听讲结合法

这是以观察法结合幼儿语言学习的特殊性而提出的方法。"视"是指教师提供具体形象的讲述对象，如实物、录像、图片、图书、情景表演等，让幼儿充分地观察；"听"是指教师用语言启发、引导、暗示、示范等，让幼儿充分地领会；"讲"是指幼儿自己讲述。这三个方面要有机结合，缺一不可。"视""听"是为"讲"服务的，在"讲"的过程中，促进幼儿语言能力的发展。这是幼儿学习讲述、发展幼儿连贯性语言的有效方法。视、听、讲结合法的具体运用如下：1. 教师提供的讲述对象，应该是幼儿经历的、熟悉的、符合幼儿认识特点的；2. 教会幼儿观察讲述对象的方法，给幼儿留存一定的观察时间；3. 教师的提问要有顺序性、启发性，能启发幼儿思考，帮助幼儿构思，有利于幼儿组织语言，进行连贯讲述；4. 根据不同年龄幼儿的水平，提出独立讲述或创造性讲述的要求，但讲述内容要紧扣主题，想象要合乎情理。

(三) 游戏法

游戏法是指教师运用有规则的游戏，训练幼儿的正确发音和丰富幼儿词汇、学习句式的方法。众多的幼儿语言游戏，正是运用游戏法的具体体现。游戏互动法的具体运用如下。1. 根据幼儿语言教育的目标和内容，选择和编制游戏。目标要明确，规划要具体，便于幼儿理解，达到训练语言能力的目的。2. 在运用游戏法的同时，可配合使用教具或学具。随着幼儿年龄的增长，应逐渐减少直观材料。3. 对于个别发音不清的幼儿，可运用游戏进行重点帮助，使他们在有兴趣的活动中，轻松地进行强化训练。

（四）表演法

表演法是指在教师的指导下，选取适合幼儿模拟表演的作品，让幼儿参与表演，以提高口头语言表现力的一种方法。表演法的具体运用如下：1. 教师必须在幼儿理解诗歌内容，并能熟练朗读的基础上，指导幼儿正确地运用声调、韵律、节奏、速度等进行诗歌朗诵表演；2. 教师必须在幼儿理解故事内容、熟悉人物对话及体会角色心理的基础上，指导幼儿正确地运用语言、表情、动作等扮演角色，进行故事表演（有的故事的叙述部分也可由教师讲述）；3. 鼓励幼儿在故事表演中创新内容和增加对话；4. 要为全体幼儿提供参与表演的机会。

此外，还有提问法、练习法、评价法等。各种方法都需要在一定的条件下互相补充，综合运用，才能共同促进幼儿语言表达的发展，以达到最佳教育效果。

三、幼儿园语言教育活动方案的设计

（一）制定活动目标

幼儿语言教育活动目标制定，是语言教育活动设计中最重要的一环。目标定得恰当与否，将对整个活动设计产生决定性的影响，包括影响活动设计的方向、范围和程度。如前所述，教育活动目标可分为终期目标、阶段目标和活动目标三个层次。其中，活动目标处于最具体的层次，也是最贴近教育实践活动的目标。因此，教师要重视活动目标的制定，具体设计时应注意以下三个方面。1. 活动目标要着眼于幼儿的发展，包含两层意思。其一是目标的制定要适应幼儿已有的发展水平，符合幼儿语言发展的规律。其二是目标的制定应将促进幼儿的语言发展作为落脚点，也就是要落实到幼儿对语言内容、语言形式和语言技能的掌握上。2. 活动目标的内容和要求，在方向上要与终期目标、阶段目标相一致。活动目标要为阶段目标和终期目标服务，而终期目标和阶段目标正是通过一个个具体的活动目标落实在每个幼儿身上。因此，在制定具体目标时，要根据幼儿的年龄特征和发展水平，注意由浅到深、循序渐进地提出目标，使幼儿能从具体到抽象、从直接到间接地获得语言经验。3. 目标的内容应包括认知、情感态度和能力三个方面。第一，知识概念的学

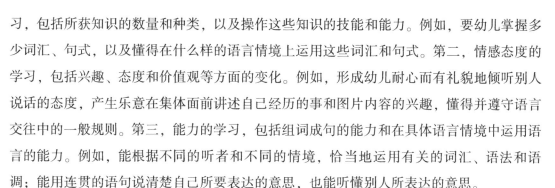

习，包括所获知识的数量和种类，以及操作这些知识的技能和能力。例如，要幼儿掌握多少词汇、句式，以及懂得在什么样的语言情境上运用这些词汇和句式。第二，情感态度的学习，包括兴趣、态度和价值观等方面的变化。例如，形成幼儿耐心而有礼貌地倾听别人说话的态度，产生乐意在集体面前讲述自己经历的事和图片内容的兴趣，懂得并遵守语言交往中的一般规则。第三，能力的学习，包括组词成句的能力和在具体语言情境中运用语言的能力。例如，能根据不同的听者和不同的情境，恰当地运用有关的词汇、语法和语调；能用连贯的语句说清楚自己所要表达的意思，也能听懂别人所表达的意思。

（二）选择活动内容

活动内容是实现目标的手段，是将目标转化为幼儿发展的中间环节，也是活动设计和组织开展的主要依据。因而活动内容的选择是一个完美的语言教育活动设计的核心。教师要根据目标、幼儿心理发展的特点和幼儿已有语言经验，选择合适的活动内容。此外，在具体选择时还要注意以下三点。1. 确定幼儿教育活动内容中的语言点，避免语言教育活动成为社会或其他领域的活动。2. 根据语言教育活动的类型、特点选择活动内容。例如，谈话活动的特点是围绕一个话题来学习和练习说话，教师在选择这一类活动的内容时，就要寻找有利于幼儿自由交谈的话题，诸如手工制作、风筝、玩具等幼儿感兴趣的话题。3. 了解幼儿的已有经验，包括幼儿已有的生活经验和语言经验。只有掌握了幼儿的已有经验，才能选择到有针对性的，并能产生新经验的活动内容。

（三）策划活动过程

1. 活动步骤的安排

由于语言教育内容种类的不同，所以其组织步骤也存在特殊性。例如，看图讲述的第一步是出示图片，第二步是组织观察，第三步是启发提问，第四步是讲述图片，第五步是为图片命名（中班、大班）；而欣赏故事类的讲述的第一步是出现故事名字，第二步是教师讲故事、幼儿听故事，第三步是通过提问帮助幼儿掌握故事内容和学习新词、句式，第四步是明确故事主题。就其一般性而言，语言教育的活动步骤为以下四个步骤。

（1）活动开始。这是引导幼儿准备参与活动的第一个步骤，要让幼儿明确本次活动的目标要求，初步调动幼儿学习的主动性。

（2）基本活动。是完成活动目标的主要部分。除用少量时间展示学习内容外，主要是教育引导幼儿参与活动，进行学习和练习。

（3）活动结束。让幼儿在轻松愉快的情绪中自然地结束活动。

（4）活动延伸。是指在日常活动中对学习内容的继续练习、巩固和运用。

在步骤之间的环节过渡上，教师的安排要自然，促进幼儿从低一层次向高一层次发展，保证活动目标的有效实现。

2. 各步骤中活动方式的运用

活动方式是指活动环境和条件、活动方法、活动形式三者的有机结合和综合体现。在运用活动方式时，既要适应教育内容类型的特点，又要引起幼儿对学习内容产生浓厚的兴趣，从而激起幼儿参加语言教育活动的主动性和积极性。具体应注意以下三个方面。

（1）活动环境和条件。一般指幼儿活动的空间和教具、学具、教学设备等形成的一种活动环境，要考虑提供的内容、形式、数量、出示时间和出示方法等。其中，运用教具、学具等，要考虑提供的数量、时间、展示方法，一般应保证每个幼儿都能充分共享。

（2）活动方式。如前所述的示范法、游戏法、表演法、提问法等，都可根据各个活动步骤内容的需要，恰当地选择，灵活地运用。通常是几种方法交替使用，以发挥其综合作用。

（3）活动组织形式。语言教育活动组织形式，可以是全班或大组的集体活动（这是最常见的一种组织形式）；也可以是在教师指导下的比较松散的小组活动和个别活动，如集体活动中分组进行故事表演和个别的自由练习等。应根据各活动步骤、教育内容和要求，考虑比较合适的组织形式。

因此，以上两种活动形式往往可以交替或混合进行。另外，要注意日常生活中的随机教育。日常活动中的语言教育既可作为有组织语言教育活动的延伸，辅助和巩固规范性的语言教育；又可作为积累幼儿语言的经验，让幼儿自主探索，发展幼儿语言能力的重要途径。

（四）语言教育活动的指导

一份完整的活动设计方案，如果不能实施，则仅是一个静态计划，只有教师适当指导，幼儿的广泛参与，才会形成一系列动态的发展进程。整个活动过程中，需要教育活动指导来解决问题，例如，教师如何全面实施计划，如何最大限度地调动幼儿学习和发展的主动性和积极性，如何使每一个幼儿有更多的机会参与活动，如何促进全体幼儿在各自的基础上获得语言的发展和提高等，认真对待和处理好这一系列问题，是一种高水平教育艺术的体现。因此，每一位教师必须认真对待，灵活掌握，及时调整自己的语言、态度和情感，以发挥最大的组织指导作用。在语言教育活动的实施中，教师可通过以下方面发挥良好的中介作用。

1. 直接指导

直接指导是指教师通过启发提问、语言示范、评价、讲解等手段，直接指导幼儿的活动。根据幼儿语言经验及语言水平的实际状况，一般对小班幼儿或语言发展程度较差的幼儿，或教育内容难度较大的语言教育活动，教师较多地运用直接指导方式。

2. 间接引导

教师不直接参与，而是以第三者或旁观者的身份，在幼儿需要的时候，通过自身语言潜移默化的影响、语言的提示、眼神或手势的暗示等手段，引导幼儿主动、积极地参与语言活动。这种间接引导方式，针对年龄稍大的幼儿和语言发展较好的幼儿宜多使用。

3. 利用环境条件引导

环境条件也是间接引导的有效工具和方法之一。教师利用语言活动设备、教具和学具，如玩偶、图片、木棉等的教具，计算机、电视、录像、VCD、幻灯片等，引起幼儿学习兴趣，激发幼儿主动、积极参与活动的愿望，帮助幼儿在活动中提高语言表达能力。

根据幼儿的表现和活动过程的实际情况，教师要灵活运用以上各种指导手段，使幼儿始终处于活动的最佳状态，达到目标，圆满结束活动。同时，身教与言传都是语言教育的重要途径，教师要注意提升自身的语言修养，通过生动的语调、充沛的感染力等，努力做到语音准确、吐词清晰、用词得当，内容简洁有条理，教育指导幼儿提高语言发展水平。

第五章 幼儿园社会教育活动的实施

第一节　社会教育概述

一、幼儿社会教育的内涵

（一）幼儿社会化

1. 社会化的含义

社会化是社会学、心理学和文化人类学等多学科研究的课题。各国学者从不同的角度对社会化的概念做出了界定。一些学者认为：社会化关注的是人们的相似性，是个体在发展过程中从文化和社会中学习到，又反过来适应文化和社会的那些东西。北京师范大学发展心理研究所教授、博士生导师陈会昌提出，社会化是个体由于参与社会生活、与人交往，在固有的生物特性的基础上形成的独特的社会特性。社会学注重的是自然人成长为社会人的过程，心理学注重的是幼儿在特定的社会和文化环境中，形成适应该社会与文化的人格，掌握该社会与文化公认的行为方式。

结合上述观点，我们认为：幼儿的社会化是指幼儿在特定的文化和社会环境中，通过与环境的相互作用和良好教育的引导，不断掌握社会规范、社会行为技能，内化道德价值观念，形成良好品质，适应社会生活的过程。

2. 社会化的内容

社会化的内容是指个人在社会化过程中需要掌握或学习的各种技能、行为规范等。人与社会总是处在复杂的相互联系和相互制约中，而社会化在形成与维持人与社会的这种相互关系中具有重要作用。在幼儿阶段，社会化的主要内容包括社会认知、情绪、性别角色、成就动机与成就行为、社会技能等方面。

婴儿刚刚出生时只是一个自然人，只有一些基本的生理本能，没有社会观念与社会技

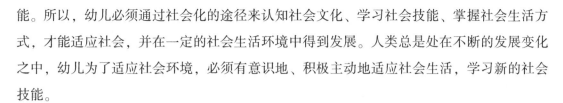

能。所以，幼儿必须通过社会化的途径来认知社会文化、学习社会技能、掌握社会生活方式，才能适应社会，并在一定的社会生活环境中得到发展。人类总是处在不断的发展变化之中，幼儿为了适应社会环境，必须有意识地、积极主动地适应社会生活，学习新的社会技能。

社会化是人类社会发展和文化延续的前提条件。社会化是保证社会正常运转与发展的基础。只有具备与社会发展水平相适应的知识、能力与素质的社会人，才能维持社会的正常运转。社会化是传递人类知识、延续社会文化的重要途径。

（二）幼儿社会性

1. 幼儿社会性发展的含义

"社会性发展"的概念在心理学的教学和研究中被广泛应用，但是要对其进行界定并非易事。我国学者从广义和狭义、先天与后天合成说等方面定义社会性发展的概念。

广义：社会性被视为与人格、非智力因素等具有相同意义的词汇，是指除生理和认知以外的一切心理特征。

狭义：社会性是指人际关系中的情绪、性格等人格侧面，表现为在社会生活中形成的比较稳定的对人、对己、对社会的认识、情感态度、行为等方面的特征。

先天与后天合成说：社会性是指由人的社会存在所获得的一切特性。

从发展心理学和幼儿教育学的角度来说，幼儿社会性发展是指幼儿在自身生物特性的基础上，与社会生活环境相互作用，掌握社会规范、社会技能，扮演社会角色，获得社会需要，发展社会行为，由自然人成长为社会人。

"社会化"的概念，注重的是人向社会的接近，注重个人融入社会群体的过程。"社会性发展"的概念，是从个体成长的角度，强调个体发展的一个主要侧面。"社会性发展""体格发展""认知发展"共同构成幼儿个体发展的三大主题，也是"儿童心理学"研究的三大领域。实际上，社会化与社会性发展所指的都是幼儿个体成长和步入社会的同一过程，幼儿社会性发展的过程，也就是幼儿社会化的过程。

2. 幼儿社会性发展的心理结构

幼儿社会性发展的心理结构就是其所包括的成分及这些成分之间的相互关系。幼儿社会性发展心理结构的各成分之间不是机械地结合，而是有机地联系、相互作用，并构成一个多维度、多层次、多关联的纵横交错的整体结构。幼儿社会性发展的心理结构包括自我意识、社会认知、社会情感、道德品质、社会行为技能、社会适应六大系统。

（1）自我意识，指幼儿对自我及自我与周围关系的意识。其包括自我认识，诸如自我概念、自我形象、自我评价、独立性等；自我情感体验，诸如自尊心、自信心、自我价值感、成就感、进取心等；自我控制，诸如自制力、自觉性、坚持性、自我延迟满足等。

（2）社会认知，指幼儿对自我与社会中的人、社会环境、社会规范等方面的认知。其包括行为动机和对后果的分辨能力，对他人的认知（对同伴意见的理解和采纳能力，对成人要求的理解和采纳能力），对社会环境和现象的认知（家庭、幼儿园、社区机构、国家及民族、重大社会事件等），对性别角色、行为方式的认知和对社会规范的认知（文明礼貌、生活习惯、公共规则、集体规则、交往规则等）。

（3）社会情感，指幼儿在社会生活、社会交往中的情感体验。其包括积极情绪、情绪表达与控制、依恋感、愉快感、羞愧感、同情心、责任感等。

（4）道德品质，指社会道德现象在幼儿身上的反映，即内化道德规范、养成良好的道德行为习惯。其包括关心他人、诚实、谦让、懂得分享、乐于助人、有奉献精神、勇敢、爱护环境、讲礼貌、守纪律等良好的品德和道德行为习惯，以及爱亲人、爱集体、爱家乡、爱祖国等道德情感。

（5）社会行为技能，指幼儿在与人交往，在参与社会活动时表现出的行为技能。其包括交往技能、倾听交谈的技能、非言语交往技能、辨别和表达自己感情的技能，以及合作、遵守规则、解决冲突等技能。

（6）社会适应，指幼儿能够逐渐学会接受新环境，适应矛盾冲突的能力。其包括初步形成对新环境的适应能力，对陌生人的适应能力，对同伴交往的适应能力，独立地克服困难、解决实际生活中简单问题的能力，学会做事、学会生活。

（三）幼儿社会教育

幼儿社会教育是指以发展幼儿的社会性为目标，以幼儿的社会生活事务及相关的人文社会知识为基本内容，以社会及人类文明的积极价值为导向，在尊重幼儿生活、遵循幼儿社会性与品格发展的规律和特点的基础上，由教师、家长及相关教育人员通过多种途径，创设有教育意义的环境和活动，陶冶幼儿性情，培育幼儿初步的社会生活能力与良好的品德、习性，促进幼儿健康、全面发展的教育。幼儿社会教育是幼儿全面发展的重要组成部分，是由社会认知、社会情感以及社会行为技能三方面构成的有机整体。

二、幼儿社会教育的意义和特点

（一）幼儿社会教育的意义

1. 幼儿社会教育有助于幼儿心智的发展

幼儿社会教育能够帮助幼儿的社会性得到较好的发展，社会性发展好的幼儿，适应能

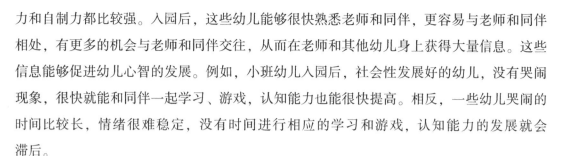

力和自制力都比较强。入园后，这些幼儿能够很快熟悉老师和同伴，更容易与老师和同伴相处，有更多的机会与老师和同伴交往，从而在老师和其他幼儿身上获得大量信息。这些信息能够促进幼儿心智的发展。例如，小班幼儿入园后，社会性发展好的幼儿，没有哭闹现象，很快就能和同伴一起学习、游戏，认知能力也能很快提高。相反，一些幼儿哭闹的时间比较长，情绪很难稳定，没有时间进行相应的学习和游戏，认知能力的发展就会滞后。

2. 幼儿社会教育有助于幼儿自我发展能力的提高

学前时期是幼儿人际交往能力发展的关键时期，人际交往是人与人之间心理上产生相互影响的过程。对幼儿进行社会教育，最关键的是要提高幼儿社会交往的技能。随着幼儿生活环境的不断扩大，幼儿的人际关系越来越复杂。通过交往，可以培养幼儿了解他人情感和需要的能力，解决生活中实际问题的能力，达到互相交流信息、协调彼此之间的关系、共同友好活动的目的。

3. 幼儿社会教育有助于加快幼儿社会化的进程

社会化是个体通过与周围环境的相互作用，由自然人转化为社会人的过程。通过学习群体文化，学习承担社会角色，逐渐充实自己，从而形成个性，融入社会，成为社会成员。幼儿社会教育就是把社会文化知识、社会规范、社会技能以幼儿能够接受的方式传授给幼儿，使幼儿内化为自身的规则。例如，利用参观、访问、沟通、实验、操作等多种形式，引导幼儿形成自己的个性，分辨并欣赏别人的个性。

4. 幼儿社会教育有助于幼儿良好品格的形成

幼儿社会教育的要点就是为幼儿创设宽松、自由的环境，引导幼儿主动参与、自主选择，使幼儿逐步产生主体意识，内在需要得到满足，其内在动力得到激发，逐步将外部规则内化，从他律走向自律。幼儿自律性的发展有助于幼儿形成良好的品格。

（二）幼儿社会教育活动的特点

1. 教育活动的生活性

幼儿社会性的发展离不开周围的社会生活。幼儿对社会知识的掌握、社会情感的激发、良好社会行为的培养，大多是在生活中完成的，幼儿正是通过日常生活逐步完成社会化的过程。因此，生活本身就是课堂，生活本身就是教材，生活本身就是过程，幼儿社会教育是与生活紧密联系在一起的。幼儿社会性的培养应该在生活中完成，让幼儿在生活中感受、领悟。

2. 教育活动的渗透性

幼儿社会教育是一个潜移默化的过程，应该有目的、有意识地利用良好的环境，为幼儿创设一个能使幼儿感受到被接纳、归属、关爱和支持的氛围，避免简单的说教。幼儿的无意识占优势，在生活中也总是无意识地受教育的影响，大量的社会教育都是以渗透性教育的方式传递的。教师的行为举止、对幼儿的态度，甚至幼儿之间的交往活动也都隐含着大量的社会性活动。幼儿通过生活中良好的氛围和有目的的教育环境，可以获得社会文化的知识和经验，这对幼儿社会化发展的作用是不可低估的。

3. 教育活动的整合性

幼儿社会教育不仅仅停留在社会领域，在幼儿的其他教育领域中也都有体现。《幼儿园指导纲要》中指出，幼儿教育活动的组织应注重综合性、生活性和趣味性，应充分挖掘和利用各领域之间的内在联系，对课程内容进行合理、有效的整合。在语言、科学、艺术、健康领域的教学活动设计中，教师要注意深入挖掘社会教育的内容，把社会领域的教学内容融入其中，并组织相应的教育活动形式，在对幼儿进行各方面教育的同时，真正促进幼儿社会性的发展。

4. 教育活动的长期性

幼儿社会性的培养需要一个长期的过程，要不断重复。幼儿社会教育的内容不是静止的条条框框和道理，也不是通过一次教学活动就能够完成和形成的。幼儿社会教育活动是在日常的不断强化、练习、感受等活动中，形成的规范化、习惯化行为。因为只有习惯化、规范化的行为，才能称得上是社会性的特点，所以幼儿社会教育需要长期巩固和提高，从而形成良好的社会性行为。

5. 教育活动的正面教育性

幼儿对于教育能够接受的是正面教育，不能讲"反话"。所谓正面教育，就是教师直接告诉幼儿怎样做、做什么、按照什么方式做。幼儿年龄小，不能理解"反话"的意思。例如，幼儿站在椅子上，老师害怕幼儿摔倒，急忙生气地说："你真行，还上椅子上了！你还能上哪去！"幼儿回答说："老师，我还能上桌子上。"这就是典型的幼儿把教师责怪的话，当作鼓励的话。

第二节　幼儿社会教育的目标、内容

一、幼儿社会教育目标

设定幼儿社会教育目标的主要是为幼儿提供有计划的社会学习活动，以发展幼儿的社会性为目标，促进幼儿自我意识的形成，发展与人交往、合作的能力，激发社会情感，增

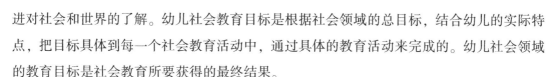

进对社会和世界的了解。幼儿社会教育目标是根据社会领域的总目标，结合幼儿的实际特点，把目标具体到每一个社会教育活动中，通过具体的教育活动来完成的。幼儿社会领域的教育目标是社会教育所要获得的最终结果。

（一）幼儿社会教育的总目标

《幼儿园指导纲要》中提出的教育目标是幼儿社会教育的总目标，具体内容包括：1. 能主动地参与各项活动，有自信心；2. 乐意与人交往，学习互助、合作和分享，有同情心；3. 理解并遵守日常生活中基本的社会行为规则；4. 能努力做好力所能及的事，不怕困难，有初步的责任感；5. 爱父母长辈、老师和同伴，爱集体、爱家乡、爱祖国。

（二）幼儿社会教育的年龄阶段目标

《3~6岁儿童学习与发展指南》中对幼儿社会教育的总目标进行了分类，并根据幼儿的年龄特点，确立了年龄阶段目标。具体内容包括以下两方面。

1. 人际交往

目标1：愿意与人交往。

目标2：能与同伴友好相处。

目标3：具有自尊、自信、自主的表现。

目标4：关心尊重他人。

2. 社会适应

目标1：喜欢并适应群体生活。

目标2：遵守基本的行为规范。

目标3：具有初步的归属感。

二、幼儿社会教育的内容

社会教育的目的是在特定的历史环境中产生和发展的，社会教育带有历史时代或社会结构的烙印。学前期是幼儿社会教育的重要时期，在这一时期掌握的一定的社会规范、社会行为技能、良好的行为习惯，是让幼儿一生受益的品质。《3~6岁儿童学习与发展指南》中指出，幼儿社会领域的学习与发展过程是幼儿社会性不断完善并奠定健全人格基础的过程。自我意识、人际交往和社会适应是幼儿社会学习的主要内容。

（一）自我意识

自我意识是指幼儿对自我以及自我与周围关系的认识。自我意识是人类特有的意识，是区别于动物的一种重要标志。新生儿没有关于自我意识的知识。幼儿第一个发展任务就是将自己与周围环境区分开来，即产生自我意识。3～6岁幼儿的自我意识处于初步发展阶段，幼儿的自我意识发展从自我认识发展到自我命名，最后到自我评价。

1. 学习表达自己的情感

引导幼儿用一定的方式表达自己的需求、爱好、情绪、情感，使幼儿知道自己的姓名、性别、年龄，知道自己与别人的不同；知道自己有喜、怒、哀、乐，会用自己的语言和方式表达，愿意做自己喜欢做的事。

2. 主动地参与各项活动，有自信心、责任感

引导幼儿主动参加幼儿园的各项活动，在活动中完成力所能及的任务，遇到困难和挫折能够自己尝试解决，有自信心；遇到困难时知道寻求帮助，愿意接受有难度的任务，能够自始至终地完成一项工作，有责任感。

3. 恰当的自我评价

幼儿的自我评价能力是逐步发展起来的，反映幼儿对自己在环境中所处地位的认识和评价自身能力的价值观念，在个性形成中占重要地位。幼儿自我评价的定位是在日常生活中通过活动获得的。例如，进行专门的自我评价的教育活动，或者在科学实验中通过操作、探究活动的成功，培养幼儿对自我的认同感。

（二）人际交往

人际交往是指幼儿在与人交往、在参与社会活动时掌握的交往技能和基本的行为规范。自幼儿从家庭进入幼儿园开始，幼儿的社会性就发生了质的变化，幼儿园对幼儿社会性的影响，更有意识、更有目的、更有计划。幼儿园可以通过多种多样的教育活动，将社会规范、道德价值观和知识技能传授给幼儿，促进幼儿社会性的发展。

1. 懂得基本的礼貌礼节

认识老师、同伴、周围的邻居，知道有礼貌地称呼和打招呼。帮助幼儿学习不同情境下的礼貌用语，例如，看望病号、恭贺喜事、拜访答谢、招待客人等。教师可以运用角色游戏、区角游戏等方式，教小班幼儿学习正确地称呼周围的人；用故事、情景表演等，教他们学习礼貌用语。

2. 学会分享、与同伴友好合作

培养幼儿养成分享的习惯，可以让幼儿带自己喜欢的玩具到幼儿园，然后互相交换；还可以利用生日、运动会、节日等，带生日蛋糕、食品与其他幼儿一起分享，感受与表达与人分享的快乐。在生活和活动中，学会和其他幼儿平等地合作，乐于助人。小班可以进行抛接球的游戏，体验只有两个人才能完成的游戏，感受初步的合作关系；中班、大班的幼儿应

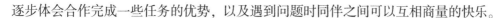

逐步体会合作完成一些任务的优势，以及遇到问题时同伴之间可以互相商量的快乐。

3. 用积极的心态理解、关心和帮助他人

在活动中学习合作的技能，并且乐于助人，同样自己有困难的时候会请求帮助；能主动用语言、行动等方式去关心需要帮助的同伴，发现同伴的优点、长处，相互学习，共同进步。

4. 学习社会交往的技巧和方法

培养社会交往最有效的就是合作性游戏，因为有共同的目的、计划，所以幼儿容易友好相处。教师要利用游戏活动，有意识地培养幼儿在游戏中团结合作、关心他人、帮助他人、互相尊重的品质，并且要接受指挥、遵守游戏规则。

（三）社会适应

幼儿社会教育的特点是潜移默化。幼儿社会态度和社会情感的培养应该渗透到一日生活的各个环节之中，使幼儿在生活中感受到关心、支持、接纳的良好环境，适应幼儿园的生活。日常生活中的行为规范非常多，一个人在生活中的所有言行都要遵守相应的社会规范。只有遵守相应的社会规范，才能形成良好的社会生活习惯；只有适应了社会要求，才能更好地建构自身的人格，更好地完成社会性的发展。

1. 适应社会环境、幼儿园环境

引导幼儿初步了解和爱护幼儿园、社区等周围的环境；使幼儿了解自己所在的城市，以及家乡的风俗、特产、名胜古迹、自然风光等；使幼儿掌握家庭成员的姓名、工作单位、电话，以及自己的家庭住址等，知道与家人之间的关系，并且能够和谐相处；鼓励幼儿参加一些力所能及的家务劳动，培养幼儿初步的家庭观念。

2. 遵守社会规范，形成良好的社会生活习惯

《幼儿园指导纲要》的社会领域目标提出，"理解并遵守日常生活中基本的社会行为规则"。根据目标培养幼儿在日常生活中遵守规则要求、养成按照规则要求进行活动的习惯、增强执行规则的能力。例如，遵守交通规则、游戏规则、学习要求等；养成良好的卫生习惯、良好的行为习惯。

3. 具有初步的归属感

归属感对于幼儿来说比较抽象，不容易理解。在教育活动中可以从幼儿所在的班级出发，让幼儿参加集体活动，树立集体感；参加幼儿园的活动，有助于增强幼儿的归属感；收集属于家乡的材料，激发幼儿爱家乡的情感；通过电视节目或参加升旗仪式，介绍国旗、国歌、祖国的四大发明，激发幼儿的民族自豪感。

家长要关心、爱护幼儿，使幼儿感受到亲情，知道家庭的可依赖、温暖，感受到家庭温馨的氛围。

第三节 幼儿社会教育的途径、方法

《幼儿园指导纲要》中明确指出："幼儿园应与家庭、社会密切合作，与小学相互衔接，综合利用各种教育资源，共同为幼儿的发展创造良好的条件。"幼儿的社会性必须在社会环境中才能健康地发展，在幼儿社会领域的教育中，要开发和利用有效的资源，通过多种渠道、多种方法，培养幼儿的社会性，加快幼儿社会化的进程。

一、幼儿社会领域教育的途径

幼儿社会性的发展是一个长期、复杂的过程。幼儿社会教育的最大特点是渗透性，也就是潜移默化的影响。因此，幼儿社会教育需要幼儿园、家庭、社会密切配合，协调一致，共同促进幼儿良好社会性品质的形成。幼儿社会教育需要通过一定的途径来完成，主要有以下三个方面。

(一) 专门性的教育活动

专门性的教育活动是有目标、有计划、有组织的活动。在社会教育活动中，专门性的教育活动可以根据幼儿的年龄特点，设计具有针对性、可操作性的教育内容，选择适宜的教育方式和方法，是幼儿接受正规社会教育的主要途径。专门性的教育活动能够系统地对幼儿进行社会领域的教育，可以是集体活动，也可以是小组活动、区角活动等。在专门性的教育活动中，幼儿参与的程度高且规范性强，便于幼儿掌握社会领域内的认知内容。

(二) 渗透性教育活动

渗透性教育活动是社会领域教育的主要途径。《3~6岁儿童学习与发展指南》中强调："幼儿的社会性主要是在日常生活和游戏中通过观察和模仿潜移默化地发展起来的。"所以，渗透性教育在社会领域教育中占有重要位置。

1. 日常生活中的教育

幼儿园是幼儿接触的第一个社会环境，幼儿在幼儿园学会学习、学会做人、学会生活。因此，要充分发挥幼儿园的"小社会"功能，有效地促进幼儿社会化。

幼儿园的一日生活包括很多环节、很多内容。以一日生活的各个环节为课程，把各环节之间的转换过程作为培养规则目标的内容，把盥洗、午餐、午睡、整理等作为社会教育的内容。培养幼儿生活常规的教育，一天之内可以反复进行多次，并且每一天都能够重

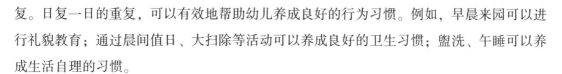

复。日复一日的重复，可以有效地帮助幼儿养成良好的行为习惯。例如，早晨来园可以进行礼貌教育；通过晨间值日、大扫除等活动可以养成良好的卫生习惯；盥洗、午睡可以养成生活自理的习惯。

2. 重大事件的契机教育

幼儿社会教育必须与幼儿的实际生活情况相结合。脱离幼儿实际生活的教育没有实际意义，说教无法引起幼儿的共鸣，难以达到预期的教育效果。例如，神舟七号载人飞天的历史记载，神舟十一号的空中对接等，这些新闻内容都可以与幼儿的社会教育活动相结合，使幼儿为祖国的强大感到自豪，激发幼儿的爱国热情。同样，奥运会、全运会、家乡的变化等，都可以激发幼儿爱家乡、爱祖国的情感。此外，慈善捐款等也可以培养幼儿的同情心、爱心。

3. 在其他领域中进行教育

幼儿园五大领域不是简单割裂开的，而是一个整体。在语言、科学、艺术、健康领域中也包含社会领域的教育内容，所以在教学中要整合各领域的内容，对幼儿进行社会教育。例如，语言领域的故事"龟兔赛跑"，在掌握故事情节的目标外，还可以教育幼儿不要骄傲，要有谦虚的良好品德；艺术领域"剪纸"的教学，在学习剪纸的目标中，可以把中国的剪纸艺术与中国的悠久历史联系起来，进行爱国主义教育；歌曲《祖国祖国我爱你》等，也可以进行爱国主义教育。

（三）家园合作教育

家庭、社区是幼儿社会性发展中对幼儿最具影响、影响最直接的环境。家园合作有利于家庭教育和幼儿园教育保持一致。幼儿园和家庭作为幼儿社会教育的两个重要场所，只有协调一致，才能充分发挥教育的整体作用，保证幼儿社会性的协调发展。家园合作的方式多种多样，主要有家园联系、个别交谈、亲子活动、家长开放日等。

家园合作的一种特殊形式就是社区教育，社区教育可以是幼儿园利用社区资源进行活动，也可以是家长利用社区活动、资源等对幼儿进行个别教育。例如，社区的十一活动，一般在假期开展，家长可以带领幼儿参加；而社区的六一活动，可以是幼儿园的集体活动。教师可以充分挖掘家庭、社区的有效资源，利用资源对幼儿进行社会教育，使家庭和社区真正成为幼儿社会教育的环境，促进幼儿社会性的发展。

二、幼儿社会领域教育的方法

幼儿社会教育活动的方法就是教师为幼儿的社会性发展创设相应的条件和机会，让幼儿参与各种丰富的社会性活动，促进幼儿社会性的发展。在社会领域中，教育方法是围绕实现社会领域的教育目标和任务,在活动过程中运用的方式和手段的总称。幼儿社会教育过程受多种因素的影响,教育的方式方法也是多种多样的。

(一) 运用语言进行教育的方法

运用语言进行教育,顾名思义,就是在社会教育活动过程中,以口头语言为主进行社会领域教育内容的解释、讨论和交流。运用语言进行教育的方法有讲解法、谈话法、讨论法。

1. 讲解法

讲解法就是教师用口头语言向幼儿说明一些简单的社会领域的道理、规则及其意义,使幼儿明辨是非,懂得应该怎样做和为什么要这样做的方法。讲解法是社会教育活动中运用得非常普遍的方法,无论是幼儿对人际关系的了解、对社会环境的认知,还是对社会行为规范的学习和对社会文化的吸取,都需要教师用生动浅显、富有感染力的语言进行讲解、启发和引导。

在运用讲解法的时候要注意,讲解要有针对性,要对那些幼儿难以理解、实践、体验的内容进行讲解;讲解时语言要具体、直观、形象,力求使幼儿接受和理解教师的讲授内容;讲解的形式应该多种多样、生动有趣,以便激发幼儿学习的积极性和主动性。

2. 谈话法

谈话法就是在社会教育活动中,教师有目的、有计划地围绕某一个主题,与幼儿相互提问、对答的教育方法。谈话法的运用可以使教师借助恰当的问题,帮助幼儿分拣、提炼原有的社会知识经验,使之系统化、明确化。谈话法中幼儿的提问与回答是其真实思想活动的反映,有利于教师把握其思想实质。

在运用谈话法时,教师提问的内容应以幼儿熟悉的社会知识经验为主;提出的问题应具体明确,富有启发性、发散性;提出问题后应给幼儿足够的时间思考;集体谈话时,教师的提问应面向全体,通过各种方式让每个幼儿都有回答问题的机会。幼儿的提问以及幼儿对教师提问的回答无论是简单幼稚,还是复杂成熟,教师都应耐心倾听,并用发展的眼光进行适当小结。

3. 讨论法

讨论法是指在幼儿社会教育活动中,教师指导幼儿对某些社会性的问题、观点及认识相互启发、相互学习、交流意见,以获取社会性知识的教育方法。这种方法的运用,有利于幼儿自由发表意见和感受,帮助幼儿养成独立思考的习惯和能力,懂得不同的人对待问题的看法是不同的,有利于幼儿摆脱以自我为中心的行为。讨论法的形式有集体讨论、小组讨论等。

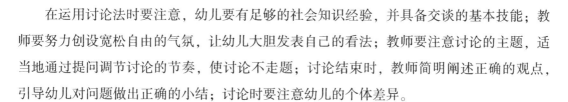

在运用讨论法时要注意，幼儿要有足够的社会知识经验，并具备交谈的基本技能；教师要努力创设宽松自由的气氛，让幼儿大胆发表自己的看法；教师要注意讨论的主题，适当地通过提问调节讨论的节奏，使讨论不走题；讨论结束时，教师简明阐述正确的观点，引导幼儿对问题做出正确的小结；讨论时要注意幼儿的个体差异。

（二）运用感知觉进行教育的方法

运用感知觉进行教育的方法就是让幼儿通过感觉器官，如用眼睛看、耳朵听、手操作等，通过对实物材料的操作、组织参观等，形成正确认知的教育方法。运用感知觉进行教育的方法有演示法、参观法。

1. 演示法

演示法是指教师根据一定的社会教育目标，将实物、教具直接展示给幼儿看，或者引导幼儿通过实际表演进行思考或表达对社会知识的理解，使幼儿从中明白一些道理。社会教育活动中常用情景演示法，由教师展示一些社会情景，让幼儿对其中的社会问题进行思考，明白社会规范。展示给幼儿的可以是图片中的情景，也可以是幼儿或幼儿与教师共同表演的情景。这种方法的运用，能增进幼儿对社会教育活动的兴趣，增强活动的效果。

运用演示法的时候要注意，演示要有明确的目的，演示前要有充足的准备，要掌握好演示的节奏和重点；演示法要与其他方法结合使用，这样有助于幼儿对社会性知识的理解和掌握。

2. 参观法

参观法是指在幼儿社会教育过程中，根据社会教育的目标和内容，组织幼儿在园内或园外通过对实际事物和现象的观察、思考，获得新的社会知识与社会规范的教育方法。参观法能使幼儿社会教育活动与实际生活紧密联系起来，通过耳闻目睹，接触社会、接受教育。

运用参观法时要注意，参观的对象要安全、卫生，应以保障幼儿的身体健康和安全作为前提条件；参观前要做好准备工作，包括确定参观路线、参观内容，以及参观时如何引导和指导；参观结束后要注意总结和巩固幼儿获得的知识经验。

（三）运用环境进行教育的方法

运用环境进行教育的方法就是利用环境条件、生活氛围、人际关系、情感气氛等来陶冶幼儿的性情，培养幼儿良好的社会公德、社会行为和亲近社会的情感。运用环境进行教育的方法包括环境陶冶法和艺术感染法。

1. 环境陶冶法

环境陶冶法是指教师通过优美的自然环境、良好的社会环境和有意识创设的教育环境，对幼儿进行社会化培养的一种教育方法。幼儿由于年龄较小，对事物、问题尚未形成积极、稳定、正确的认识，容易受外界环境的影响，所以教师有必要引导幼儿感受与体验外部环境的熏陶，并有意识地创设良好的教育环境，使幼儿社会性情感、社会习惯得到良好的培养。

运用环境陶冶法时，要注意利用良好的氛围，有计划地确立社会教育的目标，潜移默化地感染幼儿，发挥整体环境的教育作用，有效地激发幼儿积极上进的情绪情感。

2. 艺术感染法

艺术感染法是指教师利用音乐、美术、文学等艺术形式，感染与熏陶幼儿的心灵，激发幼儿的情感，并使之转化为自身行动的一种教育方法。艺术感染法的最大特点是利用艺术的感染力来激发幼儿的情感，以情感人，用以培养幼儿良好的行为规范，并在此基础上促进幼儿社会性的发展。

在运用艺术感染法时要注意，应选择有利于幼儿社会性发展的有潜力的作品，努力创造机会，利用多种形式、渠道让幼儿参与艺术实践活动，培养幼儿的审美情趣，提升幼儿的审美素养，获得与社会性发展有关的积极的情感体验。

（四）行为练习法

幼儿的一些社会规范和良好行为习惯需要反复练习才能养成。行为练习法就是教师组织幼儿按照正确的社会行为规范进行实践的一种方法。行为练习法能使幼儿明白正确的社会行为规范，形成和巩固幼儿的社会行为习惯。行为练习法的形式是多种多样的，既有教师人为创设的特定情景，也有教师组织的多种实践活动。例如，来园和离园的礼貌行为练习、文明用餐的行为练习、教师安排的值日生工作等。

运用行为练习法时要注意，教师要让幼儿明确行为练习的内容和要求；练习的内容应是幼儿可以接受的，做到循序渐进；行为练习的要求应前后一致，长期坚持，以便幼儿能持之以恒、形成习惯；无论以何种形式进行行为练习，都要注意激发幼儿练习的愿望，发挥其主动性；活动中应给每个幼儿提供练习的机会，练习的时间不宜太仓促，要让幼儿真正在练习中体验到快乐，达到练习的目的，取得良好的效果。

（五）移情训练法

移情也叫感情移入，是指特定情景下个体对他人情感体验的理解和分享，也就是设身处地地站在他人的位置和立场上考虑问题，理解他人的感情和需要。在幼儿社会教育活动

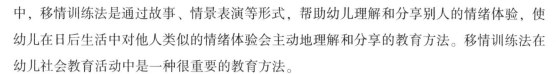

中，移情训练法是通过故事、情景表演等形式，帮助幼儿理解和分享别人的情绪体验，使幼儿在日后生活中对他人类似的情绪体验会主动地理解和分享的教育方法。移情训练法在幼儿社会教育活动中是一种很重要的教育方法。

在运用移情训练法时要注意，教师创设的情景应该是幼儿熟悉的社会生活；在进行移情训练时，让幼儿通过想象、表演，以及实际地作用于被理解对象的行为等方式，介入对被理解对象特殊情绪反应的关心、安慰等过程。这样，一方面能强化对特定情绪的理解和分享；另一方面能在一定程度上产生良好的社会行为。

（六）其他方法

幼儿社会教育还有许多方法，各种方法可以相互结合，共同推动幼儿社会性的发展。

1. 行为评价法

行为评价法是指对幼儿符合社会言行的表现给予判断，从而使幼儿受到教育。行为评价法可分为肯定性评价和否定性评价。前者对幼儿社会性言行有强化作用，能提高幼儿的积极性，激发幼儿亲近社会言行的出现；后者对幼儿社会性言行有负强化作用，能纠正和制止幼儿不良的社会行为和后果。

2. 角色扮演法

这里所说的角色是指在社会中有相应职位、承担一定责任且遵守特定社会规范的个体。角色扮演法，即教师创设现实社会中的特定情景，让幼儿扮演一定的社会角色，使幼儿表现出与这一角色一致的且符合这一角色规范的社会行为，并在此过程中感知角色间的关系，感知和理解他人的感受，积累行为经验，从而掌握自己承担的角色所应遵循的社会行为规范和道德要求。

3. 观察学习法

观察学习法指幼儿通过模式模仿或观察学习，直接学会新的行为模式，产生相应的社会行为的方法。这种方法可以使幼儿立即学习新的行为模式，可以激励将隐藏在内心的行为倾向变为外部的实际行动，可以通过对行为模式的模仿、改变、消除或强化个体原有的行为模式。

第四节 幼儿社会教育活动的设计与指导

社会性课程的价值不仅在于满足幼儿的社会性需要，促使幼儿顺应社会文化环境，使之顺利地融入社会，成长为社会所期望的合格成员，而且在于发展幼儿的社会情感和社会能力，满足幼儿社会认知、交往及创造性发展的需要，从而促进幼儿积极主动地发展并幸福愉快地生活。所以，幼儿园社会领域的教育活动不仅仅是专门性的教育活动，更多的是在日常生活、社会活动中，完成幼儿社会化的过程。

一、幼儿自我意识教育活动的设计

自我意识是意识的一种形式，简称为自我，就是自己。自我意识就是自己对于所有属于自己身心状况的认识，是一个人对自己以及自己周围世界关系的认识，尤其是对他人与自我关系的认识。自我意识是一个连接个体、社会影响和社会行为的概念。

自我是一个多因素、多层次的整体结构。自我既包括生物、生理因素，又包括社会、精神因素，因此自我意识的内容和形式也必然是多种多样的。从内容上看，自我意识大致包括生理自我、社会自我、心理自我和道德自我。从形式上看，自我意识表现为认知、情感、意志三种形式，分别称为自我认识、自我体验、自我调节。

自我意识是自我教育的前提，是实现教育内化的关键。幼儿教育的最终目标是幼儿自我教育能力的形成。幼儿自我意识教育活动的目标是帮助幼儿通过认识别人、评价别人来认识自己、评价自己，帮助幼儿形成各种道德行为，促进幼儿独立性的发展，提高幼儿的生活自理能力。

（一）专门性的自我意识教育活动的设计

幼儿园要针对幼儿的年龄特点，有计划地设计一些教育活动，有目的地促进幼儿自我意识的发展。在设计具体活动时，应针对不同年龄、不同群体的幼儿进行设计，使每一个幼儿的自我意识都得到有计划的发展。对于胆小的、抗挫折能力差的、缺乏自信心的幼儿，通过正确地认知自我、评价自我、评价他人，增强其自信心，加强其自我意识；相反，对于过分自信、目中无人，认为自己什么都好，看不到别人优点的幼儿，要使其能够正确认识自己、评价他人。

1. 培养幼儿独立性的活动

独立性是幼儿自我意识的重要组成部分，也是良好心理素质和健康个性的重要组成部分。不断获得独立感的幼儿，在成长的过程中自尊心会不断地和谐发展，从而能够更积极主动地探索周围的世界，与环境相适应，逐渐养成善于思考、勇于克服困难的心理品质。同时，应帮助幼儿认识自我、了解自我，并学会评价自我。例如，利用集中教育活动开展"我"的系列活动。可以设计"小小的我"活动，让幼儿看看自己小时候的照片、录像，了解自己的成长过程，知道自己与其他幼儿的不同；还可以设计"我很棒""我的优缺点""我的自画像""我会做""我的选择"等活动，让幼儿通过认识"我"与其他幼儿

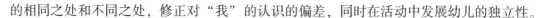

的相同之处和不同之处，修正对"我"的认识的偏差，同时在活动中发展幼儿的独立性。

2. 增强幼儿自信心的活动

自信心是人的心理素质的核心内容之一，它既是人的个性发展的核心要素，也是影响人的生活的最为关键的因素。教师要针对本班幼儿自我意识发展的现状，有针对性地设计教育活动来增强幼儿的自信心。例如，班上有的幼儿总是跟在其他幼儿的后面活动，容易被教师和其他幼儿忽视。教师可设计"我的专长""特殊的我"等活动，让幼儿认识到自己的闪光点，然后让幼儿互相说说别人的优点和专长，让幼儿在宽松和谐的气氛中增强自信心、学习尊重别人，同时也感受到别人对自己的尊重；还可以设计"我的好朋友"活动，让幼儿讲讲自己的好朋友是谁，以及为什么愿意和他交朋友。这些活动可以使平时不愿意交流、独来独往的幼儿融入集体中，使幼儿的自信心大大增强，让幼儿感受到自己在同伴中的位置。同时对于过分自信的幼儿，要让他们学会正确地评价他人，发现别人的优点，不以自我为中心。

3. 发展幼儿自我评价的活动

自我评价是指个体对自己生理、心理以及外部行为作出的一种判定，是自我意识的一种表现，是个体重要的心理素质之一。恰当的自我评价是个体行为的积极调解因素，有利于个体正确自我意识的形成。幼儿时期是人的一生中的关键期，幼儿开始与成人、同伴交往，通过简单的实践活动，认识自我、了解自我、了解别人，学习把自己的行为能力与同伴进行比较，能够简单地评价自己与其他幼儿。但是由于幼儿认知发展水平低，因此自我意识发展的总体水平也是比较低的，幼儿对自我和他人的评价往往受教师和成人的影响。例如，老师说我是好孩子，妈妈说我做得对，阿姨说他做错了，等等。因此，教师要通过设计专门的教育活动，发展幼儿自我评价和对他人进行评价的能力。幼儿园可采用谈话、绘画、讲述等方式，设计"评评自己""我今天的表现"等活动，让幼儿把自己的内心想法说出来，借助幼儿在生活中的各个环节，对幼儿进行自我评价能力的培养。

（二）渗透性自我意识教育活动的设计

社会性教育活动的最大特点就是渗透性教育。《幼儿园指导纲要》中指出，社会领域的教育具有潜移默化的特点，幼儿社会态度和社会情感的培养应渗透在多种活动和一日生活的各个环节中。人的社会交往和社会活动对幼儿自我意识的发展起决定作用，所以应创设良好的社会交往环境，以便更好地促进幼儿自我意识的发展。

1. 在日常生活中培养幼儿的自我意识

幼儿园日常生活中的盥洗、进餐、喝水、午睡等环节，在幼儿日常生活中占有相当多的时间，所以要抓住幼儿生活中的每一个环节，培养幼儿的自我意识。

幼儿的能力是有差异的，在集体生活中，不同的幼儿面对同一个问题，有的幼儿会轻松应对，有的幼儿缺乏自理能力、依赖性强、有恐惧感、做事总是缩手缩脚。幼儿园可以有针对性地设计一些日常生活中的游戏、竞赛等，锻炼幼儿的生活能力。例如，午睡后的叠被子比赛、穿衣服比赛等，对于能力弱的幼儿，教师要及时给予指导，使其自理能力得到提高。还可以安排幼儿进行值日活动，让幼儿在值日工作中展示一些简单的劳动技能，增强幼儿的自信心。对于能力差的幼儿，教师要给予机会，让幼儿在反复的活动中提升能力。在获得成功的体验之后，幼儿就会正确认识自己，从而增强自信心。

2. 在良好的精神环境中培养幼儿的自我意识

环境的教育作用是潜移默化的，尤其是精神环境。教师要为幼儿创设一个轻松、和谐的氛围，让幼儿在平等、尊重、有爱、互助的环境中生活和成长。教师要善于运用生活中的每一个细节，使幼儿感受到教师的关爱。例如，早上教师亲切的问候、交谈时关爱的目光、鼓励时的拥抱、离园时的整理衣服等。这些看似微小的动作，会给幼儿带来自信，会让幼儿感到温暖，知道自己在教师眼中的位置，对自己有一个全新的认识，从而能够正确地评价自己。

3. 家园合作培养幼儿的自我意识

家庭教育是幼儿教育的重要组成部分。日常生活中家长的评价会直接影响幼儿对自己的认识和评价。经常得到成人鼓励的幼儿，往往会对自己产生积极的看法，能够有信心且敢于面对困难、面对失败。所以，家长要与幼儿园紧密联系，了解幼儿园的教学活动进程，有计划地培养幼儿的自我意识。幼儿园要利用幼儿的接送时间，有针对性地与家长交流，了解幼儿在家时的表现；在幼儿园的一日生活中，有意识地针对幼儿的不良习惯进行纠正，多做幼儿的纵向比较，多鼓励、支持，帮助幼儿正确地认识和评价自己。

二、幼儿社会交往教育活动的设计

社会交往，简称"社交"，是指在一定的历史条件下，人与人之间相互往来，进行物质、精神交流的社会活动。社会交往系统的基本要素包括社会交往的主体和客体、交往能力、交往关系、交往的意识、交往的需要和交情等，它们是一个有机整体。其中，社会交往的主体和客体都是具体的、社会的、现实的人，不是抽象的、孤立的个人。社会交往是人类特有的存在方式和活动方式，是人与人之间发生社会关系的中介。交往可以使人们相互交流知识经验以及各自的需要、愿望、态度等，正确认识他人和自己，从而进一步协调人际关系。人们也正是通过交往才能融入社会，成为人类社会中一个个独立的成员。

幼儿的社会交往是指幼儿在与成人接触、交流或与同伴的游戏、学习、生活等过程中，运用语言或者非语言符号系统相互沟通、交流情感的活动；是幼儿逐步学会表达自己

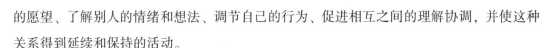

的愿望、了解别人的情绪和想法、调节自己的行为、促进相互之间的理解协调，并使这种关系得到延续和保持的活动。

幼儿的社会交往活动以渗透性教育活动为主，以专门性教育活动为辅。专门性教育活动主要从幼儿社会认知的角度出发，促进幼儿的社会性交往。

（一）　环境是促进幼儿交往能力发展的基础

社会交往是幼儿参与社会生活的基本方式，是幼儿社会化的基本途径。良好的社会交往能力是幼儿建立良好人际关系的基础和前提。只有在良好的人际关系环境中，幼儿才能在生活、学习以及工作中逐步适应社会的需求，建立不同的人际网络，形成自己的社会支持系统。

1. 精神环境的创设

从家庭到幼儿园，幼儿的社会环境发生了改变，幼儿的社会性发生了质的变化。幼儿园的环境比起家庭环境对幼儿社会性的影响，更有意识、更有目的、更有计划。《幼儿园指导纲要》中指出，幼儿与成人、同伴之间的共同生活、交往、探索、游戏等，是幼儿社会学习的重要途径。应为幼儿提供人际交往和活动的机会和条件，并加以指导。因此，幼儿园重要的精神环境是师生之间的关系和幼儿与同伴之间的关系。

（1）融洽的师生关系有利于促进幼儿社会交往技能的发展。幼儿园的师生关系是指教师与幼儿之间相互作用、相互影响的行为和技能。《幼儿园指导纲要》中指出，师生关系可以促进幼儿间积极的互动与交往。在师生互动过程中，幼儿通过观察、模仿、学习，锻炼着各种社交技能，发展着适宜的情感、态度、自制力和多样性的问题解决能力。这样有利于促进幼儿之间的交往，建立一种积极、良好的互动关系，从而形成有利于幼儿学习和发展的合作性学习氛围，促进幼儿交往能力的发展。

幼儿园教师要建立平等、民主、尊重、自由、合作、和谐的伙伴型师生关系，营造安全、轻松、愉快的氛围，让幼儿放松心情，愿意与教师沟通。在与幼儿的交往中，教师应尽量采用微笑、点头、注视、肯定性手势，以及抚摸幼儿的头、肩膀等身体语言动作。这些小动作会给幼儿带来莫大的安慰与支持。师生关系的融洽，是幼儿交往能力提高的基石。教师还要有意识地运用常用的交往语言与幼儿打交道，使幼儿受到潜移默化的影响，提高幼儿的社会交往能力。

（2）和谐的同伴关系有利于幼儿社会交往技能的提升。幼儿进入幼儿园主要是与同伴交往，同伴之间由于身心特点相似，因此具有交往的平等性和体验的共鸣性。幼儿在与同伴的交往过程中，逐渐学会站在他人的角度思考问题，克服自私、任性等弱点，掌握合作、交往等社会交往基本技能。如果没有与同伴平等交往的机会，幼儿就不能学习有效的社会交往技能。

同伴之间的交往能使幼儿认识到自我价值，满足幼儿心理上的需要。幼儿之间由于经验与能力相似、兴趣与情感相通，因此完全处于平等、独立的地位。同伴之间的友谊关系使幼儿在与同伴的交往中不断调整和修正自己的行为，学习和掌握基本的社会规范，促进幼儿社会交往技能的提升。

2. 物质环境的创设

《幼儿园指导纲要》中提出："幼儿园应为幼儿提供健康、丰富的生活和活动环境，满足他们多方面发展的需要，使他们在快乐的童年生活中获得有益于身心发展的经验。""教师要在每日的日常生活活动中，积极创设环境，投放资料，以多种方式引导幼儿认识、体验并理解遵守基本的社会行为规则，学习自律和尊重他人。"

教师要为幼儿创设安全、整洁、丰富多彩的物质环境，让幼儿适应幼儿园的生活，感受到幼儿园的自由、温暖、快乐，帮助幼儿顺利实现社会化。例如，可以利用活动室、走廊等有限空间，创设各种形式的活动区，如"娃娃家""超市""医院"等。让幼儿自由选择活动区，并且让幼儿自己组织游戏、自己分工，幼儿之间可以相互交流，在交流的过程中，幼儿的社会交往能力能够得到提高。

教师在创设活动区的时候，要考虑幼儿的活动空间和人数。避免因人数过多而拥挤，对幼儿的交往产生负面影响。在幼儿园的区角要为幼儿提供功能适宜、种类丰富、有利于幼儿交往的活动材料，便于幼儿开展更多的交流、合作、协商等。教师要利用活动区的多种玩具和材料，激发幼儿操作、探索，并在活动中交流自己的想法，引导同伴合作共同完成任务。幼儿根据自己在区角活动的情况，随时调整自己的角色，使交往需要得到满足。

（二）日常生活是促进幼儿社会交往能力发展的重要途径

社会交往能力的培养应该渗透在幼儿的日常生活中。愉快的交往经验可以增强幼儿的自信心，而自信心的增强会引发更强的交往主动性，两者互相促进，形成良性循环。在幼儿园的日常生活中，要引导幼儿积极地与教师和同伴交往，培养幼儿合作、交往、分享、谦让等方面的基本社会交往能力。在日常活动中，教师要从幼儿感兴趣的事情入手，委托幼儿办事传话，鼓励幼儿主动说话、和周围的人交谈，培养幼儿运用语言与人交往的能力。例如，在幼儿园开展"交警叔叔辛苦了"的活动时，教师应讲解交警工作的辛苦，然后带领幼儿与警察接触，让幼儿主动与警察交流，表达对警察工作的理解。要为幼儿提供各种表达自己交流愿望的机会，发挥各种环境的综合功能，使幼儿从中提高认识和交往能力，逐步从个体化向社会化发展。

帮助幼儿走出自我中心，学会公平、分享、礼让、合作，这是培养幼儿良好人际关系的重要内容。分享是健全人格的重要组成部分，合作是幼儿社会性的一个重要方面。从小对幼儿进行分享教育，可以让幼儿学会分享和体验分享后的快乐，为形成健康的心理品质打下良好基础。例如，分享食物、分享玩具、分享图书等，大班的幼儿要学会分享快乐。合作建立在分工的基础上。分工合作包括商量、计划、服从、行动等，有了分工才能合作。在合作的过程中，幼儿自由交流、自由交往，社会交往能力会在合作的过程中得到提升。

（三）针对交往中幼儿个体差异的设计

人际交往能力是在与人交往的过程中培养的，幼儿正是在与各种不同的人交往的过程中，逐渐形成待人处事应有的态度，获得社会交往的技能，进而社会性也得到发展。

每个幼儿都有自己的个性，有些幼儿在交往中受欢迎，有些幼儿则受排斥。教师在引导幼儿交往时应注意幼儿的个体差异，幼儿在交往过程中出现的问题是可以纠正的。例如，幼儿园中有的幼儿娇气、有的霸道、有的支配欲强，这些幼儿在与同伴的交往过程中容易被排斥。针对这些幼儿，教师在设计交往活动时，要注意在日常的各项活动中，细心引导，耐心教育。要让幼儿体验其他幼儿的勇敢、谦让、宽容，积极参加活动，在活动中与同伴友好相处，不推打同伴，帮助同伴完成任务等。允许幼儿自由选择游戏活动，这样幼儿通常会变得富有创意，并将这些创意实施，观察效果。这些活动是幼儿获得和加强社会交往技能的有效手段。在游戏活动中，教师也可以根据幼儿个体的差异，有针对性地进行社会交往的教育。

三、幼儿社会适应教育活动的设计

社会适应性是指对社会适应有利的各种个性心理特征、个性心理倾向的总和，即有利于人适应社会的人格优势或心理素质。通俗地说，社会适应性是指人类对社会环境的适应能力，而且可以通过人为地改变周围的环境来创造和拓展自己的生存和发展空间。《中国百科大辞典》（社会学）关于"适应"的界定是："社会互动形式之一。在困难的社会环境中，通过努力获得生存与发展的条件，实现自我与他人、个人与群体之间平衡的过程。"个体不能离开一定的社会历史条件求得发展，社会的发展也不能离开一定个体发展的水平，因此，从总的方向上看，社会发展与个体发展是一致的，社会越是向前发展，越有利于个体的发展；个体的发展水平越高，社会就越充满生机与活力。因此，所谓社会适应性，是指个体面对不断变化的环境，尤其是社会环境，通过自身的选择和努力，包括调整自身与顺应、利用和改造环境，获得自身的生存与发展，实现自我与环境的平衡，增强自我与社会互动的能力。社会适应性包括生活适应性、环境适应性、文化适应性、人际适应性和学习适应性。

幼儿社会适应是指幼儿由个体进入群体的身心适应，可为幼儿顺利进入群体生活，为个体生命开始群体生活奠定基础。幼儿社会适应的表现有：良好的社会交往、寻求社会支持，以及自我意识、自我控制发展良好。

幼儿社会适应教育活动以渗透性教育活动为主，利用幼儿的日常生活、游戏、社会活动等，进行社会适应的教育。专门性的社会适应教育活动主要是指在主题教育活动时，渗透社会适应教育。

（一）营造积极、温暖、和谐的幼儿园心理氛围

良好的幼儿园氛围直接影响幼儿社会适应能力的发展。教师应尊重、接纳幼儿，学会倾听幼儿的心声，能和幼儿平等对话，善于引导幼儿将感受表达出来，让幼儿感受到幼儿园的温暖、和谐。教师要经常运用鼓励的语言，鼓励幼儿的良好行为，使幼儿尽快适应幼儿园的生活。例如，小班教师可以在晨间活动时，多与刚入园的幼儿交流，安慰幼儿，及时地为幼儿找同伴玩，使幼儿尽快地减少入园焦虑，适应幼儿园的生活；中班教师可以使用积极的词汇，鼓励幼儿的良好行为，鼓励幼儿之间互相帮助，共同完成任务；大班教师可以在幼儿园所在的小区开展活动，在实践中让幼儿快乐地成长起来。

（二）利用幼儿的生活实际，开展社会适应的教育活动

适宜的社会性行为必须经过幼儿自身的体验才能被认可。社会适应教育是实实在在的生活教育，渗透在幼儿园生活的每个角落。人的行为变化不是由个人的内在因素单独决定的，而是由内在因素与环境相互作用的结果来决定的。因此，幼儿园应该在幼儿的现实生活中，对幼儿进行社会适应教育。例如，根据幼儿园生活的时间确定主题活动，为幼儿提供真情实感的教育。9月入园季，可以设计小班的"我爱我的幼儿园"、中班的"幼儿园里朋友多"、大班的"我和弟弟妹妹一起玩"等活动，在这些活动中渗透幼儿的社会适应教育。还有集体作画、汇操表演、"六一"的庆祝活动等，都可以对幼儿进行社会适应教育。

（三）帮助幼儿掌握良好的社会交往技能，奠定社会适应的基础

幼儿社会适应性是在与周围人共同生活、共同交往的过程中逐步发展起来的。在幼儿园的生活中，教师要教会幼儿一些社会交往的技能，帮助幼儿形成基本的社会规范，遵守社会规则。幼儿主要是通过观察、模仿来学习的，家长和教师要自觉遵守社会规范，为幼儿做出榜样。幼儿有了基本的社会交往技能，才能很好地与同伴进行交往，在交往中了解

人际关系。幼儿在集体活动中要相互信任、相互合作、友好交往，并通过集体来加强社会适应能力。

教师要以民主的态度来对待幼儿，善于疏导而不是压制，不以权威式命令去要求幼儿。自由而不放纵、指导而不支配的民主教育态度，能使幼儿具有较强的社会适应能力。幼儿社会适应最重要的有入园适应、入小学适应。入园适应是幼儿园工作中一个重要的环节，为了减少入园焦虑，帮助幼儿尽快适应幼儿园生活，可以创设环境，让家长带领幼儿熟悉幼儿园的生活环境，帮助幼儿认识小朋友，和小朋友一起玩游戏、活动等。幼小衔接要做好入小学的准备，幼儿园教师可以带领幼儿参观小学、适应小学的学习等。

四、幼儿社会领域教育活动的指导

在幼儿社会领域的教育活动中，专门性的教育活动是以社会认知为主要内容设计的。社会交往、社会适应等活动，主要是在日常生活活动和社会活动中进行的渗透性教育。渗透性教育的主要特点是具有长期性、坚持性、反复性，在长期、复杂的过程中，完成幼儿的社会性发展。

（一）坚持正面教育的原则

幼儿的思维、理解水平决定了对幼儿进行的教育必须是正面教育。正面教育无论是对教师还是对幼儿都有积极的作用，可以使教师给予幼儿美好的希望，也可以使幼儿乐于接受，从而避免产生消极抵抗的情绪。教师要与幼儿建立起友好的关系，让幼儿感受到自己是被关心、爱护的，这些有助于幼儿形成积极的自我概念，也是正面教育必须有的师生关系。教师要从正面鼓励幼儿，为幼儿树立榜样。

（二）发挥环境潜移默化的影响作用

环境包括物质环境和精神环境。社会环境持久地影响着人的社会性发展的全部过程，人既不能摆脱物质环境，也不能摆脱精神环境。幼儿园的物质环境和精神环境对于幼儿来说同样重要。环境对幼儿潜移默化的影响作用是不可低估的，环境的潜移默化、不断重复的效果比教师进行专门性的教育活动的效果更好。

丰富的物质环境可以满足幼儿的基本需要和充分交往的需要。教师对环境的设计可以对幼儿的发展起到暗示作用，可以起到诱发幼儿积极行为的作用。教师应为幼儿提供丰富多彩的物质材料，以促进幼儿积极主动地探索学习。教师要创设条件，为幼儿提供尽可能多的实践参与机会，使幼儿感受、练习、巩固，促使幼儿在多样化的活动方式中自己动手实践、体验、思考。所有周围环境中可以见到的，都应该带领幼儿实地感知，调动幼儿参与活动的积极性，关注幼儿在活动中的体验和感受，促使幼儿积极主动地学习。

精神环境的宽松、接纳有助于幼儿良好个性的发展。和谐、愉快的活动氛围能够促进幼儿社会性的发展。教师要与幼儿建立起友好的关系，让幼儿感受到自己是被关心、被爱护、被尊重的。教师给予幼儿关心和体贴，幼儿也会从中学会关心和体贴他人，幼儿成长后会对周围的人表现出温情。教师要善于观察幼儿，善于在活动中与每个幼儿沟通，善于发现幼儿的每一个进步，及时表扬和鼓励幼儿。教师要重视发挥同伴间的社会交往作用，在活动中引导幼儿自己设计活动规则，形成良好的规则。

（三）尊重社会性发展的长期性、积累性

人的社会性发展是一个漫长的过程，社会化的过程伴随人一生的发展历程。社会性的培养注重的是过程性、长期性、积累性。幼儿园是幼儿社会性发展的初级阶段，教师要学会等待幼儿的发展。社会性的培养不是一次集中教育活动就能完成的，也不是几次专门性的教育活动就能完成的。社会性教育的内容决定了社会性教育有一定的难度，不如一般的认知教育容易显现出来成果和获得反馈。社会性教育内容的复杂性、抽象性决定了教师必须付出更多的时间和精力，社会性需要在生活中积累、发展、完善。

（四）注重情感体验，培养积极的社会态度

情感态度是人的行为的动力源泉，教师要重视幼儿的情感体验。在幼儿的生活中，情绪情感对幼儿心理活动和行为动机的作用非常明显。情绪直接指导幼儿的行为，愉快的情绪往往使幼儿愿意接受教师的教化，不愉快的情绪往往导致消极行为。在幼儿阶段，情绪发展由不稳定到稳定，对情绪的调节能力也逐渐加强。要培养幼儿良好的社会情感，需要教师激发幼儿情绪中的积极因素，逐渐形成对社会的积极态度。

（五）以幼儿园为主，家园合作促进幼儿的社会化

幼儿园、家庭、社会在幼儿生活中缺一不可。幼儿园应该把家庭和社会的影响作为与教育相联系的一部分，要考虑社会信息对幼儿的影响，家庭对幼儿的直接作用。幼儿园必须与家庭、社会合作，发挥幼儿园教育在幼儿成长中的导向作用，注重整体作用在社会性教育中的协调一致，保证幼儿社会性的协调发展。

第六章 幼儿园科学教育活动的实施

第一节　科学教育概述

从整体上说，科学包括自然科学、社会科学和思维科学。而幼儿科学领域课程中所说的"科学"及"科学教育"主要是指自然科学和自然科学教育。《幼儿园指导纲要》中系统地阐述了科学领域的培养目标、内容与要求。但是，只有在对科学及科学教育的基本含义有了深刻的理解之后，才能更好地对学前儿童科学教育的基本理念进行分析和运用，才能对学前儿童科学教育目标进行科学解读，才能找到适合对学前儿童进行科学教育的方式方法。

一、幼儿科学教育的内涵

（一）科学

科学对于一般人来说是模糊的、难以界定的。一方面，科学是熟悉的，因为在人们生活的周围科学无处不在，脱离了科学的社会是无法生存的社会；另一方面，科学是陌生的，因为人们无法描述科学究竟是什么。人们往往把科学技术作为一个概念进行理解，实际上科学与技术是两个不同的概念。技术的内涵很广，简单来说，技术是关于手段、方法的体现，它的性质主要表现为现实的生产力。人们把科学原理转化为技术发明，通过生产过程中的广泛应用，提高劳动者的技能，改进劳动的技术装备，同时也引起劳动对象的变革。

以英国著名学者贝尔纳为代表的科学家们认为，科学在不同的时期、不同的场合有不同的意义。科学的每一种解释都反映出科学某一方面的本质特征。时至今日，科学的范畴已经极为广泛，它包括关于世界的一切知识体系与规律。科学是关于自然、社会和思维的知识体系，是社会实践经验的总结，并在社会实践中得到检验和发展。或者说，科学是人们对客观世界的正确认识和知识体系，同时也是人们探索世界、获取知识的过程，还是一种世界观、一种看待世界的方法和态度。由于科学本身的发展，人们对其的认识也是不断深化的，这里从以下三个方面来介绍科学的含义。

1. 科学是一个知识体系

科学一般被认为是正确的、权威性的、系统性的、世代积累的知识体系。科学是人们对客观世界的认识结果，是反映客观事物和规律的知识体系。科学是知识，但并不是任何知识都是科学。只有反映客观事物和规律的知识才是科学。科学含义的实质是对事实和规律的认识。

20 世纪初，人们认识到科学是由许多门类组成的知识体系。科学已经不是事实和规律的知识单元，而是由这些知识组成的学科群，并形成了一个多层次的体系。科学也有广义与狭义之分。广义的科学是指关于自然、社会、思维的知识体系，它包括自然科学、社会科学、思维科学，以及贯穿于这三者之间的哲学和数学；狭义的科学是指揭示自然本质和规律的知识体系，即自然科学。作为一种知识体系，科学知识具有以下特点。

（1）科学知识具有真理性。科学知识的真理性表现在科学知识必须符合客观事实，是对客观世界的真实反映，任何不能正确反映客观世界的知识，或者与客观事实不符的理论、解释都应该排除在科学知识之外。但是，科学知识的真理性不是一成不变的，是随着人们对客观世界的不断认识和探索，不断被刷新的。科学正是在不断地否定自我和修正自我的过程中得到发展的。

（2）科学知识具有经验性。科学知识的获得包括直接经验和间接经验。直接经验来源于经验性的活动；间接经验是经过人们验证的，可以直接运用的经验，是获取科学知识的重要途径。例如，人们在书本上学到的科学知识、经验，就是通过收集和整理客观信息，并在客观信息的基础上，进行思维加工，从而得出结论的。

（3）科学知识具有可重复性。科学知识应该是可以验证的、规律性的知识，应该经得起实践的检验。无论何时、何人、何地重复某一实验，都能得到同样的结果。

2. 科学是一个动态的过程

科学是一个动态的过程，是人的一种特殊的活动，是真理性知识产生的过程。它是以事实为依据，以发现规律为目的的社会活动。这种活动是通过各种感知来获得的，指在感性经验的基础上，运用理性思维去把握事物本质。任何科学知识的获得，都要经历人类的科学探索过程。所以，任何科学知识都是科学认识过程的产物。所谓科学，不仅在于其认识结果的科学性，更在于其认识过程的科学性。过程的科学性和结果的科学性一样，都是科学的本质特征。科学是一个动态的过程。因为，人们对事物的科学认识不是始终如一，而是不断发展变化的过程。过去认为是正确的、科学的知识，随着人们对世界认识的不断

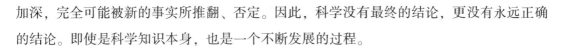

加深，完全可能被新的事实所推翻、否定。因此，科学没有最终的结论，更没有永远正确的结论。即使是科学知识本身，也是一个不断发展的过程。

3. 科学是一种世界观

科学是看待世界的一种方法和态度，更为广义的理解包括科学精神和科学态度。科学精神是通过科学思想、方法、思维和理智所体现出来的，具有推动与促进社会进步及全人类相互理解的价值；科学态度是个体对某一对象所持的评价和行为倾向，它是由认知、情感和意向三因素构成的稳定、持久的个体内在结构，是调节外界刺激与个体反应的中介因素。科学精神和科学态度都属于科学的精神本性。

科学活动起源于人类的生产实践和生活经验。从根本上说，科学活动是人类对于周围世界的好奇心和求知欲。所以，科学也是一种人生态度。人类的生产实践和生活经验不断丰富，新的生产活动带来的认识不断更正旧的知识体系。所以，科学的世界观认为，世界是可以被认识的，科学知识是可以改变的，持久的科学不能即时为所有的问题提供完善的答案。

综上所述，科学是人们对客观世界的一种正确的认识和知识体系，是人们探索世界、获取知识的过程，是一种看待世界的方法和态度。科学的本质在于探索，科学过程的核心在于探索，科学精神和科学态度的核心也在于探索。

（二）科学教育

科学教育的内涵与科学的内涵的理解紧密相关。随着人们对科学越来越全面而清醒的认识，科学的内涵不断扩展和深化，科学教育的内涵也不断变化。传统的科学教育是指物理、化学、生物等自然科学学科教育的统称，是相对社会科学和人文学科教育而言的。随着社会的进步和教育的变革，科学教育对于人类的生存和发展越来越重要。现代的科学教育，是一种以传授基本科学知识为手段（载体），以素质教育为依托，体验科学思维方法和科学探究方法的教育。它主要表现在以科学素养为中心，重视科学精神和态度，强调科学技术与日常生活的结合，强调科学知识的现代化，强调以学生为中心的合作学习。科学教育是一种通过现代科学技术知识及其社会价值的教学，让青少年掌握科学概念，学会科学方法，培养科学态度，且懂得如何面对现实中的科学与社会有关问题做出明智抉择，以培养科学技术专业人才、提高全面科学素养为目的的教育活动。

科学教育研究领域的科学教育是以全体青少年为主体、以学校教育为主阵地、以自然科学学科教育为主要内容，并涉及技术、科学史、科学哲学、科学文化学、科学社会学等学科的整体教育，以期使青少年掌握自然科学的基本知识和基本技能，学会科学方法，体验科学探究，理解科学技术与社会的关系，把握科学本质，养成科学精神，全面培养和提高科学素养，并通过培养具有科学素养的合格公民，发展社会生产力，改良社会文化，让科学精神和人文精神在现代文明中融会贯通。

（三）幼儿科学

幼儿年龄小，知识储备和思维特点决定了其很难理解真正的科学知识。而幼儿日常所能接触的及所能理解的，只是周围事物的一些表面现象和简单的规律，对于事物和现象的本质规律，他们是无法理解和习得的。但是，教育者可以把有关自然科学的内容传授给幼儿，因为幼儿的潜能是无限的。幼儿好奇心强，对周边的事物感兴趣，所以幼儿的科学是"就在身边的科学"。幼儿开始学习科学是由对周围世界的好奇心产生的对周围事物进行探究的愿望，并通过自己的感官进行探索。幼儿的科学是经验层次的科学知识，是直接的、具体的，是描述性的，不是解释性的。通过对物体的观察、触摸、摆弄等，感知物体的属性，发现它们与周围环境的相互关系，获取直接经验，进行信息交流，讨论自己的发现和操作的结果。在此过程中，发现问题、提出问题，然后进行操作、探究，找出答案。所以，幼儿认知的科学就是那些他们经常接触的周围世界中的各种事物和现象。

（四）幼儿科学教育

学前期的科学教育是整个科学教育体系的起始阶段。学前期，由于幼儿的身心发展还没有成熟，对于科学的内涵没有本质上的理解，所以学前期的科学教育都是启蒙教育。幼儿的科学教育，从广义上说是指包括一切知识体系的教育，狭义上是指自然科学方面的教育。从科学经验和概念方面来说，主要包括幼儿对周围环境的认识及对一些科学现象、技术的了解和认识。所以，幼儿科学教育和自然科学、学校的自然学科等都有联系。

幼儿科学教育是指幼儿在教师的指导下，通过自身的活动，对周围的自然界（包括人造自然）进行感知、观察、探究，以及提出问题、寻找答案的过程。幼儿科学教育的实质是对幼儿进行科学素质的早期教育。这一定义说明了科学教育的内容是关于幼儿周围自然科学的事物与现象。科学教育目标是多元的，既有对自然环境的了解，也有其他方面的发展。教师与幼儿在教与学的过程中的关系与地位决定了教师要为幼儿的学习创设各种条件，让幼儿主动地学习。教师在激发幼儿学习科学的兴趣的过程中，要运用各种可行的途径和方法，让幼儿获得发展。

二、幼儿科学教育的特点

幼儿科学教育是以引导幼儿主动学习为基点的教育，让幼儿在主动探索中学习科学知识，在科学活动中最大限度地得到主动发展。幼儿科学教育与幼儿园其他教育活动也有密

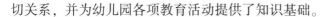

切关系，并为幼儿园各项教育活动提供了知识基础。

1. 教育活动的启蒙性

幼儿年龄的特点决定了幼儿科学教育活动具有启蒙性。幼儿的科学认知与成人是不同的。成人的科学具有更多的理性色彩，而幼儿的科学认知更多的具有直觉和情感色彩。由于幼儿思维水平仅仅局限在具体形象性思维上，所以幼儿对事物的认识往往是表面的、模糊的、笼统的，只能获得一些有关周围世界的经验性知识。所以，在幼儿科学教育过程中，应该选取简单、易于理解、具有启蒙性的科学知识和经验，以此作为基本内容，通过有趣的游戏、自主操作，帮助幼儿形成科学的意识、获得科学的体验。幼儿科学教育的启蒙性建立在精心呵护和培育幼儿对周围事物和现象及其关系的好奇心、认知兴趣和探究欲望之上，使幼儿获得终身学习和发展的动力机制。

2. 目标的全面性

幼儿科学教育的目标指向是自然科学教育方面的内容，幼儿通过活动积累周围世界中有关自然科学方面的经验。但是，从科学教育的目标来看，它涵盖了幼儿科学发展的各个领域，既包括使幼儿积累自然科学方面的经验，又包括通过了解周围自然科学信息，发展他们的能力，以及培养科学情感态度等各个方面。通过对幼儿进行科学教育，激发幼儿学习科学的兴趣，帮助幼儿掌握一定的科学知识和技能，培养幼儿的科学情感和态度，为幼儿的终身学习奠定基础。

3. 内容的生活化

幼儿的生活经验决定了幼儿学习科学的内容是以在生活中能够经常接触的事物为主的。幼儿的科学是生活中的科学。他们经常从周围的环境中接触一些科学物体和现象，积累了一定的生活经验并形成了日常生活中简单的概念，这为幼儿学习科学打下了有力的基础。幼儿科学教育涉及的内容都是客观存在的，很多是可以直接观察到的。这些身边的事物和现象就是幼儿进行探究的对象，所以幼儿科学教育应该生活化，应该把科学教育渗透到幼儿一日生活之中，这样幼儿才会发现和感受到周围世界的神奇，体验和领悟到科学就在身边，以及了解到科学对人们生活的实际意义。

4. 过程的探究性

在幼儿科学教育活动中，幼儿学习的方式不是被动接受，而是主动探究。幼儿科学是行动中的科学。在幼儿眼中，系统客观的科学知识体系不是科学，操作、探索的过程才是科学。幼儿科学教育的过程是幼儿在教师不同程度指导下的探索过程，也就是幼儿通过亲自活动，作用于物体，观察其反应；描述观察到的现象、活动中的体验，或是解释现象和找出问题的答案，或是形成在感性经验基础上的科学概念。这是幼儿与物体或环境相互作用的过程，是幼儿主动建构认知结构的过程。所以，幼儿科学教育活动的过程应该满足幼儿的探究欲望，应该注重让幼儿对亲身经历的事物和现象进行观察、比较，在此基础上促使幼儿进行探究，发现问题，提出假设；验证问题，进行操作；讨论问题，进行交流。在这一过程中，幼儿可获得丰富的科学经验。

5. 探究的合作性

幼儿科学是和同伴合作探究、相互交流的科学。幼儿常常喜欢一起关注某一有趣的现象，例如，看到蚂蚁搬家，幼儿就会召集同伴一起观察蚂蚁，并提出各种假设。然后，幼儿进行分工，带着这些问题去收集资料，提出自己的看法，再继续观察、分工合作，通过实验得出结论。在这个过程中，同伴之间相互交流、分享探索的过程和结果。所以，学前幼儿科学教育具有合作性的特点，满足幼儿合作、交流的愿望，可以为幼儿提供相互交流、彼此分享、互相质疑、合作探索的机会和条件。

6. 组织方式的多样性

幼儿科学教育长期以来受系统性的影响，集体教育活动居于主要位置。《幼儿园指导纲要》强调幼儿科学教育是幼儿身边的科学，幼儿在生活中与周围世界接触，并且不断产生怀疑，所以幼儿科学教育应该是随机教育。科学教育的形式也不应拘泥于集体教育，可以有小组操作实验、个人的发现探究等形式，可以在区域活动中完成科学的探究。

三、幼儿学习科学的特点

幼儿的思维是以具体形象性思维为主的，所以他们的认识也局限于具体形象的水平。学前幼儿学习科学时，经常将学习内容与具体形象的事物结合在一起，通过观察来认识事物的特征，通过探究发现事物之间的联系，从而积累丰富的科学经验，获取初步的科学知识。幼儿学习科学要经历科学过程。学习科学的过程就是幼儿自己理解的过程，是幼儿积极主动建构的过程。幼儿对周围世界的认识，建立在个人生活经验的基础上。随着年龄的增长，经验范围越来越大，幼儿已经不满足于已有的经验，他们喜欢探究新的事物，逐渐学会分类、讨论、记录等学习科学的方法，从而为今后学习抽象的科学概念奠定基础。

不同年龄阶段幼儿学习科学的特点是不尽相同的。人们应该明确，幼儿学习科学的特点是幼儿的年龄特点在学习科学方面的表现。虽然是对不同年龄段的幼儿进行分析，但是幼儿年龄特点之间有一定程度的交叉重叠，有的特点在整个学前期都相当明显，如求知欲强、喜欢探究等。

（一）3~4 岁幼儿学习科学的特点

3~4 岁幼儿虽然刚入园，但是他们已经从日常生活中获得了一些关于周围事物及现象的印象，而且他们的思维正处于由直觉行动思维向具体形象性思维的过渡阶段。所以，

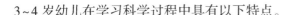

3～4岁幼儿在学习科学过程中具有以下特点。

1. 认识处于不分化的混沌状态

复杂多变、形形色色的客观世界，在小班幼儿的头脑中，往往是一片不分化的混沌状态，他们对一些物体的现象分辨不清。例如，有的幼儿把绿草、绿叶称为"绿花"；有的幼儿认识柳树以后，把其他的树也称为"柳树"；还有的幼儿把树干称为"木头"。因此，他们常向成人提问："这是什么？""那是什么？"

2. 认识带有模仿性，缺乏有意性

3～4岁幼儿不仅不会有意识地围绕一定的目的去认识某一事物，而且不善于根据自己的所见、所闻、所知来表达自己的认识、调节自己的行为，而是爱模仿别人的言行。例如，别人说小灰兔是小白兔，他也说小灰兔是小白兔；别人摇小树苗，他也跟着摇小树苗。由于分辨能力差、爱模仿，有时甚至会有无意间伤害动植物的行为。

3. 认识带有明显的拟人化倾向

由于3～4岁幼儿的感知受自我中心的影响，常以自身的结构去理解科学物体的结构，以自己的生活体验去解释科学现象，对有生命的东西和无生命的东西辨识不清，认识带有明显的拟人化现象。例如，看到皮球从积木上滚下来就说："它（皮球）不乖。"指着四条腿的动物说："它有两只手、两只脚。"

4. 认识带有表面性和片面性

3～4岁幼儿的认识易受情绪的影响，其注意力往往比较容易集中在具有鲜艳色彩、会发出悦耳声音、能动的、个人喜欢的事物上。因此，3～4岁幼儿一般对动态物品的兴趣胜于对静态物品的兴趣，对不感兴趣的事物及其特征，似乎视而不见，这就使他们的认识必然带有表面性和片面性，从而影响对事物的主要方面和主要特征的认识。

（二）4～5岁幼儿学习科学的特点

经过一年的幼儿园生活，4～5岁幼儿对科学的兴趣明显增强。此时，幼儿以具体形象性思维为主。

1. 好奇、好问

4～5岁幼儿比3～4岁幼儿显得更加活泼好动、求知欲强，对大自然有浓厚的兴趣，什么都想去看、去摸；会学习运用感官去探索、了解新事物。在向成人的提问中，不但喜欢问"是什么"，还爱问"为什么"，例如，会问"为什么鸟会飞"？"为什么洗衣机会转动？"还常常会盘根问底，喜欢探究结果。

2. 初步理解科学现象中表面的和简单的因果关系

4～5岁幼儿一般已能从直接感知到的自然现象中理解一些表面的和简单的因果关系。

例如，知道了"种了花，不浇水花就会死"；因为鸟类有翅膀，所以能飞。但是他们还很难理解科学现象中内在的和隐蔽的因果关系。因此，4~5岁幼儿对于科学物体与现象，易受其形状、颜色、大小等外部的非本质特征的影响，而做出错误的因果判断。例如，认为"树摇了，所以刮风了""乒乓球会浮在水上，因为乒乓球是圆的、是滑的""火车会动、会叫，它是活的东西"，等等。

3. 开始根据事物的表面属性、功用和情境进行概括分类

4~5岁幼儿在已有感性经验的基础上，开始能对具体事物进行概括分类，但概括的水平还很低，其分类的根据主要是具体事物的表面属性（如颜色、形状）、功用和情境。例如，在利用图片进行分类时，把苹果、梨和桃归为一类，认为"都能吃，吃起来水多"；把太阳、卷心菜归为一类，认为都是"圆的"；把玉米、香蕉、小麦归为一类，认为都是"黄色的"；把太阳和公鸡放在一组，认为"太阳一出来，公鸡就会叫"。可见，4~5岁幼儿对事物的概括分类具有明显的形象性和情绪性的特点。因不能根据内在的和本质的属性进行抽象概括，所以也就不能正确地按客观事物的分类标准进行分类。

（三）5~6岁幼儿学习科学的特点

5~6岁幼儿马上要进入小学学习，他们比4~5岁的幼儿更渴望了解周围世界。而且，这一阶段幼儿的抽象思维开始萌芽。

1. 有积极的求知欲望

5~6岁幼儿对周围世界有着积极的求知探索态度，他们不但爱问"是什么""为什么"，而且想知道"怎么来的""什么做的"。常见幼儿提出这样一类问题："为什么月亮会跟着我走？""鱼儿为什么能在水里游？""电视机里的人为什么会走路、说话？"等等。有的幼儿在做科学小实验时，能够想出不同的方法去探求实验的结果；有的幼儿喜欢把玩具拆开，想看看其中的奥秘，对自然现象的起源和机械运动的原理等开始感兴趣，渴望得到科学的答案。

2. 初步理解科学现象中比较内在的、隐蔽的因果关系

5~6岁幼儿已经开始能够从内在的、隐蔽的角度来理解科学现象的产生。例如，在解释乒乓球从倾斜的积木上滚落时说："乒乓球是圆的，积木是斜的，球放上去就会滚。"这说明他们已能从客体的形状与客体的位置之间的关系，即"圆"与"斜"的关系中寻找乒乓球滚落的原因。但由于科学现象中的因果关系比较复杂，即使到了5~6岁，幼儿对不同科学现象中因果关系的理解水平也不可能一致，而且对日常生活中不熟悉的、复杂的因果关系很难理解。

3. 能初步根据事物的本质属性进行概括分类

通过有目的的教育，随着抽象逻辑思维的发展，5~6 岁幼儿开始能够根据事物的本质属性，按照客观事物的分类标准进行初步的概括分类。例如，把具有坚硬的嘴，以及身上长有羽毛、翅膀和两条腿的鸡、鸭、鹅归为家禽类；把身上有皮毛、四条腿的猫、兔、猪归为家畜类。在学前期，幼儿由于受到知识、语言、抽象概括水平的制约，对类的概念的掌握还比较初级和简单，不能掌握概念全部的精确含义，缺乏掌握高层次类概念所需要的、在概括基础上进行高一级抽象概括的能力。因此，幼儿到了 5~6 岁，仍不可避免地会出现一些概念外延上的错误。例如，有的幼儿只能把家畜、家禽概括为动物，而把昆虫排斥在动物之外，认为昆虫是虫子，不是动物。

综上所述，幼儿学习科学是可能的，是幼儿的兴趣和需要。幼儿通过学习科学能获得各方面的发展。同时，确立幼儿科学教育目标时，要根据幼儿科学教育的总目标，确立符合幼儿认知水平的科学教育年龄目标，选择内容，确定教法。此外，教师还要在教育过程中结合实际情况灵活地进行必要的调整。

第二节　幼儿科学教育的目标、内容、方法

幼儿科学教育是有目的、有计划的教育活动。科学教育活动把幼儿对自身和周围环境的探索纳入其中，科学教育能够丰富幼儿的科学经验，帮助幼儿获取科学知识、提高科学技能，是全面教育不可缺少的一部分。

一、幼儿科学教育的目标

幼儿科学教育目标是根据幼儿教育的总目标、结合科学教育的特点确立的，是幼儿教育总目标在科学教育中的具体体现。幼儿科学目标的确立要考虑幼儿身心发展的规律和特点，要体现自然科学的特点。

（一）幼儿科学教育的总目标

《幼儿园指导纲要》中表明，学前儿童科学领域教育包括科学和数学两方面目标和内容，具体如下：1. 对周围的事物、现象感兴趣，有好奇心和求知欲；2. 能运用各种感官，动手动脑，探究问题；3. 能用适当的方式表达、交流探索的过程和结果；4. 能从生活和游戏中感受事物的数量关系并体验到数学的重要和有趣；5. 爱护动植物，关心周围环境，亲近大自然，珍惜自然资源，有初步的环保意识。在这五条目标中，其中第四条是关于数

学方面的目标，在这里不加阐述。

（二）幼儿科学教育的年龄阶段目标

《3~6岁儿童学习与发展指南》中将科学领域内容分为科学探究和数学认知两个方面，根据幼儿的年龄特点提出了具体的要求。其中关于科学探究的目标如下：1. 亲近自然，喜欢探究；2. 具有初步的探究能力；3. 在探究中认识周围事物和现象。

（三）幼儿科学教育的分类目标

幼儿科学教育的分类目标是指教育目标的组合构成，它是从幼儿科学教育总目标中横向分解出来的。幼儿科学教育的总目标是培养具有科学素养的人，因此，科学素养的划分就成为确立幼儿科学教育目标的主要依据。根据幼儿身心发展的特点，幼儿科学教育的分类目标可以分为科学情感态度教育目标、科学方法教育目标、科学知识教育目标三个方面。

1. 科学情感态度教育目标

《幼儿园指导纲要》中对科学领域涉及科学情感和态度方面的目标主要有"有好奇心，能发现周围环境中有趣的事情""喜爱动植物，亲近大自然，关心周围的生活环境"，在《3~6岁儿童学习与发展指南》中关于情感和态度的目标有"亲近自然，喜欢探究"。

科学需要好奇心，科学最能使幼儿产生好奇心，而幼儿天生就具有好奇心，他们对周围世界的一切事物都充满好奇，喜欢盘根问底，常常表现为对周围一些事物和现象的注意，提出问题，操作、摆弄等行为倾向。好奇心是幼儿学习取得成功的先决条件，并在对幼儿形成积极的学习态度方面起着决定性作用。幼儿最初的科学兴趣就是和好奇心联系在一起的，它是一种积极的情感体验，是学习科学的强大动力。幼儿的兴趣源于好奇心，所以应保护幼儿的好奇心，使幼儿从对事物的外在、表面感兴趣发展为对科学的理智认识。

大自然是人类赖以生存的环境。幼儿对周围世界的认识从大自然开始，应引导幼儿发现自然界中的美，学会欣赏大自然，逐渐发现和感受自然界的奇妙和美好，感受和体验到人与自然及动植物之间的依存关系。在学习科学的过程中，要培养幼儿积极的情感体验，培养幼儿从对身边的小花、小草的喜欢，对小鸟、小鱼的热爱，逐步发展为爱护自然、珍爱生命的情感和态度。

2. 科学方法教育目标

《幼儿园指导纲要》中对科学领域涉及科学方法和技能方面的目标主要有"喜欢观察，乐于动手动脑，发现和解决问题""愿意与同伴共同探究，能用适当的方式表达各自的发现，并相互交流"。《3~6岁儿童学习与发展指南》中关于科学方法和技能的目标有

"具有初步的探究能力"。

科学的一个重要特征就是方法和过程的科学性。科学方法的实质在于探究问题，而科学探究是一个完整的过程。科学方法就是在探究的过程中用于解决科学问题的手段。对幼儿进行科学方法的培养是十分必要的。

3. 科学知识教育目标

幼儿的科学教育，不是让幼儿掌握多少科学知识，而是强调幼儿对科学实践过程的认识，强调获得粗浅的科学经验。幼儿科学经验包括幼儿对事物形状特征的感性认识，对科学现象的简单理解。幼儿不断地与周围环境接触，在他们的头脑中就储存了丰富的信息，留下了生动的表象。这些信息和表象就是幼儿获得的粗浅的科学经验。幼儿粗浅的科学经验是幼儿学习科学的基础，也是幼儿今后学习科学概念和科学定义的基础。

二、幼儿科学教育的内容

在幼儿科学教育中，教育内容大致可以分为四个方面：生命科学，包括认识动物和植物，以及生活环境的内容；地球科学，包括认识地球物质（沙、石、土、水、空气等）、天气、气候和季节现象的内容；物理科学，包括认识常见物理和化学现象的内容；技术及科技产品，包括了解技术和常见科技产品、学习使用简单工具等内容。幼儿科学教育活动内容要从幼儿身边、生活中取材，要引导幼儿注意身边常见的科学现象。这样不仅有益于保持幼儿的好奇心，激发幼儿的探究热情，而且有益于幼儿真正理解科学、热爱科学，感到科学并不遥远，科学就在身边。

1. 观察和认识动物、植物

《3~6 岁儿童学习与发展指南》中指出："引导 5 岁以上幼儿关注和思考动植物的外部特征、习性与生活环境对动植物生存的意义。如兔子的长耳朵具有自我保护的作用；植物种子的形状有助于其传播。"幼儿生活在自然环境中，对大自然有天生的好奇心，应该为幼儿提供足够的机会接触自然界中的动植物，引导幼儿观察、认识或照顾动植物；知道植物是多种多样的，获得植物生长过程的经验；观察植物与季节之间的关系，了解各种动物不同的外部特征和生活习性，知道动物有许多种；知道动物是有生命的，培养幼儿对生命的珍爱；了解植物与动物之间、动物与动物之间、动植物与人类之间的关系，知道人与动植物之间的和谐关系。例如，植物、动物、种子与繁殖、繁殖与哺育、成长变化、对人类的功用等。这些内容能让幼儿感受到自然界的奇妙和动植物顽强的生命力，培养幼儿对自然的好奇心、观察力、探究能力等，增进幼儿与动植物之间的感情。

2. 探索自然现象和非生物的性质

《3~6 岁儿童学习与发展指南》中指出："结合幼儿的生活需要，引导他们体会人与自然、动植物的依赖关系。如动植物、季节变化与人们生活的关系、常见灾害性天气给人们生产和生活带来的影响等。"在人们生活的世界中，自然现象无时不有。日、月、星、辰，风、雨、雷、电，春、夏、秋、冬，等等，循环反复，变化无穷。幼儿对这些自然现象有着无穷的猜想。科学教育的内容应该唤起幼儿对这些自然现象的探索。例如，幼儿常见的季节变化、气象变化；引导幼儿观察天体的外部特征及其与人类的关系；比较人类居住的地球与其他天体的区别等。

非生物是幼儿接触比较多的，自然界中的沙、石、土壤、阳光、空气、水等，都与幼儿有着密切的关系。教育者要善于利用幼儿生活和周围环境中的事件，对幼儿进行教育。例如，认识沙、石、土的不同性质与用途，感知它们与动植物及人类的关系；探索与空气、阳光、水有关的现象，体验这些物质存在的重要性。另外，生态环境、环境要素、环境污染、环境保护等内容，也可以成为幼儿科学教育的内容。

3. 操作各种材料，在操作中发现事物之间的关系

《3~6岁儿童学习与发展指南》中指出："给幼儿提供丰富的材料和适宜的工具，支持幼儿在游戏过程中探索并感知常见物质、材料的特性和物体的结构特点。"幼儿的生活中有各种各样的活动材料，并且经常用这些材料来进行游戏。教育者应该有目的地为幼儿提供可操作的材料，让幼儿在游戏中运用，让幼儿在操作材料的过程中，感知事物之间的关系，引发幼儿进行探究的欲望。例如，通过实验探索重力、摩擦力、浮力、弹力等；通过实验探索声音的传播、光和影子的关系；通过操作光学仪器，探索光的反射和折射现象等。幼儿探究这些现象在不同条件下的变化及其产生变化的原因，可感受到自然界的奇妙无穷和探索发现的乐趣。

4. 体验科学技术及其对人类的影响

《3~6岁儿童学习与发展指南》中强调："和幼儿一起讨论常见科技产品的用途和弊端，如汽车等交通工具给生活带来的方便和对环境的污染等。"随着科学技术向社会生活的日益渗透，幼儿在生活中无时无刻不在接触科学技术，幼儿的衣、食、住、行都与现代生活密切相关。教育者应该鼓励幼儿多关注生活中的科技产品，了解科技产品在生活中的应用，感受科技进步在带给人类生活便利的同时也可能带来许多污染。例如，认识家用电器及其用途；了解现代通信工具；知道现代交通工具；了解现代农业；认识各种现代化道路；了解科学技术是不断发展的，科学家为科技的发展做出了巨大贡献；初步了解科技在提高人类生活质量的同时，也给人类带来了污染。

5. 掌握科学方法

科学方法是幼儿进行科学活动的基础，幼儿运用这些方法可以更好地进行科学活动，所以科学教育内容包括对幼儿进行科学方法的培养。科学方法主要有观察法、比较法、实

验法、分类法、信息交流法等。

学前幼儿科学教育的内容很多，《幼儿园指导纲要》进行了阐述，《3~6岁儿童学习与发展指南》中的教育建议更是为学前幼儿科学教育的内容选编，提供了可操作性的指导。幼儿园教师可以结合实际情况和幼儿的知识经验，有目的地选择幼儿身边常见的科学内容。我国地域辽阔，南北方差异比较大，所以选择的学前幼儿科学教育内容要与当地的实际情况相结合，应该是幼儿身边的、幼儿常见的内容。

三、幼儿科学教育的方法

幼儿科学教育的方法首先是指教师为完成科学教育任务、实现科学教育目标而采取的具体方法和手段。其次是指幼儿学习科学的方法和途径，教师教的方法和幼儿学的方法是统一的。

（一）观察法

观察法是幼儿园科学活动最常用的方法，并且是其他科学方法运用的基础。观察法可以使幼儿在直接接触事物的过程中，运用多种感官直观、生动、具体地认识事物，提高幼儿感官的综合活动能力，也可以培养幼儿用感官探索周围环境的习惯，并为发展幼儿的抽象思维能力、形成概念提供丰富的感性经验。

观察法可以分为物体观察、现象观察、户外观察、长期系统性观察四种类型。

1. 物体观察

物体观察包括个别物体观察、间或性观察、比较性观察等。在物体观察中，教师可引导幼儿在观察的基础上进行表达和交流，引导幼儿认识物体的显著特征，或比较物体间的共同点和不同点，或总结物体间的共同属性。

（1）个别物体观察是指对单个物体进行观察。幼儿通过有目的地运用感官与观察物体接触，了解物体的外形、特征属性等。对个别物体的观察是最基本的观察技能，在幼儿园的各年龄班都可以进行。

（2）间或性观察是指间隔一定时间的观察，即带领幼儿观察某一种事物，每次都在原来观察的基础上进一步观察，以加深对观察物体的认识。间或性观察是互相联系、互相制约的。间或性观察可以在各年龄班进行，但是一般在大班进行得比较多。例如，对于小白兔的观察，第一次可以进行个别物体观察，观察小白兔的主要特征：长耳朵、红眼睛、白皮毛等。间隔一段时间后进行第二次观察，在原来观察的基础上，发现比较隐蔽的主要特征：三瓣嘴、前腿短、后腿长等。

（3）比较性观察是指幼儿同时对两种或两种以上的物体进行比较，并找出物体间的异同点。幼儿在观察过程中，通过比较、判断、思考，比较完整地认识事物。比较性观察要求对事物进行比较分析，需要进行较复杂的认知活动，所以不适合在小班进行。中班幼儿可以比较物体明显的不同点，大班幼儿不仅可以比较物体的异同点，还可以在此基础上进行分类，从而促进幼儿分类能力的发展和概念的形成。

2. 现象观察

现象观察是指观察在一定时间内事物的变化、发展，重点在于观察变化的发生。教师可以将观察、指导和交流同时进行，激发幼儿探索的欲望。教师可在现象观察之后，引导幼儿对观察到的现象进行讨论、总结，找出同类现象的共同点。现象观察中比较好观察的是自然界的雨、雾等，不容易观察的是溶解等。

3. 户外观察

户外观察是指在实地进行的观察，一般与散步、参观等活动相结合。户外观察既有物体观察又有现象观察。户外观察的优点在于贴近生活、便于理解，可以观察在课堂上不容易展示的事物或看不到的现象。例如，城市的楼房、秋天的景色等。由于户外活动时，幼儿比较分散、难以组织，所以教师在这类活动中要尽可能采用分组教学，在设计的活动环节中减少集中指导，注重个别指导。回到课堂后，教师要注意让幼儿谈论感受，与其他幼儿分享。

4. 长期系统性观察

长期系统性观察是指幼儿在较长的时间内持续地对某一种物体或现象进行系统的观察，对其质和量两方面的发展变化过程有较完整的认识。幼儿科学教育中的长期系统性观察，主要用于观察动物和植物的生长过程，以及气象的变化，以帮助幼儿直观地了解自然界各种因素间的相互关系、因果关系和自然界的发展规律。长期系统性观察对幼儿的知识经验、认知水平要求较高，一般在中班才开始采用这种观察形式，主要在大班进行。

（二）科学小实验

科学小实验是在教师创设的特定条件下进行的，是一种验证性实验。实验内容包括：物理实验、化学实验、植物实验、动物实验。科学小实验可以帮助幼儿理解一些简单的科学现象和知识，培养幼儿的科学兴趣和求知欲望，可以弥补在自然条件下观察的局限性。科学小实验可以分为教师演示实验和幼儿操作实验两种类型。

1. 教师演示实验

教师演示实验是指由教师操作实验的全过程，幼儿进行观察。这种实验的内容一般难度比较大，幼儿操作困难。通常，化学实验都由教师演示操作完成；或者是仪器、设备条件不足时，也由教师演示完成。在小班的实验操作教育活动中，多数是由教师演示完成

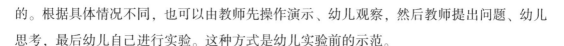

的。根据具体情况不同，也可以由教师先操作演示、幼儿观察，然后教师提出问题、幼儿思考，最后幼儿自己进行实验。这种方式是幼儿实验前的示范。

2. 幼儿操作实验

幼儿操作实验是由幼儿自己动手操作并参与实验的全过程，主要用于操作简单、带有游戏性质的实验。这种实验由于幼儿自己动手操作，在操作过程中，幼儿可以反复摆弄材料、多次尝试，充分观察实验过程中的现象和变化，满足幼儿好奇心，所以幼儿的积极性很高。例如，磁铁吸铁的实验，幼儿可以用磁铁吸纸张、木头等，观察其结果，然后再吸回形针、铁制的文具盒等。

（三）分类和测量

在学前幼儿学习科学的过程中，分类和测量既是一种技能，也是一种方法。分类能帮助学前幼儿对周围世界进行抽象概括，有助于学前幼儿探索事物之间的关系。测量是人们生活中精确交换信息的一个重要方面。一般来说，测量方法的运用晚于分类方法的运用。在科学教育中，学前幼儿学习在比较现象或物体特征的相同和相异的基础上，按物体的外部特征或用途分类；学习分类的标准或属性；初步知道通过测量可以获取量化的信息。

（四）探究

探究是指思维的过程。思维是认识的高级阶段，是智力的核心。思维反映的是事物的本质属性和内部规律性。在科学教育过程中，学前幼儿在获得大量感性经验的基础上，有意识地发展思维能力。学前幼儿的思维以具体形象性思维为主，要引导他们在具体形象和表象的基础上，探究事物之间的联系和因果关系。

（五）劳动

这里的劳动是指与科学教育有关的劳动。通过劳动进行科学教育，不仅有利于激发幼儿热爱科学的兴趣与情感，而且能促进幼儿认知能力的发展，并学会一些简单的劳动技能，培养幼儿手脑并用的能力。

幼儿园的劳动可分为常见植物的栽培管理、常见动物的饲养管理、科学小制作、协助成人的辅助劳动等类型。

种植与饲养是幼儿园科学教育活动之一，是幼儿喜欢的实践操作活动。种植是栽培植物，是指幼儿在园地、自然角种植花卉、蔬菜或农作物等的活动。饲养是饲养动物，是指在饲养角里喂养和照管习性温顺的动物的活动。通过种植、饲养活动，幼儿在对对象进行观察、分类、比较、记录等过程中，发展认知能力，学习一些简单的劳动技能，手脑并用的能力也会有所发展。

以上几种教育方法是幼儿园中最常用的方法，为其他教育方法的实施奠定了基础。幼儿园中常见的科学教育方法还有信息交流法、游戏法、早期科学阅读等。幼儿科学教育的方法是多元的，从不同的角度，教育方法可划分为不同的类型。

第三节　幼儿科学教育活动的设计与指导

一、观察认识教育活动的设计

观察认识教育活动是幼儿园科学教育活动的一种类型，是以观察的方法为主要认知手段，通过教师有目的、有计划地组织幼儿利用各种感官，去感知客观事物、现象的特征，并在此基础上逐步形成概念的一种科学启蒙教育活动。幼儿园观察认识教育活动一般都是预定性的科学教育活动。活动目标是活动预期要达到的目的，它是每一项活动的核心，目标应贯穿活动的始终。观察认识教育活动的目标主要由三方面组成，即科学知识、科学方法、科学情感态度。科学知识是指科学经验的获得、初级概念的学习，幼儿通过观察掌握事物的外形特征，形成初级的科学概念；科学方法是指在观察活动中，哪些能力得到发展，形成哪些技能，学习哪些方法；观察认识活动一般以集体教学形式为主，教师要保证每一个幼儿都参加到活动中。

（一）对观察认识教育活动材料的要求

活动材料的准备是观察认识教育活动的重要环节，直接影响活动过程和活动目标的实现。观察认识教育活动所需的材料和环境是幼儿科学教育的外部条件之一，是为幼儿主动建构的重要信息桥梁。这些材料决定幼儿通过互动，会获得哪些经验，总结出哪些概念。所以，教师要认真筛选观察认识教育活动的材料。观察认识教育活动中的所有材料都必须是围绕活动目标选择的，不应有任何多余的材料出现。

1. 观察认识教育活动的材料应紧扣目标

观察认识教育活动的目标确定后，要考虑材料的准备。材料要为幼儿活动的成功，乃至目标的达成提供保证。有些活动材料确实能够吸引幼儿的注意力和激发幼儿的兴趣，但是在活动中没有任何作用，反而会使幼儿分心，影响幼儿对主要观察对象的观察。

2. 观察认识教育活动的材料应该具有典型的特征

在准备材料时，必须考虑材料应具备的典型特征，幼儿通过鲜明的且能够直观观察到的突出特征在脑中形成的表象，获得科学经验。例如，观察认识教育活动"菊花的特征"，在生活中，人们经常会看见一些白色的、黄色的菊花，这些菊花具有典型的特征，而在科学快速发展的今天，各种奇异的菊花已经出现，在首次观察时，要先观察普遍存在的，以后可以逐渐了解其他品种。

3. 观察的材料要充足

充足的材料是观察认识教育活动开展的保证。材料的充足与否，直接影响幼儿观察认识教育活动的开展，数量不足会影响观察的效果。为幼儿提供充足的材料，不是说给予幼儿的材料越多越好，也不是说每样材料的数量都要与幼儿人数相等，而是应根据活动的具体性质确定材料与数量之间的比例关系。例如，认识家用电器，全班共用一份材料即可；认识鲫鱼，可以每个小组共用一份材料。

4. 观察材料的摆放应符合观察的形式

观察材料的摆放及用什么器皿也很重要，这将直接影响观察的效果。例如，对鱼的观察，要用透明的不容易发生折射的器皿，摆放的位置应适合幼儿观察，在幼儿视线之内。

5. 户外观察应注意观察场所的安全性和卫生问题

户外观察有许多不确定的因素，所以在进行户外观察时，教师要事先对观察场所有所了解，以保证幼儿观察时的安全。例如，观察秋天，应该选择在幼儿园操场或小区内，以及没有或少有车辆经过的地方，保证幼儿的人身安全。

（二）观察认识教育活动中教师语言的组织

教师的语言在幼儿观察认识教育活动中起着重要的作用。在观察过程中，教师的语言组织体现在讲解、讨论、提问上。教师的语言要发挥引导作用。教师在组织观察认识教育活动的语言时要注意以下四点。

1. 目的性

教师的语言要围绕观察认识教育活动的对象来组织，把幼儿的注意力集中在观察对象上，使科学活动始终保持应有的意识水平。例如，组织幼儿观察秋天，教师应抓住秋天的季节特征，对季节与动植物的变化、人们的服装、自然界之间的变化等的联系和因果关系进行引导观察，而不必深入认识某一种动植物的特征或描述人们的服装。

2. 形象性

在学前时期，幼儿的具体形象性思维占优势。在观察认识教育活动中，教师要运用生动形象的语言，激发幼儿观察的积极性。形象生动的语言不仅便于幼儿接受和理解，还能增加观察的乐趣。为使语言具有形象性，教师可以抓住观察对象的主要特征，选择幼儿理解的词汇进行恰当的描述。例如，观察小白兔时，教师让幼儿观察小白兔身上的毛，可以说：“小白兔身上的毛雪白雪白的。”

3. 逻辑性

教师在观察认识教育活动中要运用确切的语言，按照语法规则，层次分明、有条不紊地表述；引导幼儿逐步认识观察对象，概念明确，判断恰当，推理合乎逻辑，例如，在"认识蚂蚁"的活动中，教师可逐步提出下列问题：

"仔细找一找，看看哪里有蚂蚁。"

"蚂蚁是什么样子的？"

"蚂蚁爬来爬去的在干什么？"

"蚂蚁的家在哪里？"

"蚂蚁发现食物后会做什么？"

"蚂蚁用什么方法告诉同伴，前面有食物？"

"蚂蚁怎样搬食物？"

"小的食物怎么搬？大的食物怎么搬？"

这种具有逻辑性的层层提问能使幼儿的观察更加深入，从而使幼儿对蚂蚁有全新的认识。

需要注意的是，语言组织不合乎逻辑，幼儿就不容易理解。

4. 启发性

教师主要是通过启发性的提问来指导幼儿进行观察的。教师所提的问题和讲解能激发幼儿在观察认识的过程中进行积极的思维活动。教师的语言要简单明了，抓住观察对象的主要特征，逐步深入。例如"小鸟身上有什么？""鱼缸里有什么？是什么样子的？"

(三) 观察认识教育活动过程的设计

观察认识教育活动的形式很多，包括个别物体的观察、现象的观察、系统性的观察等。观察认识活动通常都是集体活动，活动过程的设计大致包括：开始部分，即课题的引入；基本部分，即活动的展开过程，也是观察方法的具体运用过程；结束部分，即对知识的总结，同时也是对幼儿课堂上的表现进行总结；延伸部分，有的教学内容需要，有的不需要，不可牵强附会。对于长期系统性的观察认识活动，延伸部分是必需的。

观察认识教育活动根据观察认识的方法不同、内容不同，教学设计的思路应有所不同。幼儿园预定性科学教育活动一般来说有物体观察、现象观察、户外观察和长期系统性观察。在设计具体的教学过程中，可以根据实际情况，在基本设计环节的基础上调整设计思路。

（四）观察认识教育活动的指导

观察认识教育活动是在教师的指导下进行的，教师在活动中的指导，不仅要体现在教学方案的设计上，更要真正落实到幼儿身上。为了使活动达到既定的目标，获得最佳效果，教师应在活动中更多地关注自己的教育对象。教师要根据幼儿的表现情况，随时调整自己的角色，有效地指导观察认识教育活动，确保每个幼儿都能够积极参与活动，教师的指导是观察认识教育活动成功与否的关键。

1. 导入活动应该具有明确的任务

指导观察认识教育活动从一开始就要明确任务，激发幼儿学习的兴趣。教师在进行导入活动时，应注意语言简短、有趣、有指向性。导入活动对于整个活动的开展很重要，成功的导入活动虽然不能确保整个活动的顺利开展，但是不成功的导入一定会使得活动从开始就很混乱。教师在导入活动时，语言应力求简短，迅速切入主题，提问应该具有针对性，激发幼儿的兴趣，引起幼儿对观察对象的注意。引入课题时切忌千篇一律。教师可以利用幼儿对新奇事物感兴趣的特点，吸引幼儿对观察对象的注意，激发幼儿观察的欲望。如果在活动开始时出示观察对象，首先要让幼儿对观察对象进行整体观察，不要用过多的语言分散幼儿的注意力，以免打扰幼儿的观察，更不要制止幼儿对观察对象的自由讨论和交流；而是要注意倾听、观察幼儿的言行，以便有针对性地提问，引导幼儿对观察对象的观察。

2. 引导幼儿运用多种感官进行观察认识

在观察认识教育活动中，教师的作用在于引导、激发。观察认识教育活动不仅仅是用眼睛看，它还包括其他感官的参与。在观察认识教育活动中，教师应指导幼儿运用多种感官去感知观察对象。观察对象的特征是多方面的，在幼儿观察的过程中，应尽可能地让幼儿看清观察对象的全貌。这就需要指导幼儿运用自己的各种感官来感知观察对象多方面的特征，使幼儿能比较全面地认识观察对象。在实际教育活动中，可以通过视觉感知物体的形状、颜色、大小、高低等；通过嗅觉感知物体的气味；通过触觉感知物体的轻重、手感、温度等；通过味觉感知物体的味道。

3. 使幼儿成为活动的主体

在观察认识教育活动过程中，教师要发挥幼儿的主动性、积极性和创造性，使幼儿真正成为学习的主体。教师可用启发性的提问，引导幼儿充分感知事物并进行操作、讨论。允许幼儿在一定的范围内自由活动，允许幼儿根据自己的经验、自己的意愿、自己的方法观察认识事物。教师要尊重幼儿，鼓励幼儿用语言表达在观察中的发现。语言可以帮助幼儿整理自己的观察结果，并使之系统化，还可以促进幼儿之间的交流，发展幼儿的社会性。教师在活动过程中，要注意观察幼儿的活动，根据幼儿的不同表现，进行调整、指导，要"因人施教"，而不是全班幼儿用一个模式完成整个观察活动。

4. 教会幼儿观察的方法

幼儿年龄小，对事物的观察比较笼统，不够精确，不能对观察对象进行全面系统的观察，往往会忘记观察对象的特点。因此，教师要有意识地引导幼儿学习观察的方法，应根据观察对象的特点，有目的、有计划地教给幼儿一些最基本的观察方法。幼儿阶段，主要学习顺序观察法、比较观察法和典型特征观察法。

顺序观察法，就是根据观察对象外部结构的特点，有顺序地进行观察，如从上到下、从左到右、从整体到局部、从明显特征到不明显特征。例如，观察金鱼、石头等个别物体，都可以运用此方法。

比较观察法，就是同时观察两种或两种以上的事物，对不同因素进行对照和辨别的方法。例如，说明橘子的形状，将皮球和橘子进行比较。在运用比较观察法时，一般从物体的不同点开始比较，然后再观察其相同点。

典型特征观察法，就是从物体明显的特征入手，然后再引导幼儿对事物的整体进行观察的一种方法。例如，认识小狗，先从小狗"汪汪"的叫声入手，然后再观察其体貌特征。

5. 引导幼儿用各种方式进行表达

在观察认识教育活动中，教师引导幼儿表达的形式可以是多样的，如语言、绘画、造型等。幼儿表达的内容也是丰富多彩的，可以表达自己的感受、自己的体验，也可以表达观察的结果。观察认识教育活动的目的是让幼儿对身边的事物感兴趣，启发其学习科学的愿望，而不是对知识、概念的积累。因此，应让幼儿在充分观察的基础上，引导幼儿交流自己的发现、自己的感受、自己的体验，幼儿之间可以互相补充对观察对象的认识，与同伴分享观察成果。例如，认识香蕉，幼儿表达自己吃了香蕉，可是没有看到香蕉的种子。正是这些交流引起了幼儿观察水果种子的愿望。

6. 指导幼儿记录观察结果

观察记录是观察认识教育活动的一个重要方面，也是表达的一种方式。记录对于幼儿对观察对象的总结、形成概念、交流信息都起到一定的作用。所谓观察记录，就是幼儿以形象化的符号、图表等，表达对观察对象的观察结果。例如，在长期系统性观察中，幼儿画出蝌蚪长出后腿，这就代表幼儿观察到蝌蚪在一定时间内变化的结果。幼儿的观察记录在一定程度上反映出幼儿的观察水平，反映出幼儿对观察对象的认识正确与否，也是评价幼儿发展的重要材料。对于不能完成记录的幼儿，教师要教会他们运用符号记录，并且懂得符号的意义。幼儿的年龄特点决定了他们从事一件事的持久性差。观察记录能够培养幼

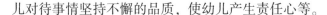

儿对待事情坚持不懈的品质，使幼儿产生责任心等。

7. 注意观察环境的选择

观察认识教育活动对观察的环境要求比较高。观察的环境要尽可能明亮、安静，采光和照明条件要好，这些都是保证幼儿能够方便地看、仔细地倾听观察对象的环境特点。

二、实验操作教育活动的设计

实验是指在人工控制现象发生的条件下，对现象进行感知和测量的方法。它是科学实践的重要形式，是获取信息和检验理论的基本手段。幼儿科学教育的实践操作是在人为控制条件下，教师或幼儿利用一些材料、仪器、设备，通过简单操作或演示，对周围常见的科学现象加以验证的一种方法。

幼儿园的实验操作教育活动是预定性科学教育活动的一种。实验操作教育活动的目标主要是通过幼儿亲自摆弄实验对象，发现事物的变化。实验的操作过程比较简单，能够帮助幼儿理解一些简单的科学现象或知识，培养幼儿对科学的兴趣和求知欲望，同时也培养幼儿的动手操作能力。

（一）实验操作教育活动材料与环境的要求

在幼儿科学实验过程中，教学材料是不能缺少的重要物资。幼儿进行实验操作教育活动时所用的各种材料是幼儿学习科学知识的外部条件之一。教师要在活动前为幼儿准备丰富的、具有可操作性的、符合幼儿需要的材料，引领幼儿主动与材料产生相互作用。在实验操作教育活动中，材料与环境的选择与设计需要注意以下六点。

1. 活动材料具有典型性

实验的材料要围绕实验的内容选取，要有典型性，让幼儿能够完全掌握材料的特征，能够达到良好效果。例如，磁铁吸铁的实验活动。磁铁的首要性质是吸铁，但是还有同极排斥、异级相吸的原理。幼儿在操作过程中难免会遇到这样的问题，所以教师在准备材料的过程中要充分考虑这些因素，为幼儿选择的磁铁要具有这样的性质，而不是随便拿取，结果有的磁铁相关性质表现明显，有的则不明显，导致幼儿不易察觉。

2. 活动材料要安全、卫生

实验操作的材料要确保安全、卫生。因为幼儿在操作材料的过程中，容易接触嘴巴、手等，所以实验操作材料要绝对安全，对幼儿的健康有充足的保证。例如，活动"盐、糖不见了"中，要确保糖可以食用，并且保证所有幼儿都对糖没有过敏反应等。又如，"操作小球滚动"的实验，要选择相对较大的球，保证幼儿不会塞到鼻子、耳朵里。

3. 活动材料的结构要完整

结构性是材料所具有的特征，材料蕴含着丰富的可探索性和可利用性。材料在被使用时能揭示自然现象间的某种关系及不同材料之间的联系。教师对材料结构的认识越丰富，越有利于幼儿的探索、发现、创造和获得各种有关的经验。例如，在"沉与浮"的实验中，教师要准备多种不同材质的纸张，让幼儿观察什么样的纸张沉得慢，什么样的纸张沉得快。如果将纸张折叠成小船，会延长纸张的下沉时间，使幼儿知道，虽然是同样的材料，但改变其形状会使沉浮现象发生改变。

4. 活动材料要充足

充足的材料是幼儿进行实验的保证，特别是让幼儿操作的材料，更应该保证数量充足。材料充足与否，直接关系到幼儿探索活动的进行，影响幼儿科学经验的获取。数量充足的材料可以减少幼儿等待的时间，提高学习科学的积极性。为幼儿提供充足的材料，并不意味着材料越多越好，应根据活动的具体性质确定材料数量与幼儿人数的比例关系。活动材料的设计还要考虑从幼儿探索的角度出发。例如，实验操作教育活动"沉与浮"，教师提供的"沉"和"浮"的材料比例要适当，基本为1∶1；针对大班幼儿，还要设计一些能够变化的材料，因为变化可以改变沉浮现象。

5. 活动材料要摆放适当

实验材料的摆放直接关系幼儿操作及活动目标的达成。有些活动材料不适合在活动开始时出示，这就需要材料摆放适当，便于分层、分时出示。例如，在"让鸡蛋浮起来"的实验中，教师可以先后出示糖、沙子、盐，使幼儿能够清楚地观察到在水里加盐，鸡蛋会浮起来；而在"沉与浮"的实验中，材料就可以一起出示，让幼儿充分观察，提出假设，然后验证。

6. 活动环境要适宜

实验操作教育活动应该选择在视线比较好、安静、适宜观察的地方进行。在幼儿园中，通常选择幼儿的活动室进行实验操作教育活动。有条件的幼儿园可以设置专门的实验操作教育活动场地，便于幼儿操作、观察、交流、探讨。这样的环境便于幼儿静心，投入操作的热情也比较高。

心理环境也是幼儿进行科学实验操作的必备条件之一。幼儿在宽松、愉悦的人际氛围中能够全身心地投入操作、观察中，愿意进行各种实践活动，效果更好。

（二）实验操作教育活动过程设计的步骤

实验操作教育活动的过程是整个活动的关键。幼儿在实验操作教育活动过程中检验假设、发现现象、探索规律、形成概念。幼儿的实验是重复前人的实验，是对结果的验证。

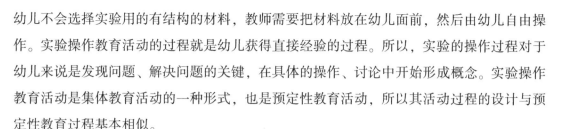

幼儿不会选择实验用的有结构的材料，教师需要把材料放在幼儿面前，然后由幼儿自由操作。实验操作教育活动的过程就是幼儿获得直接经验的过程。所以，实验的操作过程对于幼儿来说是发现问题、解决问题的关键，在具体的操作、讨论中开始形成概念。实验操作教育活动是集体教育活动的一种形式，也是预定性教育活动，所以其活动过程的设计与预定性教育过程基本相似。

1. 开始部分

凡是新奇、变化的事物都容易引起幼儿的注意。开始部分的主要目的就是将幼儿的注意力集中在教育活动上。一般来说，实验操作教育活动的开始部分比较简单，教师展示活动材料，幼儿的注意力就会很快集中到材料上。这一环节的主要目的是引起幼儿的操作兴趣。

2. 基本部分

基本部分就是幼儿实验操作教育活动的过程。实验操作教育活动是一种预定性活动，是把准备的材料通过与教师、幼儿的互动转化为活动目标的实施方案。幼儿在基本部分中，通常是面对具体的材料，通过操作来发现其中的现象和规律。幼儿在具体的操作过程中要注意以下四点。

（1）幼儿的操作活动要有一定的顺序。应根据教学目标来进行操作活动，在操作过程中要注意实验材料运用的先后顺序，不能一下子把全部材料都用上，幼儿可能观察不到是什么材料产生的现象。例如，"盐、糖不见了"的实验。教师提供的材料很多，要让幼儿在水中分别加入糖、盐、沙子等，然后让幼儿感知，使幼儿掌握糖或盐溶解在水里，所以水变甜或变咸了。固体的糖和盐溶解在水中，所以看不到了。相反，沙子加入水中，不管如何搅拌，都不能溶解在水中。

（2）教会幼儿记录。对于大班的幼儿，教师要教会他们记录实验中的现象，便于幼儿对照比较和总结。幼儿记录是以幼儿为主设计相应的图表和标识，这些抽象的符号为幼儿今后系统地学习科学知识做好了准备。

（3）注重语言的讲解作用。教师的演示和操作及对幼儿操作的指导离不开教师的语言。在实验操作教育活动中，教师的语言要有讲解功能，能够在短时间内讲清楚道理，进行指导必须有恰当的修饰。

（4）注重对操作过程和实验结果的整理。对于幼儿来说，实验是他们比较喜欢的科学活动，但是幼儿在实验中带有许多盲目性，常常只注重操作过程的趣味性，忽视了操作过程的科学性和实验结果的知识性。教师要善于总结实验操作过程中涵盖的科学原理，同时也要对科学知识进行整理，使幼儿在实验中掌握事物的发展规律。

3. 结束部分

结束部分是实验操作教育活动的整理阶段。幼儿在操作过程中，已经获得丰富的直接感知经验，教师要善于让幼儿阐述自己在实验中的发现。幼儿的思维过程是明显的"动作思维"，即边做边想。操作后的小结主要是教会幼儿概括、表达，促进幼儿从具体形象性思维向抽象概括性思维发展。同时，教师要对整体的操作过程和结果进行评价，评价时要以肯定和鼓励为主，不仅要评价幼儿操作实验的结果，更重要的是对幼儿参与操作活动的态度、探索精神进行评价。活动结束时，教师可以提出一些启发性的问题，以激发幼儿对延伸活动的兴趣和对下一次活动的期待。

4. 延伸部分

延伸部分主要是促进幼儿对知识的再理解，使幼儿能够在实际的生活中，运用所学的知识解决问题。所以，教师可以把延伸部分布置为在生活中的运用和对生活的观察。例如，学习溶解后，让幼儿想想生活中有什么地方有溶解现象。做菜放盐，就是溶解概念在生活中的运用。

（三）实验操作教育活动的指导

实验操作教育活动是预定性活动，是集体活动的一种形式。教师事先知道实验结果，只是指导幼儿验证结果，所以要注重对幼儿操作过程的指导。为了使幼儿得到预期的实验成果，教师在指导幼儿进行操作实验时要做到以下六点。

1. 保证充足的实验操作材料和用具

幼儿操作的实验用具、材料一般来说比较简单，是幼儿经常接触的玩具、日用品等，用具和材料要方便幼儿使用。幼儿的实验材料要保证充足、多样，使每一个幼儿都能够参加到实验中。充足的实验操作材料和用具，是保证幼儿顺利进行实验的前提。例如，实验操作教育活动"糖不见了"，要保证所有幼儿都有糖和杯子，并且杯子要透明，便于幼儿观察，但不能太大，要方便幼儿使用。

2. 保证幼儿充足的实验操作时间

实验操作教育活动比其他活动需要更多的时间，因为幼儿需要操作、记录、理解、学习、交流等。充足的时间能够保证幼儿反复进行实验活动，并在操作中探索、发现、解决问题。所以，实验不能有时间限制，否则，有些实验现象就观察不到了。例如，实验操作教育活动"沉与浮"。有些东西是先浮后沉，如棉花、纸张等；有些东西是沉，但是经过改变形状会浮起来，例如，橡皮泥，块状时沉，捏成小船样，就会浮起来。这些都是需要时间来验证的。如果时间不够用，幼儿就不能从中积累到经验。所以，在幼儿进行实验操作时，要让幼儿有充足的时间，以达到实验效果。

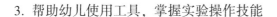

3. 帮助幼儿使用工具，掌握实验操作技能

幼儿的实验操作一般简单有趣，所以，应尽可能让幼儿自由操作。但是，在实验操作中的某些环节，或在某些材料的使用上，幼儿会遇到各种不同的困难。教师要教会幼儿如何使用操作工具，如何运用材料。例如，轻拿物品，平衡摆放物品，熟练使用各种器皿等。

幼儿的发展水平不同，能力也是不同的。对于同样的实验，有些能力差的幼儿会感到困难，难以完成实验。教师要根据幼儿操作的实际情况，给予不同程度的指导。在实验过程中，还应引导幼儿通过观察，注意实验材料、方法、操作过程中的变化和实验结果，使幼儿不仅能够了解实验结果，而且能够学习实验的方法。

4. 整合幼儿的交流与讨论，促进幼儿的自我发展

分组实验是科学学习中常用的一种方式。小组成员之间由于承担的任务不同，通过交流与讨论，能够分享各自取得的成果，并在此基础上，相互帮助，相互协调，共同完成任务。在班级中，担负同样任务的幼儿，对于相同的任务有不同的认识和理解，相互之间也可以交流和讨论，并且在交流和讨论的过程中，能够再现操作中的某些现象，达到共同分享的目标。在交流和讨论中，难免会有不一样的意见，应允许幼儿有"纷争"。例如，"杯子里的纸不会湿"的实验。两组幼儿争吵起来，一组幼儿的实验结果是杯子里的纸会湿，另一组幼儿的实验结果是杯子里的纸不会湿，教师没有急于肯定或否定，而是要求幼儿按照教师说的方法，重新做一遍实验，果然杯子里的纸没有湿，失败的一组是因为没有掌握好实验的方法。幼儿间的这种交流与讨论具有积极的意义，有益于幼儿的自我发展。

5. 要求幼儿遵守实验操作规则

实验操作规则对保证幼儿实验成功起着重要作用。在实验正式开始前，教师要交代清楚实验操作规则，并要求幼儿自觉遵守。在实验中，教师要及时提醒幼儿遵守规则，否则要暂时离开操作场地，以免影响其他幼儿操作，以保证其他幼儿实验的成功。

6. 加强纪律约束，保证幼儿实验的安全

实验初期，教师要强调实验的纪律性，以保证幼儿实验的安全。幼儿年龄小，对于危险没有足够的认识，加强纪律约束是对危险的降低。例如，实验"糖不见了"。如果幼儿随便把杯子弄坏，就会伤害到幼儿；如果幼儿随便品尝杯子里的东西，可能会给幼儿留下实验的东西都可以吃的错误印象。这些对以后的科学学习是非常危险的。科学实验具有一定的危险性，必须让幼儿明白用于实验的材料不能随便品尝、闻等。一段时间后，等幼儿基本掌握了实验的规律和纪律，教师就可以放手让幼儿自己做实验。当然，对于不适宜幼儿操作的实验，应由教师演示完成。

三、讨论探究教育活动

讨论探究教育活动是幼儿科学教育活动常用的一种类型，是指幼儿在教师的指导下，围绕某活动主题与同伴进行平等的交流，陈述自己的发现，表达自己的观点和困惑，质疑他人的发现与观点，并在交流中理解他人的想法，发现自己的不足，从而在协商中求同存异、达成共识，引发进一步的讨论与交流。

讨论探究教育活动是指在教师引导下，以教师与幼儿共同讨论为主，在讨论过程中，幼儿通过与同伴、教师的交流，有效地促进思维的发展，通过看和说的活动方式，获取科学经验。讨论探究教育活动一般对幼儿的知识经验有一定的要求，所以在大班开展较多。

（一）讨论探究教育活动材料与环境的设计

讨论探究教育活动主要是通过一个话题，引起幼儿对同一话题的其他现象进行探究，并且能够在实际生活中运用。所以，讨论探究教育活动的材料应该是幼儿实际生活中经常遇到的，可以是一些图片或视频等比较直观的材料。在引导幼儿开展讨论探究教育活动之前，教师要进行充分的探究和操作，了解探究活动的难点和关键点，预测幼儿在讨论探究教育活动中可能出现的问题和困难，为幼儿的探究活动做好材料和环境方面的准备。

1. 根据讨论探究教育活动目标提供适宜的结构材料

在讨论探究教育活动中，教师要依据活动目标提供给幼儿适宜的结构材料，这能有效地激发和维持幼儿的探究兴趣，使幼儿在探究活动中通过与材料的相互作用获得经验。幼儿通过操作特征明显的材料，能够看到事物之间的联系。例如，大班科学活动"如何让水喷得更高"。从幼儿熟悉的喷泉入手，让幼儿探究喷泉喷得高和喷得低的原因。教师为幼儿提供注满水的塑料瓶子、打有 1~4 个孔的瓶盖，并提出问题："1 孔和 2 孔的'喷泉'，哪个喷得高？2 孔和 3 孔的比较呢，哪个喷得高？"幼儿通过动手操作和实验，能够清楚地观察到"在相同力的作用下，孔越多，水喷得越低；孔越少，水喷得越高"这一现象，从而获得有关压力与压强关系的相关经验。由此可见，如果材料具有适宜的结构，就能够实现教育目标，有效地支持幼儿的探究和发现活动，有助于幼儿获得有关的关键经验。

2. 操作材料简单实用，能够激发幼儿探究的兴趣

操作材料是讨论探究教育活动中必不可少的。幼儿在操作过程中发现问题，在操作过程中尝试解决问题，在操作过程中得出结论。因此，幼儿在讨论探究过程中的操作材料要简单实用，便于幼儿反复操作，并且应是幼儿熟悉的或幼儿对操作材料的属性有一定了解，便于操作。教师还要注意投放的材料应是幼儿感兴趣的，使幼儿产生玩一玩、探究一下的愿望。

3. 提供各种材料，尝试使用工具

幼儿的生活中有各种各样的材料和工具，幼儿经常利用这些材料和工具进行科学活动。让幼儿了解这些材料的性质及工具的使用方法，有利于幼儿更好地利用这些材料和工具进行探究活动。例如，各种探究材料（如沙、石、土等）和工具（如小铁锹、小桶等），可让幼儿运用这些工具和材料进行探究活动。幼儿会发现水与各种材料之间的关系、工具与材料之间的关系。幼儿在运用材料探究的过程中，主动建构有关的知识经验，体验工具的价值和作用。

4. 收集与课题有关的图片

由于有些讨论探究性活动难以在活动中出示实物，所以图片是讨论探究教育活动中必不可少的材料。图片可以来自互联网，也可以来自报纸、图书，最终都应该以幼儿能够在讨论活动中看到的形式出示，并且要注意收集与图片有关的资料介绍。

5. 制作与课题相关的图片

有些图片由于一些原因，难以找到现成的，教师要利用一些手段，把抽象的讨论内容绘成图片，也可以用数码相机拍摄下来，制成照片。在活动中，出示照片更有说服力。同时，照片也能把抽象的事物变得具体，增加教学的趣味性。例如，动物的尾巴。幼儿对一些动物的尾巴可能并不认识。用数码相机拍摄下来后，教师就能比较形象地组织幼儿谈论这些动物尾巴的作用；也可以进一步探究"为什么有的动物的尾巴看不到""人为什么没有尾巴"等问题。

6. 利用多媒体技术，让讨论主题再现

多媒体技术对讨论探究教育活动的作用是非凡的。因为一般的讨论探究教育活动主要是语言的交流，很难集中幼儿的注意力。多媒体技术能够使讨论的主题再现，使幼儿有身临其境的感觉。例如，讨论探究教育活动"神秘的太空"，可以通过多媒体技术对我国宇航员飞天的画面进行再现，使幼儿感受到谈论的乐趣，并激发幼儿探究的欲望。

7. 营造自由宽松的讨论探究氛围

宽松、安全的讨论探究环境是幼儿主动探究和学习的基本前提。没有安全的心理环境，主动学习和探究就不可能发生。教师要让幼儿大胆讲述自己的想法，自由地进行交流。在活动过程中，教师要引导幼儿倾听同伴的意见，培养幼儿尊重他人、善于倾听的意识，使讨论活动成为真正有效的活动。

（二）讨论探究教育活动过程的设计步骤

探究活动是幼儿的一种主动活动。讨论探究是在讨论的基础上进行的探究活动，所以谈论的内容很重要，要让幼儿有探究的欲望，活动设计要有新意。讨论探究教育活动是集体活动，所以要有一定的活动程序和阶段。尽管讨论问题的方式和手段不同，但讨论探究从发现问题到解决问题，都要经过类似的活动过程。

1. 提出假设——观察、发现、提出问题

观察是讨论探究教育活动的源泉。观察客观物质世界，是幼儿心理发展的必然要求。幼儿一般对观察到的事物进行探究，在发现问题之后提出问题。幼儿对目标情境、可能的操作缺乏清晰的认知。

2. 动手操作——尝试解决问题

幼儿通过动手操作感知具体事物，而感知是形成经验结构和智慧结构的主要方式。动手操作满足了幼儿思维的直觉行动和具体形象的特点，满足了幼儿需要直接经验奠基的发展要求。但是，手的操作还必须和心智的操作、改变相互结合，这样才能实现对原有认识的强化和调整。所以，动手操作阶段是讨论探究的重要阶段，也是幼儿尝试解决问题的阶段。幼儿在操作过程中，形成对事物的粗浅认识，并且去探究"为什么"，从而形成自己的见解。例如，"认识磁铁"活动，教师可以设计"磁铁能吸引一些东西"的活动，幼儿在操作过程中发现有些东西磁铁能够吸引、有些东西不能，从而引起幼儿探究的欲望，看看磁铁究竟能吸引哪些东西。

3. 记录信息并得出结论——形成解决问题的信息

幼儿在与同伴或教师的接触中，可获取讨论探究的结果，收集有关的信息，并且记录这些信息，对信息进行解释。幼儿对自己记录的信息进行解释的过程，就是尝试解决观察、发现问题的过程。可以让幼儿进行个别的讨论交流，然后再进行集中的研讨，引导幼儿说出自己的见解，使不同幼儿的观点相互"碰撞"，幼儿在不同观点的"碰撞"中，形成解决问题的信息。

4. 表达与交流——讨论解决问题

表达与交流是幼儿探究后的自然流露。幼儿对探究结果的表达是多样的、有语言的，也是有实物的。但更多的是用实例、模型表达，同时结合语言进行交流。

在讨论探究教育活动中，让幼儿进行科学探究要注重上述的四个方面，但不是每个活动都必须按照这样的过程机械地进行。最为重要的是，教师要明确每一个活动最主要的目标，不要盲目套用探究活动的基本环节，使其成为一种僵化的模式。

(三) 讨论探究教育活动的指导

讨论探究教育活动是预定性活动，是集体活动的一种形式。讨论探究教育活动主要通过语言达到讨论交流的目的，所以教师能够用语言调动幼儿参与活动的积极性显得尤为重要。

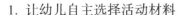

1. 让幼儿自主选择活动材料

"提供丰富的可操作的材料，为每个幼儿都能运用多种感官、多种方式进行探究提供活动的条件。"这是《幼儿园指导纲要》对科学教育的要求。根据自己的需要和兴趣选择材料是幼儿主动学习的重要前提和基本条件。让幼儿自己选择材料和决定用材料干什么，不仅有利于幼儿利用原有经验，澄清自己的想法，按自己的方式和想法解决问题，获得有益的经验，还有助于幼儿把自己看成一个能产生思想、能支配时间的人，是一个行动者和能解决问题的人，能使幼儿产生深入探索发现的欲望。

教师在巡视过程中，要注意反思讨论探究的内容是否适合幼儿的发展，提供的材料是否对幼儿的探究活动有促进作用，等等。

2. 让幼儿体验探究的过程，发现乐趣

讨论探究教育活动是以幼儿为主体的活动。教师要善于发现幼儿身边有趣的科学现象，为幼儿创造条件，让幼儿运用各种感官，参加探究活动，在活动中展开讨论，指导幼儿进行交流、探究，适当地进行科学知识的渗透，使幼儿在活动中获得知识和经验，体验发现的乐趣。例如，讨论探究教育活动"认识磁铁"。为幼儿准备大小不同的磁铁，提供纸、积木、石子、塑料及铁制玩具、回形针等材料，让幼儿去玩磁铁，去发现磁铁的秘密。这些自主操作的过程，是幼儿产生强烈自主探究欲望的源泉。

3. 让幼儿自主选择活动过程

幼儿是学习的主体，有权选择探究活动的方式，教师不可直接控制，而应给予尊重和支持，引导幼儿在活动中用自己独特的方式进行探究活动。同时，教师要为幼儿创设宽松、自由的环境，让幼儿大胆地讲述自己的想法，自由地进行交流。在活动过程中，教师要引导幼儿倾听同伴的意见，培养幼儿尊重他人的习惯，使讨论、交流成为真正有效的探究活动。

4. 帮助幼儿学习讨论探究的技能

在讨论探究教育活动中，教师要利用多种多样的活动方式，表达对科学的认识。教师要注意培养幼儿的语言表达能力，使幼儿在讨论中能够用语言表达自己的发现、见解、主张，能够用语言描述自己在探究活动中的发现和自己的心情。同时，幼儿在观察发现的过程中，容易很快忘记观察到的情况，教师可以帮助幼儿设计图画符号来记录发现内容。例如，用图画记录磁铁能够吸引什么东西，幼儿在讨论、交流的时候就能够根据记录说出自己在操作磁铁过程中的发现。

5. 注意观察幼儿讨论探究的情况

在幼儿进行讨论探究的过程中，教师要尽可能地给幼儿提供空间和时间，要避免打扰幼儿的探究活动。但是，这并不是说教师在幼儿探究活动中没有任务，教师要巡视，要观察幼儿的讨论探究情况，了解幼儿在讨论探究过程中出现的问题和困难，适时提出一些问题，引导幼儿探究活动的发展。对于幼儿在讨论过程中出现的意见分歧，教师要及时让幼儿记录下来，不要轻易给出答案。在讨论、交流中让幼儿将出现的意见分歧讲述出来，大家一起讨论，给出答案。

四、分类教育活动

（一）分类教育活动的内容

在幼儿园科学教育中，可以进行分类的活动内容很多。幼儿在开始进行分类时，总是从最外显的特征出发。所以，幼儿园的科学教育活动内容是根据幼儿的年龄特点和对事物认识的程度，按照分类的类型，由浅入深地设计的。

1. 挑选分类

挑选分类是指从许多种物体中，将具有某一种（或几种）共同属性的物体挑选出来，成为一类。例如，把蔬菜和水果混合在一起，让幼儿从中挑选出水果。这类活动比较简单，适合幼儿园小班开展。随着幼儿对生活经验的掌握，可以逐渐增加难度。例如，在水果、蔬菜、花卉中挑选出水果。这样的内容可以在小班、中班开展。

2. 二元分类

二元分类又称是与否分类，是指从许多物体中，选择出具备某一种属性的物品，排除其他物品，即将许多物品按某一标准分为"是"与"不是"两种。例如，蔬菜和水果放在一起，让幼儿进行分类，苹果、梨子、香蕉等是水果，黄瓜、西红柿等是蔬菜；或者只指出水果，其余的肯定不是水果即可。这样的活动内容相对来说比较简单，一般在幼儿园小班、中班进行。

3. 多元分类

多元分类是指将物品按照一些共同的标准分成两类或更多类。例如，苹果、香蕉、橘子都是水果；黄瓜、西红柿都是蔬菜。多元分类活动对幼儿的知识要求较高，要求幼儿对生活经验有一定的了解，并能掌握分类的标准，所以一般在幼儿园中班、大班开展。

幼儿园分类活动的很多内容可以结合认识活动，让幼儿进行分类。例如，动物类——家禽、家畜、野兽、鸟类、昆虫等；植物类——树木、花卉、蔬菜、水果、谷类等。

（二）分类教育活动材料的要求

在分类教育活动中，材料的设计对调动幼儿学习的积极性、主动性有着至关重要的作用。幼儿是通过多种感官与周围世界的交互作用充分感受、体验各种具体事物而获得知识的。在分类教育活动中，幼儿对材料进行操作时，体验材料之间的相同点与不同点，探索

分类教育活动的不同层次要求。因此，在设计分类教育活动材料时要注意以下四个方面。

1. 材料要具有生活性和趣味性

在分类教育活动中，活动材料应该是幼儿在日常生活中经常见到的、感知的材料，幼儿对材料应有基本的认识。幼儿的年龄特点决定了他们还不能在抽象的概念水平上进行分类，而必须依赖于具体的形象和操作。因此，教师要提供充足的分类材料和用品，且材料应该具有生活性和趣味性，以激发幼儿的好奇心和探索欲望。在活动中设计新颖有趣的活动材料，容易引起幼儿的注意，使幼儿在愉快的状态下，进行探索操作活动，促进幼儿记忆力、观察力、思维能力的发展，培养幼儿的动手能力。

2. 材料要与具体活动目标相联系

分类教育活动的目标确立后，教师要有意识地为幼儿提供紧扣目标的材料，以达到预定的活动目标。教师要善于捕捉材料中包含的科学分类因素，准确地为目标"服务"。例如，"弹性分类"，教师为幼儿准备塑料玩具、橡皮泥、充气的气球等，在进行分类教育活动时，教师要求幼儿按照变形与不变形进行分类，幼儿能够对这些材料进行二元分类或多元分类。进行分类活动时，教师要求幼儿按照变形后能否恢复原来的样子进行二元分类。

3. 材料的难度要形成一定的层次

幼儿的思维发展是循序渐进的，教师为幼儿设计的材料要符合幼儿的发展特点，适合幼儿的发展水平，体现难易的层次递进，使幼儿在"阶梯式"的材料中逐步提高分类的技能和水平。幼儿的分类经验随着年龄的增长逐渐丰富，分类材料的设计在难度上要体现层次性。例如，在"纽扣"的分类教育活动中，为了让幼儿按照由浅入深的标准进行分类，教师的材料设计顺序应该是：根据纽扣的形状进行分类，教师提供形状不同的纽扣；根据纽扣的形状、颜色进行分类，教师提供多种形状、颜色的纽扣；根据纽扣的形状、颜色、大小进行分类，教师提供多种形状、颜色以及大小不一的纽扣。这一系列的活动材料由易到难，幼儿的分类能力也逐渐提高。

4. 材料可以是图片、玩具模型等

操作材料对于调动幼儿参与活动的积极性是不言而喻的，但是生活中有许多分类教育活动是不能让幼儿亲自进行实物操作的。例如，汽车的分类、动物的分类等。教师可以借助各种汽车的模型、动物的图片等让幼儿进行分类教育活动，以便幼儿在操作模型、图片中提高分类能力。

（三）分类教育活动的指导

1. 在明确分类的具体要求后分类

幼儿往往将操作活动和物体的感知混为一谈，因此，教师提出的分类标准要清楚、明确，让幼儿按照要求去做。例如，在"植物根的分类"活动中，教师提供给幼儿很多植物根的小卡片，要求幼儿根据植物根的特征、用途，在众多根中找出须根、直根、块根。分类之前以"看一看、比一比，这些植物的根一样吗?"等简单明了的指导语帮助幼儿在操作这些材料的过程中获得一系列的科学经验，使幼儿能较顺利地进行分类教育活动。

2. 在充分感知的基础上进行分类

充分感知物体是对物体进行比较，找出物体之间的相互关系，并根据其共同特点与特征进行分类的必要前提。幼儿的年龄特点决定了幼儿不可能在抽象的概念水平上进行分类，必须依赖于物体具有的形象和动手操作，所以教师要提供充足的材料让幼儿感知。

幼儿的分类活动大多属于低水平状态，即根据物体的颜色、形状、质地、气味、声音等自然属性来分类，要求幼儿在细致观察、认真感知的基础上，发现其特征属性，然后进行分类。分类的正确性，取决于感知活动的准确性。

3. 在操作活动中学习不同的分类的教育活动类型

操作活动是幼儿认识事物最直接、最具体的活动。教师要引导幼儿在操作活动中进行探索、积极思考，在操作观察中学习分类教育活动的类型。在幼儿阶段，教师主要指导幼儿学习二元分类法，即要求幼儿在感知水平上把物体分成两类。但也可以根据幼儿不同的年龄，学习不同的分类类型。

4. 指导幼儿根据不同的标准进行分类

每一种分类必须根据同一个标准，否则就会出现重叠和分类过程的逻辑错误。幼儿往往根据自己的想法进行分类，分类依据也是不断变化的，但只要各类别物体彼此不交叉和重叠，该分类依据就可以成立。幼儿的分类标准通常有以下七个。

（1）根据物体的外部特征进行分类。这是幼儿进行最初分类时常用的标准，一般在小班、中班上学期使用较多。例如，根据物体的颜色、形状、大小、长短、重量等外部特征进行分类。

（2）根据物理量的差异进行分类，即按照物体的大小、长短、粗细、厚薄、宽窄、轻重等的差异进行分类。

（3）根据物体之间的联系进行分类。这种类型的分类活动，要求幼儿知道事物之间简单的联系，一般在小班下学期和中班进行。例如，把兔子和萝卜分为一类，把猫和老鼠分为一类，这是按照动物的食物链标准进行的分类。

（4）根据物体的功能或用途进行分类。这种类型的分类活动，要求幼儿掌握一些科学知识，对生活中的科学经验有简单了解，只有在此基础上，幼儿才能按照标准进行分类，一般在幼儿园中班下学期和大班进行。例如，将物体分为学习用具、玩具、家具等。

（5）根据物体的材料进行分类。这种类型的分类活动对幼儿的要求更高，幼儿要掌握一些概念才能进行分类，一般在大班进行。例如，将物体按照塑料制品、木制品、铁制品等进行分类。

（6）根据物体的属性进行分类。这种类型的分类活动一般要求幼儿具有操作经验、对概念有一定的理解，一般在大班进行。例如，将物体按照是否有弹性分类。

（7）根据物体的一个或多个特征进行分类。这种类型的分类要求幼儿有一定的理解能力，要兼顾两种标准，一般在中班、大班进行。例如，把红色的、圆形的纽扣分为一类。

5. 根据幼儿的年龄特征，设计分类标准

幼儿对事物类别关系的认知还不成熟，分类能力仍在发展中。这就要求教师按照幼儿的年龄特点，设计分类标准。一般来说，幼儿只能够按照事物的外形或量的差异进行分类，因为这些都是外部的、容易观察到的，适合在小班进行；而对事物内在的、物理特性的分类适合在大班进行。对于3~4岁的幼儿来说，同时在头脑中思考两件事，还要从事物不同的两个方面进行是比较困难的。所以，这种分类教育活动要在大班进行。教师可以先让幼儿根据一种标准进行分类，然后按照另一种标准进行分类。例如，找出既是红色又是圆形的纽扣，可以先找出红色的纽扣，然后在此基础上找出圆形的纽扣。

6. 指导幼儿自己制订分类标准

幼儿对分类有时理解不足，不能前后一致地按照标准进行分类，特别是对年龄较小的幼儿，可以用"请你按照大小的标准进行分类"这样的语言帮助幼儿分类，并且要时刻提醒幼儿。在幼儿有了一定的分类经验之后，鼓励幼儿自己制订分类标准。例如，面对一些材料不同的玩具，教师可以问幼儿："这些玩具怎样分呢？"幼儿就会想办法按照材料进行分类，或按照形状进行分类等。

7. 指导幼儿认清分类的要点

在分类教育活动中，最重要的就是找出事物的要点，即"共同点"。对"共同点"的不同的抽象概括水平，显示出了幼儿认知发展水平的差异。所以，在分类教育活动中，不能用成人的标准要求幼儿，不能认为符合概念的分类标准才是正确的。例如，在分类教育活动中，有的幼儿把鱼和水放在一起，显然是按照两者之间的关系进行的分类；有的幼儿把鱼和猫放在一起，是按照它们之间食物链的关系进行的分类。教师要肯定幼儿的分类，幼儿的分类只有共同点或标准的不同，没有对错之分。

五、其他科学教育活动

幼儿科学教育活动是多种形式的教育过程。在幼儿的日常生活中、其他教育活动中，都蕴含着科学教育。幼儿园中还有种植与饲养、测量、信息交流、早期科学阅读等科学教育活动。这些活动不用设计具体的活动步骤，根据目标和内容，在幼儿园的各种教育活动中都可以完成，一般在渗透性教育活动中完成。

（一）种植与饲养教育活动的设计

种植与饲养教育活动是幼儿喜欢的活动之一。幼儿园的种植活动可根据各地的气候等自然条件，有目的、有计划、有组织地带领幼儿开展。种植的内容最好是一颗种子从开花到结果的全过程。不仅能培养幼儿对植物的兴趣，还能学到许多有关植物的科学知识。饲养活动是一项既动脑又动手的活动，有利于培养幼儿热爱劳动的优秀品质。种植与饲养教育活动可以让幼儿掌握简单的劳动技能，促进幼儿认知能力的发展。

1. 种植与饲养教育活动的目标

幼儿的种植与饲养与成人的种植与饲养有着明显的区别。幼儿种植与饲养的主要教育活动目标是对生命科学的探索，从而获取有关动植物的具体经验。具体教学目标如下：（1）观察动植物的生长、发育、死亡等生命现象，了解物与物的关系、人与自然的关系，理解有关生物科学的简单道理；（2）学习简单的种植与饲养的劳动技能，培养幼儿动手操作的能力；（3）在种植与饲养过程中培养幼儿对动植物的爱护之情，为今后学习生物科学提供感性材料；（4）在照顾动植物的过程中，领悟对生命的珍爱。

2. 种植与饲养教育活动的内容

（1）种植的内容。幼儿园中的种植主要是指自然角的管理和园地的管理，包括播种、管理、收获等简单的劳动。其主要包括以下内容。

水养植物：水养植物就是把植物的一部分浸泡在水里，在短期内，植物会萌发、生根、长茎叶，甚至开花。水养植物主要包括：种子类，如红豆、黄豆、玉米等；蔬菜类，如白菜心、萝卜根、芹菜根、大蒜、洋葱等；树枝类，如杨树、柳树等；花卉类，如桃花、迎春花、水仙花等。水养植物还包括无土栽培，但是对于幼儿园来说，无土栽培的要求比较高，一般幼儿园没有能力达到，所以进行得较少。

盆栽与园地植物：盆栽植物是指在花盆里种植的植物，一般在自然角中进行管理，或者摆放在活动室，既可以美化环境又能供幼儿观察。园地植物是在幼儿园一角或者墙边等地方进行园地种植，提供给幼儿观察植物生长全过程的植物。盆栽与园地植物的品种与水养植物是相同的，但其重要性是不能替代的。水养植物虽然能够观察到萌发的全过程，但是等到其本身养料耗尽时，就会枯萎。因此，幼儿只能看到植物生长的某一阶段，而不能看到植物生长的全过程。幼儿会对枯萎的植物很不理解，也会为没有看到水养植物的开花、结果而感到遗憾。而盆栽与园地植物正好能够弥补幼儿这一过程的遗憾，能够表现植物生长的全过程，使幼儿体验到果实带来的喜悦。例如，水养植物花生，花生的发芽、长叶，幼儿能够看到，但是以后的生长过程就看不到了。教师把发芽的花生栽在园地里，幼儿在长期的照顾管理过程中，就能观察花生的生长，秋天的时候，教师带领幼儿收花生，

幼儿能够亲自体验到采摘花生的乐趣，同时也能培养他们对科学知识的探索精神。

（2）饲养的内容。饲养的内容主要包括对动物的管理，如帮助收集饲料、喂养，学习简单的饲养技能。其主要包括以下内容。

水生动物：水中饲养的鱼、龟、虾、泥鳅、田螺等都是幼儿观察的对象，这些水中生活的动物，饲养比较简单，饲料容易得到，存活率比较高，容易照顾，所以比较适合幼儿饲养。有的水生动物即使几天不进食也不会死亡，例如，龟、田螺等。

家禽：家禽身体比较小，比较温顺，深受幼儿喜爱。家禽的饲养比较容易，饲料没有要求，容易存活，适合在幼儿园饲养。例如，鸡、鸭、鹅等，一般以饲养鸡居多。但是，家禽的粪便处理有难度，一般由成人完成。

家畜：家畜的饲养比较难，一般在幼儿园是饲养兔子，但是兔子对饲料的要求比较高，饲养不易，需要在教师的帮助下饲养。

3. 种植与饲养教育活动的指导

（1）种植与饲养的内容要符合幼儿的年龄特点。幼儿年龄小，种植、饲养的技能差。所以，在选择种植品种和饲养类型时，要考虑幼儿的年龄特点。也就是说，为幼儿选择种植的品种时要考虑哪些易成活、易生长、易照顾，盆栽与园地种植的品种还要考虑对土质要求不高、生长周期相对较短、容易看到果实。例如，小班、中班幼儿适合种植水养植物，如洋葱、白菜根等；大班幼儿适合种植一些园地植物，如牵牛花、花生等。

（2）在种植与饲养中培养幼儿的探究精神。种植与饲养是实践操作活动，幼儿对动手操作的活动都是非常感兴趣的。由于种植与饲养需要一定的操作技能，包括挖土、浇水、除草、喂食、打扫等。教师切记不能包办代替，应该指导幼儿学习操作技能，克服一定的困难，坚持以幼儿为主进行种植与饲养。这样，幼儿在学习这些技能的过程中，就会发现问题，并且进行探究，由浅入深地了解事物，掌握事物发展的一些规律。例如，在给植物松土、除草的过程中，遇到蚯蚓，幼儿就会观察蚯蚓，引起对蚯蚓能够松土的探究；同时，也会对草能够争夺植物的养分，影响植物生长的概念进行探究。同样的道理，在饲养过程中，幼儿能够观察到以往不能观察到的现象，从而引起他们探究的兴趣。例如，田螺是怎么走路的，究竟吃什么，怎么吃，这些都是幼儿不知道但感兴趣且需要动脑去想的。通过饲养，幼儿能够亲自了解田螺的这些习性，从而对饲养、探究充满热情。

（3）种植与饲养的过程与幼儿认知的科学活动相结合。种植与饲养是科学教育活动的一种形式，其目的是学习科学知识、掌握科学概念、了解科学规律。所以，在种植与饲养的过程中要指导幼儿观察种植与饲养的对象，全面系统地掌握观察对象的生长过程，扩大幼儿的知识面。同时，教师要利用各种机会，因势利导，帮助幼儿提高认知水平。例如，在种植盆栽植物时，花盆的底部有一个小孔，幼儿充满疑问，猜想小孔会把浇的水漏掉，应该没有小孔。教师就要结合这一问题，引导幼儿讨论如果没有小孔会怎么样，也可以做实验（用一个有孔的花盆和一个没有孔的花盆，分别种植同样的植物，观察结果）。

（4）注意在活动过程中，培养幼儿对生命的珍爱。在种植与饲养教育活动中，幼儿通过亲自操作，懂得植物、动物都是有生命的。操作的过程本身就是生命教育。例如，把植物拔掉就不会再生长了，小金鱼死了就不会再回来了，等等，使幼儿懂得生命是可贵的，并且是不能逆转的，从而培养幼儿对生命的珍爱。

另外，在种植与饲养教育活动中，可以加入一些人与自然的内容，让幼儿懂得爱护植物、动物就是爱护地球、爱护自己的家园。

（二）测量活动的设计

测量是人类生活中精确交换信息的一个重要方面，对于幼儿来说，学习测量可以准确地认识周围世界，适应社会生活。测量是用量具或仪器来测定物体的尺寸、角度、几何形状或表面相互位置的过程的总称。幼儿科学教育活动中的测量是指通过观察或运用简单的测量工具，对物体进行简单的、初级的测定。测量活动对幼儿以数做精确的表达是很有帮助的，同时可以培养幼儿严谨的科学态度。

1. 测量活动的目标

在幼儿学科学的过程中，测量作为科学领域的一项内容有重要意义。测量可以帮助幼儿更准确地观察、认识周围世界，获取关于时间、空间等方面的具体经验。幼儿园的测量活动晚于分类活动，其主要目标如下：

（1）以测量为工具，将事物的属性及其关系数量化，培养幼儿数量化思维的发展。数量化思维是幼儿思维发展的一个重要方面。

（2）运用简单的测量方法，对周围世界以数做精确表达，初步知道通过测量可以获得量化的信息。

（3）学习使用不同的简单工具进行测量的方法，培养幼儿对测量的粗浅认识。

2. 测量活动的内容

幼儿园关于测量的科学教育活动不是很多，测量的一般内容有：物体的长度、高低、粗细、薄厚、宽窄、轻重、温度等。测量的类型分为观察测量、自然测量、正式量具测量。自然测量和正式量具测量，因为小班、中班幼儿年龄小不适合进行，所以一般在幼儿园大班进行。小班、中班幼儿可以进行一些粗浅的观察测量。幼儿园测量活动的内容，是根据测量活动的类型来设计的。

（1）观察测量。观察测量是指通过眼睛、手等感官来测量物体。例如，用手来测量温度，用眼睛来观察大小、高矮等。这种依靠感官的测量一般用于特征比较明显的认识对象。

一般来说，这样粗浅的测量在小班进行，但是不是科学活动的测量，往往是与其他领域的内容相结合进行的。

（2）自然测量。自然测量，就是不采用标准的量具，利用一些自然物对物体进行直接的测量，往往不能作为理论依据。例如，用步长、手长等作为量具。但是，自然测量的误差比较大，幼儿之间的对比会有差异。

（3）正式量具测量。正式量具测量是指以通用的标准量具对物体进行测量。幼儿对正式量具的认识，能够让幼儿掌握量具的作用，掌握概念性较强的知识。幼儿使用的量具主要有尺、天平、温度计、钟表、秤等。幼儿掌握正式量具的操作和使用方法是有困难的，教师要教会幼儿如何使用，或者能够简单地读懂量具上刻度所表示的意义。

3. 测量活动的指导

（1）帮助幼儿学习自然测量。由于测量技能本身的要求，幼儿对于测量的技能和方法还比较难以掌握，因此需要教师指导。幼儿学习测量首先是从直接比较两个并列的物体入手，所以自然测量在幼儿园阶段是最常用的测量方法。教师要从身边的物体开始，教会幼儿用自然测量的方法来区别物体之间的物理差异。例如，用手测量桌子的长短，小朋友之间比较高矮等。

（2）帮助幼儿学习使用正式量具进行测量，培养幼儿的测量意识。正式量具具有精确性，幼儿使用的正式量具一定要经常进行校正。只有保证量具的精确，幼儿形成的概念才能正确。在学前时期，幼儿已经有了通过测量来认识周围物体的需要，因此，需要让幼儿从小树立应有的测量意识，特别是培养幼儿用量具对物体进行测量的意识，这是幼儿更精确细致地认识事物的必不可少的手段之一。

（三）信息交流活动的设计

信息交流是指幼儿将获得的有关周围环境的信息，以语言的或非语言的形式进行表达和交换。信息交流是讨论的一个阶段，是指幼儿互相交流自己获得的经验、信息和感受。信息交流使幼儿感知周围世界的第一印象在头脑中形成表象，通过语言交流或其他方式表达出来，进而使幼儿对事物的理解更加清晰，更能客观地评价别人的探索成果。

1. 信息交流活动的目标

在幼儿学科学的活动中，幼儿通过各种方法获得大量的有关客观世界的信息，以及自己在探索过程中的感受。信息交流活动的目标就是让幼儿通过讨论、交流自己对周围世界的观察过程和结果，提出质疑，抒发愉悦、惊奇等情绪，和同伴分享所得的结果，以此来掌握科学概念和事物发生、发展的客观规律。

2. 信息交流活动的内容

幼儿的科学知识是在探索之后、在讨论中形成的。信息交流活动对幼儿的知识经验和语言交流有一定的要求，一般在中班下学期或大班进行。信息交流活动的内容与信息交流的类型相关，一般根据信息交流的类型确定活动内容。

（1）信息交流中的语言方式。信息交流中重要的是语言的交流。由于幼儿年龄小，还不能用文字来记录自己的发现或感受，只能用语言来描述。所以，信息交流活动中语言的方式是描述法和讨论法。描述法是指在教师的指导下，幼儿用语言向同伴或教师讲述自己在科学探索中的发现、疑问等。讨论法是指幼儿与同伴之间、幼儿与教师之间通过口头语言，表达、交流自己在科学探索中的发现。幼儿用语言交流的方法，可以交流自己在探索活动中，运用了什么方法，以及从中获得的情绪体验。例如，观察蚂蚁的活动后，幼儿交流蚂蚁如何与同伴打招呼，自己是如何观察到的，等等。

（2）信息交流中的非语言方式。幼儿年龄小，面对丰富的自然界和众多的发现，难以全部用语言来交流，同时又容易忘记自己的发现。所以，图像、动作、表情等就成了幼儿主要的交流方式。

图像记录。图像记录是指对周围环境进行观察后，用各种不同方式，如数字、表格、绘画等记录发现、认识、感受和体验。图像记录既是幼儿观察活动的一个方面及表达的一种形式，也是对幼儿进行科学教育的一种手段和方法。它不仅可以培养幼儿观察周围环境的兴趣，还可以提高幼儿观察的积极性和主动性，如探究活动记录、生长记录、种子发芽记录等。

手势、动作、表情记录。当幼儿在科学探索中遇到一些难以用语言来表达的物体或现象，或者情绪饱满时，常常用手势、动作、表情来进行交流。例如，幼儿尝到酸的东西后，皱眉、吐舌等表情。

自然材料记录。幼儿在自然界中往往会有许多机会接触到自然材料，可以用自然材料来进行信息交流。例如，秋天的田野，幼儿可以采摘一些麦秸、玉米、高粱等；夏天的海滩，幼儿可以收集一些贝壳、海螺等。自然材料记录就是以这种方式展现观察到的自然界的物体，并进行交流。

3. 信息交流活动的指导

《幼儿园指导纲要》中指出："通过引导幼儿积极参加小组讨论、探索等方式，培养幼儿合作学习的意识和能力，学习用多种方式表现、交流、分享探索的过程和结果。"信息交流的方式不同，对幼儿的指导也是不一样的，教师在对幼儿进行早期科学阅读指导时要注意以下两个方面。

（1）语言交流方式的指导。在交流活动中，教师要注意从以下几个方面进行指导：要给予幼儿充分的描述和讨论的机会，鼓励幼儿用语言表达获得信息；指导幼儿用简单明确的语言表达来描述有关科学的发现；培养幼儿在理解词义的基础上，正确运用语言；培养幼儿的口语表达能力。

（2）图像记录方式的指导。在幼儿具备一定技能的基础上，进行图像记录。图像记录方式需要幼儿有一定的绘画基础，并且能够理解绘画的含义，所以一般在幼儿园中班、大班应用。图像记录中经常运用的曲线、符号等，对于幼儿来说，并不是很难绘画的，主要是选择的图像要适合特定信息的表征方式。这些表征方式的选择来源于幼儿的经验。这些可以通过讨论来促进技能的发展，或者是教师给予幼儿一定的样本，对幼儿的图像记录进行指导。

在具备一定感性经验的基础上，采取形式多样的记录方式。图像记录的方式可以是数字、符号、表格等。记录的内容可以是连续的，也可以是单独的、个别的。这些记录能够反映出幼儿在科学活动中的发现、探索，但是这些图像记录一定是在幼儿获得大量感性经验的基础上进行的。幼儿记录后，教师应该让幼儿讲解图像记录的内容，只有这样，幼儿才能与同伴交流探究的结果，分享和交流探究的过程，使幼儿的图像记录更加丰富、真实。在进行图像记录的时候，教师要为幼儿准备好记录所需的纸、笔等材料。

（四）早期科学阅读活动的设计

在幼儿学习科学的过程中，不仅需要直接的感性经验，也要通过间接的科学原理的学习了解科学知识。而幼儿间接学习的材料，最直接的就是图书，幼儿对那些语言生动、情节丰富、图画形象突出、色彩鲜艳的图书，充满兴趣，利用这些图书进行科学教育，就是早期的科学阅读。

早期科学阅读是指幼儿通过阅读寓有科学知识的作品，包括故事、儿歌、谜语等，是学习科学的一种方法。早期科学阅读有利于丰富幼儿的科学经验，引导幼儿学习科学、理解科学概念，激发幼儿的想象力，提高幼儿创造的潜力。

1. 早期科学阅读活动的目标

早期科学阅读活动既是科学教育的方法之一，同时也能够促进幼儿语言的发展，所以不仅要在早期科学阅读活动中培养幼儿的科学精神，而且要在语言活动中注意对幼儿进行科学知识的教育。其目标具体如下：（1）利用儿童文学作品，对幼儿进行学习科学知识、理解科学概念的教育；（2）激发幼儿学习科学的兴趣，引起科学幻想，提高幼儿的科学创造潜能。

2. 早期科学阅读活动的内容

在学习科学的过程中，不仅可以让幼儿体验科学探究的过程，也可以利用儿童文学作品开展科学活动。一般的早期科学阅读活动需要幼儿有一定的理解文学作品的能力，所以在幼儿园中班下学期或大班进行。早期科学阅读活动的内容一般根据早期科学阅读的类型来确定。

（1）科学诗。科学诗以向幼儿普及科学知识为主要目的。它是科学内容与诗歌形式相结合的产物。幼儿科学诗的种类繁多，有叙事诗、抒情诗、儿歌、歌谣等。

（2）科学童话。科学童话是用童话的艺术形式向幼儿传授科学知识，将科学性和童话性相统一。科学童话的内容一般比较浅显，情节比较简单，传达一定的科学知识，丰富幼儿的科学知识与概念。

（3）科学故事。科学故事是科学内容和故事形式相结合的产物。它把科学技术上的发现、发明及发展，常见自然现象的科学原理，动植物的生活习性或其他物体的特征、性能等知识融于有人物、情节的故事中。

（4）谜语。谜语是通过隐喻和暗示，提供某些根据和线索供人猜测的一种隐语。科学活动中的谜语主要是以具体的自然物和某种现象为谜底，通过对该物体或现象特点进行描绘，影射谜底，对幼儿进行科学教育。

（5）多媒体。多媒体是以动态的画面向幼儿展示科学内容的一种方式。它比书本更生动地为幼儿提供大量的科学信息。例如，植物的生长周期。同时，教师还要注意新闻媒体对幼儿科学知识教育的作用。

3. 早期科学阅读活动的指导

（1）利用科学活动的各个环节，引导幼儿进行早期科学阅读。幼儿园的集体活动都是具有一定的活动环节的，在这些环节中，教师要善于运用早期科学阅读的内容，如开始部分，可以用谜语的形式引起幼儿的注意力。例如，"认识花生"，可以利用"麻屋子，红帐子，里面坐个白胖子"的谜语开始。在活动过程中，用科学故事或科学童话说明事物的特性。例如，"小蝌蚪找妈妈"，用小蝌蚪找妈妈的过程来说明蝌蚪变成青蛙需要的环节。结尾部分，也可以用早期科学阅读的相关内容，引起幼儿对活动内容的反思和对事物发展的探索。

（2）早期科学阅读的材料要适合幼儿的年龄特点。早期科学阅读是科学教育的重要手段，主要表现为材料符合幼儿的年龄特点，不同年龄阶段的幼儿选择的阅读材料虽然有所不同，但是早期科学阅读作品应该围绕一个科学现象或概念展开。教师指导幼儿阅读时，也要注意科学概念的指向，不能包含太多内容，以免幼儿难以理解。

（3）结合幼儿园的科学主题活动指导阅读。幼儿园的主题活动一般来说与科学领域的联系比较多。因此，可以结合幼儿园的主题活动来指导幼儿进行阅读活动。通过阅读扩大幼儿的眼界，使幼儿产生丰富的想象，但科学活动的阅读，不要求幼儿掌握阅读内容，只要求幼儿理解其中的道理即可。

（4）教师在早期科学阅读活动中，指导幼儿掌握科学知识。由于幼儿年龄的关系，幼儿对于阅读重点把握得还不准确，教师要带领幼儿阅读，运用提问的方式与幼儿一起阅读，在阅读中找答案。然后，围绕阅读的重点开展活动，对于重点内容，教师要适当进行指导。教师要鼓励幼儿将主要内容进行总结、归纳，使幼儿能够比较深入地理解图书的主要内容。

第七章　幼儿园艺术教育活动的实施

第一节　幼儿园音乐教育活动设计

一、幼儿园音乐教育活动的含义

（一）音乐及幼儿音乐

叶圣陶先生曾说过，音乐是世界的语言。可见，音乐是一种人人都能理解、不需要翻译、可直接交流思想情感，并能产生共鸣的"世界语"。对于音乐的喜爱是不分年龄段的，每个人都需要音乐，每个人都有接受音乐文化的愿望和权利，只是成人和孩子对音乐的理解不同罢了。对于成人而言，音乐是高雅的艺术，是人类智慧的结晶，是艺术的再创造，它会使人联想到交响乐、贝多芬、维也纳新年音乐会、歌剧、流行歌手、通俗音乐等。对于幼儿而言，音乐的含义就不同了，幼儿音乐是反映 3~6 岁幼儿的生活和表达他们思想感情的艺术，反映了幼儿对音乐的感受、体验、表现及创造。幼儿音乐教育是以幼儿音乐为学习内容的教育实践活动。

（二）幼儿园音乐教育

幼儿园健康音乐教育既要遵循幼儿音乐学习的过程，按照幼儿心理发展特点对幼儿进行音乐基本知识、技能的教育和熏陶，更要以全面发展教育为中心，通过音乐手段、音乐教育的途径促进幼儿在身体、智力、情感、个性、社会性等方面和谐发展，是一种以音乐为手段来进行的人的基本素质教育。

二、幼儿音乐发展的特点

（一）幼儿歌唱能力的发展

3~4 岁的幼儿，初步有了想把歌曲唱好的愿望，他们比较喜欢歌曲中生动、形象的象声词和再三重复的部分，对歌词的理解会遇到困难；一般只能唱 5~6 个音，即 C 调的 1~6；这一年龄的幼儿音准较差，唱歌如同"说歌"，没有调或走调的现象较多；他们呼吸短促，不能根据乐句的需要换气，常一字一换；唱不了速度太快或太慢的歌曲，也不懂得通过改变声音的强弱、快慢、音色及声音表情来表达音乐的情绪。

4~5 岁的幼儿，能比较完整地再现熟悉歌曲中的歌词，错字错音较少；音域扩展到 C 调的 1~7；在乐器和成人的带领下，能基本唱准适宜的旋律；在教师的指导下，可按乐句和情绪要求换气；懂得在速度、力度上与集体协调一致。

5~6 岁的幼儿随着语言的发展，幼儿能记住更长、更多的歌词，咬字吐字有了很大的进步；音域加宽，大部分幼儿可以达到 C 调的 1~i；多数幼儿能比较准确地唱出旋律的音高，音量明显增加，气息保持的时间加长；他们能用不同的声音和吐字来演唱不同情绪风格的歌曲，能够唱出同一首歌曲中的强弱、快慢变化，但个体差异较大。

（二）幼儿韵律能力的发展

3~4 岁幼儿已经基本上能合拍地做动作，能学习一些简单的音乐游戏及舞蹈。在教师有意识地引导和要求下，能够注意到音乐的风格或情绪的变化，并且会逐渐地根据音乐的变化而用相应的动作去表达自己对音乐的感受。

4~5 岁幼儿的动作能力有所发展，他们能更有效地控制肌肉活动，动作更轻松、灵活，他们喜欢用动作来表现音乐，随音乐做动作的经验更加丰富。他们在积极有效的音乐教育下，懂得并基本上能够做到动作要与音乐合拍。

5~6 岁幼儿的动作已经完全能和音乐一致，他们大部分都能感觉到音乐的基本节拍，做动作时能很快抓住音乐的基本拍节，随着拍子的快慢而随之改变动作的速度，并能在动作中体现出二拍子和三拍子音乐的节拍重音。

（三）幼儿节奏感的发展

3~4 岁幼儿，能学会较简单的打击乐演奏技能，如铃鼓、串铃、碰铃、圆弧响板、大鼓等；奏出的音响与音乐协调一致有一定的困难，但能够学会在演奏时与大家一起整齐地开始和结束，理解简单的指挥手势；奏乐水平虽不高，但体现出奏乐活动中初步的创造性表现，能为简单的儿歌选择简单的乐器。

4~5 岁幼儿，能掌握演奏技巧稍高的一类打击乐器和演奏技能，如木鱼、蛙鸣筒、铃鼓的晃、摇等；开始探索统一乐器的不同演奏方法；对乐器的音色、力度、速度的调整和控制能力有所提高；能在 2~3 个声部的演奏中配合好，看指挥、理解指挥手势的含义的能力提高；在教师的引导下，为歌曲选配一些简单的节奏型，并用乐器奏出。

5~6 岁幼儿能演奏一些小肌肉操作的乐器，如三角铁等；在演奏的过程中能有意识地控制音量和音色；合作协调能力明显提高，主动关注整体效果；在创造力方面，能积极地探索音乐，参与配乐、配器，探索乐器制作。

（四） 音乐欣赏能力的发展

3~4 岁幼儿不理解音乐作品的情绪性质，听音乐时不能用词来说明其区别，但在随音乐做动作时却能反映出这些差别。他们能辨认作品中速度的变化，但对感知音乐中的力度、音区的变化有困难。能记住歌曲，音乐形象鲜明、音调有模仿和描绘性的乐曲幼儿也能记住。

4~5 岁幼儿能够欣赏内容较为广泛，性质、风格较多样的音乐作品，能借助图片或动作做出正确的回答；能区别音乐中明显的速度变化和表情，能听出音乐在速度和力度上的渐变过程；能分辨相隔一个八度的音高差别。这时期幼儿音乐记忆力有所提高，音乐审美能力有所发展。

5~6 岁幼儿能直接用语言来表达他们对音乐情绪的体验和感受，可以对音乐形象鲜明的同类作品进行归类。他们能清楚地辨别音乐作品中速度、力度、音区的变化，辨认乐曲结构的能力有所加强，能感知简单的二段体和三段体的音乐结构。幼儿的音乐记忆力和音乐审美能力有所发展，能明确地表示自己喜欢或不喜欢的音乐作品，并能说出简单的理由。

三、音乐教育活动的总目标

《幼儿园指导纲要》中规定了艺术领域的目标为：能初步感受并喜爱环境、生活、艺术中的美；喜欢参加艺术活动，并能大胆地表现自己的情感和体验；能用自己喜欢的方式进行艺术表现活动。落实到音乐教育领域，我们认为音乐教育要激发幼儿对音乐的兴趣和爱好；要重视幼儿音乐能力的培养；要指导幼儿简单的音乐知识与技能；要面向全体幼儿，提倡艺术学科的综合。

四、幼儿园音乐教育的内容

音乐教育活动的内容是实现音乐教育目标的重要环节，其内容分为以下四个方面。

（一）歌唱活动

歌唱活动是指伴随音乐，科学运用嗓音进行艺术表现的活动。歌唱活动主要包括学习不同性质、不同节拍的歌曲，体会歌曲的强、弱、快、慢及情绪变化；掌握正确的歌唱姿势、发声方法、呼吸方法；注意正确运用和保护嗓音。学习独唱、齐唱、接唱、对唱、领唱、轮唱、合唱、歌表演等不同的表演形式。

（二）韵律活动

韵律活动是指伴随音乐运用身体动作进行艺术表现的活动。通过律动、舞蹈、歌表演等不同类型的韵律活动，可以提高幼儿动作的协调性、随乐性和表现性。韵律活动主要有律动、舞蹈、音乐游戏等形式。一般可分为基本动作、模仿象征性动作和舞蹈动作及各种动作的组合；在音乐伴奏下玩音乐游戏，包括角色表演游戏、歌舞游戏、听辨反应游戏等。

基本动作是指儿童在反射动作基础上发展起来的生活动作，如走、跑、跳、点头、弯腰、拍手、抓握等。模仿象征性动作是指幼儿在表达特定事物的外在形态和运动状况时所运用的身体动作，如鸟飞、鱼游、兔跳、下雨、花开、拍球、骑马、划船等。舞蹈动作是经过多年演化和进步，已经程式化了的艺术表演动作。例如，小碎步、蹦跳步、垫步、踵趾小跑步、侧点步、进退步、交替步、跑跳步、跑马步、秧歌十字步等。

（三）打击乐器演奏活动

打击乐活动是指伴随音乐使用打击乐器进行艺术表现的活动。通过打击乐活动，培养和发展幼儿操作乐器的能力、合作性以及创造性，使幼儿能够掌握最基本的运用打击乐器与音乐交流、与他人交流的意识和能力。打击乐器演奏活动包括认识常见的打击乐器，掌握正确的敲击方法，初步了解和掌握与乐器及配器有关的知识和技能，学习齐奏、轮奏、给乐曲伴奏等。

（四）音乐欣赏活动

音乐欣赏活动的目的在于培养和发展幼儿倾听、理解、创造性表达和个人音乐趣味倾向四个方面的音乐欣赏能力。主要包括倾听周围环境中的音响，欣赏一些优秀的中外少年儿童歌曲、器乐曲、中外著名音乐作品、舞蹈表演等。通过对音乐作品的名称、主要内容和常见表演形式、常见乐器、作品的主要情绪、内容、形象及作品的主要结构的了解，感受速度、节奏、强弱的变化；用面部表情、动作及其他方式表现自己感受到的音乐形象。

五、幼儿园音乐教育活动的设计

(一) 音乐教育的常用方法

1. 示范法

示范是音乐教学中常用的教学方法。由于幼儿善于模仿，示范对于幼儿的学习有着特殊的意义。常用于唱歌、表演舞蹈、乐器演奏等方面。

2. 练习法

音乐技巧的掌握离不开系统的练习。采用多种形式的练习是使幼儿获得技能的重要步骤。可采用集体练习、分组练习或个别练习等方式。

3. 讲解和谈话法

在音乐教育中，教师讲话不宜过多，但仅仅让幼儿听很难理解音乐的内容，所以需要老师有适当的语言讲解、谈话的方式帮助幼儿理解作品内容，培养音乐记忆力。语言要精练、明确、通俗易懂。

4. 游戏法

儿童最喜欢的活动就是游戏，运用游戏法更能激发幼儿的兴趣，提高参与活动的积极性与自觉性。

(二) 音乐教育活动的设计

1. 歌唱活动

歌唱活动是指伴随音乐科学运用嗓音进行艺术表现的活动。歌唱活动通过独唱、齐唱、接唱、对唱、领唱、合唱、歌表演等歌唱形式，发展幼儿歌词、音域、节奏、音准、呼吸、情感体验与表达、独立性、合作性以及创造性等多个方面的歌唱能力，使幼儿能够舒适地、有理解力地和有感情地歌唱。

歌唱活动过程设计分为以下六个阶段。

（1）导入新歌。导入新歌的方法有音像导入法、故事导入法、表演导入法、具体实物导入法、韵律活动导入法等，自然过渡到理解歌词内容和感受音乐旋律上。

（2）范唱。教师的范唱要有正确的歌唱技巧，对幼儿有真挚的感情，把幼儿当作观众，感染影响幼儿。范唱可以进行多遍，每一遍都让幼儿带着任务进行听唱。

（3）熟悉、记忆歌词。听完范唱后，可以进行简单的讨论，运用提问或直观教具或节奏朗诵法等来帮助记忆理解歌词的内容，体会歌曲的性质，理解歌曲表达的情绪情感。

（4）教唱新歌。教唱新歌可以用分句教唱法和整体教唱法，注意幼儿的呼吸、发声音

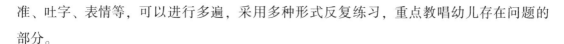

准、吐字、表情等，可以进行多遍，采用多种形式反复练习，重点教唱幼儿存在问题的部分。

（5）复习歌曲。目的是让幼儿牢固掌握歌曲，可以采用的方法有表演唱、分句接唱、边唱边打节奏、游戏或绘画方法演唱等，综合运用各种方法，使复习取得良好效果。

（6）创造性的幼儿歌唱活动。对歌曲有了一定的理解后，可进行创造性表现，例如，为歌曲内容创编动作、为歌曲填编新歌词、为歌曲创编伴奏、为歌曲创编丰富的演唱形式等。

2. 韵律活动

韵律活动是指伴随音乐运用身体动作进行艺术表现的活动。通过律动、舞蹈、歌表演等不同类型的韵律活动，可以提高幼儿动作的协调性、随乐性和表现性。

韵律活动过程设计分为以下三个方面。

（1）律动方面。律动的内容以模仿动物动作、成人劳作、自然现象、生活游戏等动作为主，引导幼儿观察模仿、联想想象、创编动作，必要时教师给予示范。

基本的步骤包括以下五步。

观察讨论导入——利用实物、影视或图片引导幼儿进行形象的模仿表现。也可视情况选择故事导入、复习歌曲导入、情景表演导入、游戏导入等。

熟悉音乐，创编动作——边听音乐边想象，创编动作，将肢体动作与音乐匹配。

交流，学习——可以请幼儿将创编的动作进行展示表演，相互学习模仿。

进行表演活动——将创编的动作整合，匹配音乐，完整表演。

游戏巩固——设置有趣的游戏情节，边游戏边巩固律动动作。

（2）舞蹈方面。舞蹈学习有规定的舞步、手位动作、队形或舞伴的变化等，所以幼儿主要是感受模仿为主的学习，基本的步骤包括以下四步。

完整欣赏——幼儿观看欣赏，对舞蹈的风格特点有整体的感觉，也可选择复习动作、歌曲等方式导入。

教师完整示范。

分解动作学习练习。

完整合乐表演。

（3）音乐游戏方面。首先，要熟悉音乐，理解音乐的性质。其次，学习游戏角色动作、分段表演——幼儿分别扮演学习角色动作或创编新动作，初步掌握时可进行分段表演。再次，交代游戏规则。最后，带领幼儿游戏。

3. 打击乐活动

打击乐活动是指伴随音乐使用打击乐器进行艺术表现的活动。通过打击乐活动，培养和发展幼儿操作乐器的能力、合作性以及创造性，使幼儿能够掌握最基本的运用打击乐器与音乐交流、与他人交流的意识和能力。

打击乐活动过程设计：（1）欣赏音乐，介绍乐器的名称与使用方法。（2）徒手练习。（3）持乐器完整演奏——可以先分声部练习，分段练习，再整体练习。（4）复习打击乐演奏活动——复习的形式要多样化，及时纠正存在的问题，可互换乐器进行演奏，可与表演相结合，也可邀请幼儿参与指挥等。（5）创造性的打击乐演奏，有了演奏乐基础后可进行创编活动，进行乐器与生活声音的匹配、音乐与自然界声音的匹配、乐器的不同使用方法等。

4. 音乐欣赏活动

音乐欣赏活动的目的在于培养和发展幼儿倾听、理解、创造性表达和个人音乐趣味倾向四个方面的音乐欣赏能力。通过欣赏歌曲、器乐曲、游戏音乐等音乐作品，使幼儿有更多机会利用不同的符号体系来表达自身的音乐感受。

在进行活动前教师要分析教材，分析教材中所表现的内容、情感及音乐的基本表现手段等，做好充分的准备。

在进行活动时，首先，教师要介绍作品，使幼儿有一个初步的印象，可以通过引导性谈话、直观教具、图片等方法来帮助幼儿理解；其次，要重复深入地欣赏，在欣赏前可对幼儿提出欣赏要求，运用对比、归类的方法加深对音乐的理解，也可引导幼儿用动作来表达对音乐的感受；最后，复习、检查音乐欣赏的效果。

5. 综合活动

幼儿园音乐活动多为综合性音乐活动，教师根据教育目标，将歌曲活动、韵律活动、打击乐活动和音乐欣赏活动有机结合，以完成教育目标。

六、组织幼儿园音乐活动对教师的要求

教师要了解幼儿音乐发展的特点，多以积极、表扬的方式鼓励幼儿大胆表现，增强幼儿的自信心。

教师自身对音乐要有一定的欣赏能力、表现能力，要熟练掌握一定数量的不同年龄幼儿的歌曲、儿歌、表演唱、幼儿舞等。

教师要具备一定的组织、启发、引导幼儿参与活动的能力和一定的音乐技能，如唱歌、舞蹈、欣赏、创编等，引导幼儿体验表达和创造快乐。

通过音乐活动多方面培养幼儿的表现力、身体的协调能力、对音乐的感知能力、审美能力，以及想象力和创造力等。

第二节　幼儿园美术教育活动设计

一、幼儿园美术教育的含义

美术是指将有形的物质材料，运用线条、色彩、明暗、面体的组合，创造有空间、有美感、可视的平面或立体形象，以反映客观事物，表达作者的思想感情和美化生活的一种造型艺术或视觉艺术。美术来源于社会，能全面地反映社会生活；它是人们对社会生活、对世界的一种认识；它既反映现实美，又能创造艺术美。

幼儿美术是幼儿所从事的造型艺术活动，它应该涵盖幼儿与美术（视觉艺术与操作）之间所发生的一切关系。一般包括以下方面。

（一）幼儿对美术语言的思考、领悟（审美思维）

幼儿对美的感悟是幼儿对视觉艺术领悟与认识的开端。从幼儿降生到这个世界开始，就在点点滴滴地进行视觉积累与审美学习。例如，知道太阳是红色的，小草是绿色的，我喜欢圆圆的太阳，美丽的小草……幼儿在不断接受环境的影响进行审美选择的同时，审美思维也逐渐得到发展，这既是幼儿美术学习的基础，也是幼儿美术的组成部分。

（二）幼儿对美术材料的操作游戏

幼儿对美术材料的尝试与操作使得他们开始了美术造型活动。幼儿操作使用的美术材料包括笔、黏土、剪刀、纸张、颜料等，这些都是幼儿喜欢尝试与操作的材料。幼儿操作材料进行美术造型活动的过程实际上就是游戏的过程，他们画出一个个小人儿、剪出一张张贴花、做出一个个彩蛋，如同他们在玩玩具一样，只是玩法不同而已。这样能使幼儿享受到制作的快乐，激发幼儿创作的兴趣与欲望。同时使他们对艺术语言与材料有了相当的认知与经验，成为美术创作的技巧储备。

（三）幼儿的美术创作过程与作品（表达、表现）

幼儿的美术创作过程实际上是幼儿借美术语言来表达自己对周围世界的认识、情感和思想的过程。幼儿的作品是他们运用线条、形状、色彩和不同的材料描绘塑造的所见所感。有时是对熟悉喜爱的人物、事物的描绘，有时是对周围环境不满的改造，有时是对自己喜怒哀乐的抒发……幼儿运用美术语言所作的表达、表现，促成了他们与周围世界的沟通、交流，同时也享受这一过程带来的安慰与回应。

总之，幼儿以自己的审美经验，运用艺术材料游戏般地体验创作与表达，并以视觉形式来传达他们对世界的理解与思考。因此，幼儿美术教育活动是满足幼儿感受美的需要的情感教育活动，是以培养幼儿创造能力为核心的一种创造教育活动，是幼儿在教师指导下所进行的一种操作活动。幼儿美术教育以幼儿美术为手段，实施全面和谐发展教育的重要学科，是促进幼儿心理及其整体素质发展的良好途径。

二、幼儿美术活动的特点

（一）幼儿绘画发展的特点

1. 幼儿绘画的年龄特点

1~2 岁的幼儿基本处于"涂鸦期"。1 岁半左右，当孩子一接触笔和纸，他就会在纸上画断断续续、弯弯曲曲的不规则线条，这是一些未分化的、毫无秩序的东西，是一种不受或少受控制的纯肌肉运动。这时期称为无意识涂鸦。

2 岁左右，当孩子经过练习掌握了使用纸、笔的经验后，他就开始逐步掌握手的动作，并注意手、眼之间的联系，以致能在纸上画出上、下、左、右有一定规则的线条，并会在纸上重复地画圆圈，且能交替使用两种不同颜色的笔。这种控制动作的经验，显示出向更复杂动作的意志行动发展的倾向。这时期称为控制涂鸦。

2 岁以后，在孩子的涂鸦中开始出现简单的命题。这时，孩子虽不能画出简单真实的形象，但已具有明显的表达意图，并常用圆形物代表所要表达的物体。这阶段称为命名涂鸦。

3 岁半左右的幼儿开始进入"象征期"。他们尝试利用涂鸦时掌握的简单形状进行表现，有意性增强，可以用简单的线条去表现自己的意愿，但构思不稳定，往往先动笔后有主题，易受他人影响，绘画内容容易转移。其绘画一般都非常简单、抽象，带有强烈的主观倾向性，往往夸大所画对象的某些部分，而忽略其他部分。

4 岁左右的幼儿开始进入"形象期"。他们对表现自己的经验、情感和想法有明确的目的，能用简单形状逐渐深入地表现越来越多的事物。

5 岁以后的幼儿逐步认识到事物之间的一些简单关系和联系，对于事件、情节的表现成为他们美术活动的突出特点。能够比较完整地画出对象的主要部分，而不必借助语言的说明。

2. 幼儿绘画中的特殊表现

（1）抽象性。幼儿的绘画，一般不能如实地模拟客观物体形象，而是舍弃了客观对象在形体上许多具体的特征，仅仅保留了对象最基本的形体特征，它是属于一种抽象性质的艺术形象。幼儿无论画人、画物或画景，通常都是用最简单的抽象线条去描绘客观对象。例如，幼儿开始学画人的全身像时，一般是在"介"字上面画个圆圈；或者是在"大"字上面画个圆圈；或者是在"才"字上面画个圆圈。画得具体一些的，就是在大圆圈里边画两个小圆圈，表示人的眼睛。

幼儿绘画所表现的这种抽象，实质上就是对描述对象作了一些简化、概括和夸张，是无意识的，也是幼儿在绘画上力不从心的表现。随着幼儿年龄的增长、知识的丰富、技能的提高，幼儿绘画上的抽象性会逐渐减弱，他们会画得越来越具体、生动、形象。

（2）"透明"式，指幼儿在画外界各种物体形象时，往往把从外面看不见的，而里面有的东西也画出来，全然不考虑透视的绘画现象。例如，画小朋友睡觉，要把被子里面的身体画出来；画坦克，要把里面坐的驾驶员也画出来；鸡妈妈肚子里的鸡蛋等。这种透明式的画法，如同儿童的视线像 X 光一样穿透任何东西，所以也称"X 光画法"。

（3）展开式，又称求全式，指幼儿作画时，往往把从不同角度看到的东西、生活中知道的东西、头脑中想到的东西，毫无顾忌地统统摆到画面上，既不肯缺画某个部分，也不能让两部分重叠。例如，画侧视的汽车，一定要画出 4 个车轮；画桌子，一定要把 4 条腿都画上，而且一样长。

（4）夸张性，又称稚拙性，指幼儿在绘画中常常不自觉地把自己关心的事物，或认为重要的事物画得很仔细、很突出，而没注意到事物的整体结构的现象。例如，画人时，一般头部画得比较大，整个身体却画得比较矮小，不合比例；画人跑步时，把两条腿画得很长；而大象的鼻子长，能卷东西，所以就把鼻子画得特别长。

幼儿绘画中的简化、概括与夸张，并不是幼儿已掌握了艺术创作上的表现手法，相反，这正说明了幼儿认识事物不完善，表现能力不足和幼稚的缘故。

（5）拟人化，指幼儿把无生命的物体或有生命的动植物画得和人一样，不仅赋予它们以生命，而且赋予它们一切人所具有的特点和本领的绘画现象。例如，给太阳画上眼睛、鼻子和嘴巴，使之成为"太阳公公"；将几个小动物之间建立了联系，如鸡妈妈和鸡爸爸带着小鸡们在散步、做游戏等。

（6）动态性。在幼儿绘画的各种题材中，幼儿最喜欢画活动的对象。例如，飞机、汽车、火车、坦克、各种动物等。他们画火车时，就一边画，一边模仿火车"轰隆隆！轰隆隆！"的声音；画猴子时，就会模仿猴子的动作。幼儿在绘画时的这些举动，与幼儿的身心特点有密切的关系，成人应该理解，而不要加以限制。

（二）幼儿手工发展的特点

幼儿手工的发展也基本经历了同绘画一样的发展过程，主要有以下几个特点：

2~4岁的幼儿，由于生理的特点，手部小肌肉的发育不够完善，手工活动并没有明确的目的，而只是一种纯粹的玩耍活动。他们不理解手工工具和材料的性质，还不能正确地使用这些手工工具和材料。这时的手工材料同其他的玩具没有什么区别。如在玩橡皮泥的活动中，幼儿只是在手里不断将泥或掰开、或糅合、或拍打，只是体验泥土形态上不断变化的乐趣。这一时期是一种无目的的活动期。

4~5岁的幼儿，随着年龄的增长，手工活动的有意性逐渐增强，能够表现物体的基本形态，但还不能表现物体的细节。

5岁以后的幼儿，由于手部小肌肉群的发育逐渐成熟，手眼协调能力的增强，基本上能学会利用各种手工材料和工具进行有目的的创作活动，以表达自己的意愿。

（三）幼儿欣赏能力发展的特点

幼儿首先感知的是作品的内容，也就是"画面上画了什么"，是浅表层次的感知。在教育的影响下，幼儿逐渐能够感知美术作品的某些形式美的特征，即对作品的造型、设色、构图及作品的情感表现与风格有了初步的感知和理解。幼儿比较喜欢感知描绘熟悉的物体和现实题材的美术作品，以及色彩明快的美术作品。

总之，儿童美术欣赏的发展，经历了一个从笼统到分化、从没有标准到具有一定的标准、从以自己主观的情感偏好为主到比较客观地分析为主的逐步发展的过程。

三、幼儿园美术教育的目标

幼儿园美术教育目标是幼儿美术教育的目的和要求的归纳，是幼儿园美术教育的具体标准和要求。幼儿园美术教育目标具有一定的结构性，可分为总目标、年龄阶段目标及具体的教育活动目标三个层次。

（一）幼儿美术教育的总目标

幼儿美术教育的总目标是对幼儿美术教育目标的最概括的陈述，是幼儿美术教育的最终目的，是制定其他美术教育活动目标的依据和基础。《幼儿园指导纲要》把幼儿园教育划分为健康、语言、科学、社会、艺术五个领域，明确规定了艺术领域的目标为：能初步感受并喜爱环境、生活和艺术中的美；喜欢参加艺术活动，并能大胆地表现自己的情感和体验；能用自己喜欢的方式进行艺术表现活动。

可以说，这一目标既考虑到幼儿发展的年龄特征，又考虑到社会对未来人才的要求。同时充分发掘了艺术特有的通过审美愉悦来健全完善幼儿人格的审美教育价值，体现了"感受与创造并重"的终身艺术教育观。其实质就是培养幼儿的审美感受能力和艺术创造

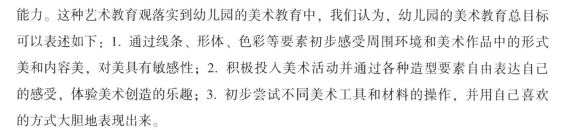

能力。这种艺术教育观落实到幼儿园的美术教育中，我们认为，幼儿园的美术教育总目标可以表述如下：1. 通过线条、形体、色彩等要素初步感受周围环境和美术作品中的形式美和内容美，对美具有敏感性；2. 积极投入美术活动并通过各种造型要素自由表达自己的感受，体验美术创造的乐趣；3. 初步尝试不同美术工具和材料的操作，并用自己喜欢的方式大胆地表现出来。

这一总目标体现了审美教育的性质，强调要培养幼儿的审美感知、审美情感和审美创造等基本能力，并指出了达到这一目标的途径，即通过教师引导幼儿对周围环境和美术作品的欣赏，幼儿在美术活动中自由自在的表达，以及幼儿对美术工具材料的操作，对线条、形状、色彩、构图等美术形式语言的学习与使用来进行。

（二）幼儿园美术教育的活动目标

幼儿园美术教育活动目标是指某一具体美术教育活动的目标。幼儿园美术教育的其他目标最终都要通过教育活动目标才能落实。因此，教育活动目标必须具有操作性。我们在制定活动目标时应注意两点。

1. 活动目标要关注幼儿的发展

一方面活动目标应适应幼儿已有的发展水平，符合我们的美术学习发展的规律和特点；另一方面，活动目标应把促进幼儿的发展作为落脚点，也就是说，要为幼儿创造最近发展区。

2. 活动目标要注意整合性

一方面，活动目标要考虑幼儿的认知、情感、技能等多方面的整合；另一方面，活动目标要考虑美术与其他教育领域的整合。

四、幼儿园美术教育的内容

幼儿园美术教育内容是指幼儿园美术教育中幼儿所要学习的形式、美术内容及其应用的总和。幼儿美术教育内容的选择应遵循幼儿心理逻辑和生活逻辑，还应考虑美术学科所具有的独创和审美这一本质特点。

美术活动对于发展幼儿的观察力、想象力和空间概念的形成，以及幼儿的视觉、触觉和运动觉之间的配合，手部小肌肉动作的协调性与灵活性的发展有重要的作用。

1. 绘画活动

绘画活动包括认识常用的绘画工具和材料，掌握绘画姿势；学会各种绘画工具和材料的正确使用方法，知道绘画的内容即主题、情节、形象，了解绘画的形式语言，如线条、色彩、造型、构图等，了解各种绘画的形式或种类，如命题画、意愿画、装饰画、手指画、水墨画等。

2. 手工活动

手工活动包括纸工方面，学习撕纸、折纸、剪纸、染纸、粘贴等基本活动；泥工方面，学习团圆、压扁、搓、捏、抻拉、粘接等技法；在手工制作方面，利用废旧材料、自然物品等自制玩具、装饰环境；养成爱清洁、讲卫生、有条理、按顺序的活动习惯。

3. 欣赏活动

欣赏活动包括欣赏绘画、雕塑、工艺美术、建筑艺术等优秀作品；幼儿的美术作品或以幼儿为对象创作的美术作品；欣赏自然景物，如一年四季的自然风光、花、鸟、鱼、虫等；欣赏环境和节日装饰，如生活用品、幼儿园的室内外环境、节日装饰、民间工艺品等。

五、幼儿园美术教育活动的设计

1. 观察

幼儿进行的美术活动，可以培养幼儿多方面的能力，如观察、思维、想象等，其中以观察最为重要。观察能力是幼儿认识、理解对象的主要途径，也是幼儿描绘和表现对象的重要前提。从某种意义上说，在美术活动中，训练眼睛比训练手更重要。（1）观察是对事物有目的的、有意识的、较持久的视觉感知过程。（2）观察的内容：是什么（名称）？什么样（形状、颜色、结构、形态等)？怎么样（与周围事物的关系)？（3）提高幼儿的观察能力方法。一是要培养幼儿的观察兴趣，养成经常观察的习惯，如雨天、秋天的落叶等。二是要教会幼儿观察的方法：从幼儿无目的、无意识地扫视到有目的、有意识地观察；从幼儿无顺序地、片面地到有序地、全面地观察；从幼儿局部地、孤立地观察到整体地观察；从幼儿依赖性地观察到逐步培养幼儿独立地观察。还可以运用比较的方法，加深幼儿对事物的认识；也可以对同一对象，进行多角度观察，如正面、侧面、左侧面、右侧面、俯视、仰视等。

2. 范例与演示

（1）范例。指向幼儿示范的教具，如范画、图片、实物、模型等。

作为范例应具备的条件：能反映事物的基本特征，要色彩鲜明、线条简练、造型准确、形象美观、大小适当（一般以八开或四开为宜）；具有一定的艺术水平，富有美感，能激发幼儿的兴趣；符合幼儿的年龄特点，内容及表现方法易于幼儿理解，难易程度为多数幼儿能够达到；范例要多样化，具有一定的数量，能从不同角度反映事物的面貌，以开阔幼儿的思路。

范例的运用要恰当、灵活。一般来说，范例用得越多，幼儿的模仿性越强，从而影响幼儿创造性的发展。

（2）演示。教师或教师与幼儿共同把进行美术活动的过程显示出来，使幼儿对步骤方法有所了解，以利于他们在直接模仿的条件下更好地掌握技巧。

教师演示的要求：动作熟练连贯、节奏速度适中、线条清晰流畅、形象准确优美。

演示可根据情况采用分步演示、连续演示（全过程演示）、局部演示（难点演示）、对比演示、反复演示、归类演示等。在演示中注意语言的运用。

范例与演示均是教师教给幼儿美术技能的方法，目的在于培养和发展幼儿的美感和表现力。在运用过程中要给幼儿留有充分的想象创造余地，切忌单纯地模仿。

3. 游戏练习

设计各种游戏可以提高幼儿对美术的兴趣。如添画游戏"装糖球"（画圆）、"小鸡吃米"（画点）、"绕线球"（画圆形线），涂色游戏"染花布""小小服装设计师"，通过几种物体的多种位置变化练习构图，等等。

4. 语言指导

在运用观察、示范、演示、游戏练习等方法的过程中，必然伴随着教师的语言指导，使幼儿从认识事物的形象开始，通过语言的概括、分析、讲解，掌握事物的基本特征。如用形象比喻的方法形容孔雀开屏像打开的扇子、大肥猪像一只大冬瓜；又如画兔子，就以有关小兔子的儿歌、谜语、故事等启发幼儿思维，引起幼儿积极的表现，即情境设置等。

六、组织幼儿美术活动对教师的要求

教师要了解幼儿美术发展的特点，多以积极、表扬的方式鼓励幼儿的美术活动，增强幼儿的自信心。例如，幼儿的每件作品在完成后，教师或幼儿都要在作品的一角注明姓名、时间、题目、年龄，然后贴在班级展示墙上进行展示，也可进行阶段展示。这种方法可以培养幼儿对美术活动有较持久的兴趣，并不断提高幼儿自身的艺术表现水平。立体作品如折纸、橡皮泥等，可作为幼儿在游戏中的玩具和室内的装饰物及赠送亲友的小礼物。教师要具备一定的美术技能，如绘画、手工、泥工等；善于利用各种环境因素、条件、材料从事美术创造活动，引导幼儿体验表达和创造快乐。教师要具备一定的组织、启发、引导幼儿参与活动与大胆表现的能力；通过美术活动多方面培养幼儿的能力，如观察能力、身体的协调能力、想象能力和创造能力等，促进幼儿的全面发展；利用各种材料，为幼儿创设丰富的、优美的环境，培养幼儿的审美能力。教师必须要注意使用各种材料要安全、卫生。

参考文献

［1］王翠肖. 幼儿园教育论文集萃［M］. 北京：北京交通大学出版社，2017. 04.

［2］王翠肖. 幼儿园主题教育活动精选［M］. 北京：北京交通大学出版社，2017. 04.

［3］李志宇. 幼儿园教育活动案例集［M］. 太原：山西教育出版社，2017. 11.

［4］朱璃瑶. 幼儿园数学教育资源［M］. 北京：人民教育出版社，2017. 01.

［5］付明雨. 幼儿园教育活动设计与实施［M］. 哈尔滨：哈尔滨工程大学出版社，2017. 08.

［6］梅纳新. 幼儿园教育实践活动指导［M］. 长春：东北师范大学出版社，2017. 05.

［7］彭云. 幼儿园教育活动设计与课例［M］. 上海：复旦大学出版社，2017. 08.

［8］邓俊峰. 幼儿园教育教学工作手册［M］. 北京：中国国际广播出版社，2018. 03.

［9］邓学英. 幼儿园管理与教育探析［M］. 兰州：甘肃文化出版社，2018. 10.

［10］贾宏燕，李志宇，原燕. 幼儿园教育活动案例集［M］. 太原：山西教育出版社，2018. 05.

［11］赵洪，于桂萍. 幼儿园教育活动设计与指导［M］. 北京：北京理工大学出版社，2018. 04.

［12］邓霁岚. 幼儿园教育活动设计与实施［M］. 武汉：武汉大学出版社，2018. 09.

［13］汪华明，刘志宏. 幼儿园社会教育活动设计与指导［M］. 长沙：湖南大学出版社，2018. 07.

［14］卓萍，程娟. 幼儿园语言活动设计案例［M］. 武汉：武汉大学出版社，2018. 03.

［15］夏志刚，张琼辉. 幼儿园艺术教育活动设计与指导［M］. 5 版. 长沙：湖南大学出版社，2018. 01.

［16］欧江南. 幼儿园民族教育教学活动设计［M］. 贵阳：贵州人民出版社，2019. 05.

［17］赵宇. 幼儿园集体教学活动指导［M］. 大连：辽宁师范大学出版社，2019. 09.

［18］王子恩，张正贤. 幼儿园社会教育活动及设计［M］. 长春：东北师范大学出版社，2019. 01.

［19］尤艳利，刘磊. 幼儿园园长如何优化内部管理［M］. 天津：天津教育出版社，2019. 05.

［20］吴志勤，王文乔. 幼儿园教育活动设计与组织［M］. 重庆：西南师范大学出版社，2019. 02.

［21］胡善琴，谷婧. 幼儿园教学活动设计［M］. 昆明：云南科技出版社，2019. 07.

［22］罗智梅，曾祥兰. 幼儿园社会活动设计案例［M］. 武汉：武汉大学出版社，2019. 05.

［23］姚希. 幼儿园教育活动设计与实践［M］. 北京：机械工业出版社，2020. 06.

［24］吴翠玉，藏兰荣，王雅莉. 幼儿园教育活动方案设计指南［M］. 长春：吉林人民出版社，2020. 06.

［25］边丽娟. 幼儿园 6S 管理［M］. 北京：中国财富出版社，2020. 06.

［26］潘理平，潘蕾，方朝阳. 幼儿园教育活动设计与实施案例教程［M］. 武汉：华中科技大学出版社，2020. 05.

［27］叶学文. 武汉幼儿园发展研究［M］. 武汉：华中科技大学出版社，2020. 07.

［28］卓萍，高芳梅. 幼儿园教育活动设计与指导［M］. 武汉：华中师范大学出版社，2020. 08.

［29］张耀明. 我喜欢上幼儿园·学会自我管理［M］. 长春：吉林出版集团股份有限公司，2021. 01.

［30］章洪. 幼儿园经典教育活动精选［M］. 北京：新华出版社，2021. 10.

［31］魏姗，刘军卫，丁瑶琪. 幼儿园教育活动设计与指导［M］. 北京：中国言实出版社，2021. 12.

［32］李秀兰，李文. 专业视野下的基础教育教学探索［M］. 北京：知识产权出版社，2021. 09.

［33］王先达. 幼儿园科学教育探究［M］. 长春：吉林人民出版社，2021. 10.

［34］李鑫，孙慧. 幼儿园语言教育活动设计与指导［M］. 北京：北京工业大学出版社，2021. 10.